Debbie Howells
Mein Tod ist dein

Psychothriller

Aus dem Englischen
von Andrea Brandl

GOLDMANN

Die Originalausgabe erschien 2015
unter dem Titel »The Bones of You«
bei Macmillan, an imprint of Pan Macmillan, London.

Der Goldmann Verlag weist ausdrücklich darauf hin, dass im Text
enthaltene externe Links vom Verlag nur bis zum Zeitpunkt der
Buchveröffentlichung eingesehen werden konnten. Auf spätere Veränderungen hat der Verlag keinerlei Einfluss.
Eine Haftung des Verlags ist daher ausgeschlossen.

Dieses Buch ist auch als E-Book erhältlich.

Verlagsgruppe Random House FSC® N001967

1. Auflage
Deutsche Erstveröffentlichung März 2016
Copyright © der Originalausgabe 2015 by Debbie Howells
Copyright © der deutschsprachigen Ausgabe 2016
by Wilhelm Goldmann Verlag, München,
in der Verlagsgruppe Random House GmbH
Gestaltung des Umschlags: UNO Werbeagentur, München
Umschlagfoto: Trevillion Images/Sandra Cunningham;
FinePic®, München
Redaktion: Friederike Arnold
BH · Herstellung: Str.
Satz: IBV Satz- und Datentechnik GmbH, Berlin
Druck und Bindung: GGP Media GmbH, Pößneck
Printed in Germany
ISBN: 978-3-442-48348-8
www.goldmann-verlag.de

Besuchen Sie den Goldmann Verlag im Netz

Für Bob, Georgie und Tom

Die Sterne sind die Seelen der Dichter,
doch um ein Stern zu werden,
muss man erst sterben.

Van Gogh

Rosie

August

Alles, was die Leute über den Augenblick des Todes sagen, ist wahr. In diesen letzten grauenvollen Sekunden sehe ich noch einmal die achtzehn Jahre meines Lebens vor mir vorüberziehen.

Und ich begreife den Unterschied zwischen Leben und Tod – die Zeit. Wussten Sie, dass es nur 0,0045 Sekunden dauert, bis ein Impuls das Gehirn erreicht, und weitere 0,002 Sekunden bis zum Einsetzen einer Reaktion, bis man vor Schreck nach Luft schnappt? Von dem Augenblick, wenn das Messer durch die Haut dringt, bis der Todeskampf einsetzt? Wussten Sie, dass Sekunden zur Ewigkeit werden können?

Ich spüre, wie ich meinen Körper verlasse. Wie sich die unsichtbaren Fäden lösen, die mich mit ihm verbunden haben. Wie ich emporschwebe und auf mich hinabblicke, auf das Blut, die dunkle, zähflüssige Lache, die in den von Blättern übersäten Boden sickert. Und trotz des Sauerstoffmangels in meinem Gehirn verharre ich einen Moment, eingehüllt in eine Wolke aus Endorphin, und warte, auf etwas – das große Unbekannte.

Und dann kommt es, in eingefrorenen Bildern. Kurze, flüchtige Momente, eingefangen wie in einer Schneekugel, nur ohne Schnee. Ich sehe meine Eltern, die eigentlich viel zu jung sind, um meine Eltern zu sein, aber ich erkenne meine Mutter deutlich an ihrem hellen Haar und ihrem Lächeln, das ihre Augen niemals zu erreichen scheint, und die Hand meines Vaters, die schwer auf ihrer Schulter liegt. Sie stehen mit einem Baby vor einem Häuschen aus rotem Ziegelstein, das ich noch nie vorher gesehen habe.

Es verblasst und weicht schließlich dem nächsten Standbild, dann einem weiteren, bis ich fünf bin. Dann verschmelzen die Bilder zu Filmen, und ich befinde mich mittendrin – lebe, hoffe, träume, alles noch einmal von vorn, nur anders.

Meine herrliche Kindheit mit den vielen Spielsachen, den tollen Urlaubsreisen, dem eigenen Fernseher im Zimmer, auf den ich so stolz war, existiert zwar noch, aber sie ist zerborsten, in tausend Stücke, blutbesudelt, mit Staub bedeckt, in tintenschwarze Dunkelheit getaucht.

Als Nächstes setzen die Stimmen ein. Die Geheimnisse, die niemals ans Licht hätten kommen dürfen und die nun nicht länger Geheimnisse sind, weil ich sie hören kann. Das Gesicht, das mich all die Jahre betrachtet hat und die Wahrheit kennt.

Ich sehe mir den Film meines eigenen Lebens an.

1

August

Ich lege den Hörer auf und stehe einen Moment lang reglos da.

»Mum? Was ist los?«

Über alles, was in diesem Haus vor sich geht, muss Grace grundsätzlich Bescheid wissen. Mit achtzehn darf nur sie allein Geheimnisse haben, sonst keiner. Mit Schweigen lässt sie sich nicht abspeisen.

»Mutter, mit wem hast du da gerade geredet?«

»Entschuldige.« Kennen Sie das, wenn man den Kopf so voll hat, dass man kein Wort mehr herausbringt? Blindlings stiere ich auf etwas – einen Fleck an der Wand, eine leere Tasse. »Das war Jo. Es ist etwas sehr Merkwürdiges passiert. Rosie ist verschwunden.«

Obwohl wir am entgegengesetzten Ende unserer Kleinstadt leben, besuchen Jos Tochter Rosie und meine Grace dieselbe Schule, daher laufen wir uns ab und zu über den Weg. Ihr Mann heißt Neal und ist ein bekannter, gut aussehender Journalist, den ich ziemlich oft im Fernsehen sehe, wenn er aus irgendeinem Kriegsgebiet berichtet, in natura hingegen begegne ich ihm hingegen praktisch nie. Die Andersons haben zwei Töchter, fahren nagelneue Autos – Jo einen schwarzen Range Rover, Neal einen BMW X5 – und leben in einem superschicken Architektenhaus, das ich erst ein- oder höchstens zweimal betreten habe. Unsere Bekanntschaft beschränkt sich auf gelegentliche Verabredungen zum Kaffeetrinken oder Mittagessen, aber Rosie liegt mir sehr am Herzen. Sie und Grace haben gerade die Schule abgeschlossen und nehmen in ein paar Wochen ihr Studium an der Uni auf, aber damit erschöpfen sich die Gemeinsamkeiten zwischen ihnen auch schon. Rosie ist stiller und zurückhaltender als Grace' Freunde und teilt meine Liebe zu Pferden.

Grace verdreht die Augen. »Wahrscheinlich hängt sie bloß irgendwo mit Poppy ab, hat aber nichts gesagt, weil Jo es ihr nicht erlaubt. Poppy ist eine Schlampe.«

Obwohl es nicht bösartig gemeint ist, sondern eher im Sinne von »Idiot« oder »Schwachmat«, klingt »Schlampe« hässlich, und der Tadel kommt mir über die Lippen, noch bevor ich ihn mir verkneifen kann.

»Gracie ...«

Ich überlege, was mit Rosie passiert sein könnte, sehe ihre hellen Augen, die sie immer hinter einem dichten Vorhang aus Haaren zu verbergen versucht.

»Ist doch so. Du kennst Poppy nicht. Sie läuft in so kurzen Röcken herum, dass man ihr Höschen sehen kann. Und sie knutscht mit jedem, sogar mit Ryan Francis.«

Ryan Francis ist das schlimmste männliche Wesen auf dem Planeten – zumindest laut Grace, obwohl sie mir eine Erklärung, weshalb, bislang schuldig geblieben ist.

»Aber Rosie würde so was doch bestimmt nicht tun, oder?« Ich kann mir beim besten Willen nicht vorstellen, wie Rosie mit einem zwielichtigen Typen herumknutscht. Sie besitzt eine angeborene Sanftmut, wie ich sie sonst nur von meinen Pferden kenne. Wann immer sie mit ihnen auf der Weide ist, mampfen die Tiere friedlich weiter, als wäre sie eine von ihnen.

»Ich rede von Poppy, Mann. Aber, na ja, du weißt schon … Gruppenzwang und so … keine Ahnung … wundern würde es mich nicht.«

Ich höre die Alarmglocken in meinem Kopf läuten. Was, wenn sie recht hat und Rosie in schlechte Gesellschaft geraten ist oder, noch schlimmer, sich von einem miesen Typ hat breitschlagen lassen, von zu Hause auszureißen? Sollte ich vielleicht mit Jo darüber reden? Doch Grace' Miene verrät mir, dass sie mich auf den Arm genommen hat.

»Wie auch immer.« Es ärgert mich, weil man über so etwas keine Witze machen sollte. »Solltest du etwas hören, sag mir einfach Bescheid. Jo macht sich wirklich Sorgen. Sie hat Rosie seit gestern nicht mehr gesehen, und auf ihrem Handy springt nur die Mailbox an. Wenn dasselbe mit dir passieren würde, wäre ich halb verrückt vor Angst.«

Grace zögert. »Ich kann dir gern Poppys Nummer besorgen, wenn du willst.« Sie wirft sich ihr langes rotes Haar über die Schulter und tippt hastig eine SMS.

Weil Teenager heutzutage so gedankenlos sind, dauert es nur wenige Sekunden, bis sie die Nummer hat. »Ich schicke sie dir auf dein Handy«, sagt sie.

Eine halbe Stunde später habe ich Jo wieder an der Strippe. Logischerweise ist sie fahrig und unkonzentriert und hört mir nur mit halbem Ohr zu.

»Aber nicht Poppy Elwood, oder?« Sie ist hörbar schockiert. »Oh Kate, aber Rosanna kann unmöglich mit ihr befreundet sein.«

»Grace behauptet das aber.«

»O Gott …« Ihr Tonfall verrät, dass sie sich das Schlimmste ausmalt – dass ihre Tochter ausgerissen oder gar mit einem Jungen durchgebrannt sein könnte. Obwohl Rosie achtzehn ist und ohnehin in ein paar Wochen von zu Hause ausziehen wird, gehört Jo zu den eher überfürsorglichen Müttern. »Bestimmt findet die Polizei sie bald. Man hört doch ständig von solchen Fällen, aber am Ende tauchen sie immer auf, stimmt's?«

»Versuch, ruhig zu bleiben, Jo«, sage ich mit einer Zuversicht, die ich in Wahrheit nicht empfinde. »Ganz bestimmt finden sie sie – falls es überhaupt so weit kommt. Bestimmt kommt sie jeden Augenblick mit einer ganz einfachen Erklärung zur Tür herein. Wieso rufst du nicht Poppy an? Vielleicht weiß sie ja etwas, könnte doch sein.«

»Ja, das sollte ich wohl tun.« Sie schweigt einen Moment. »Ich kann immer noch nicht glauben, dass sie ausgerechnet mit diesem Mädchen befreundet ist.«

Nur zu gut kann ich nachfühlen, wie es ihr geht. Alle Mütter kennen das – die Freunde unserer Kinder, die mit ihren Weltanschauungen und Prinzipien alles kaputtzumachen drohen, was wir uns immer für unseren Nachwuchs vorgestellt und gewünscht haben.

»So übel kann sie nicht sein, sonst hätte Rosie sich nicht mit ihr angefreundet, oder?«, sage ich. »Außerdem ist sie immer noch deine Tochter. Sie ist klug genug, um zu wissen, was richtig und was falsch ist.«

Jos Schweigen spiegelt nur meine eigenen Zweifel wider. Zwar hat Rosie nie Andeutungen in diese Richtung gemacht, aber am Ende siegt meine Neugier.

»Meinst du, sie hat einen Freund? Falls ja, weiß er vielleicht, wo sie stecken könnte.«

»Nein. Sie hat sich voll und ganz aufs Lernen konzentriert. Nicht wie …« Sie hält bedeutungsvoll inne.

»Wir sollten vielleicht lieber auflegen und die Leitung freimachen«, sage ich, ohne auf ihren unausgesprochenen Seitenhieb auf all die einzugehen, die zwar fleißig sind, aber auch das Leben in vollen Zügen genießen, so wie Grace.

»Vielleicht versucht sie ja gerade, dich zu erreichen. Gibst du mir Bescheid, wenn sie auftaucht?«

Rosie kommt bestimmt wieder nach Hause, daran besteht für mich kein Zweifel. Als Gärtnerin glaube ich fest an die natürliche Ordnung der Dinge – an den unumstößlichen Wechsel der Jahreszeiten, an die Schwalben, die abertausende Meilen weit fliegen, um dem ewigen Sommer zu folgen, ebenso sehr wie daran, dass die Blumenzwiebeln im Frühjahr aufgehen werden.

Und daran, dass Kinder nicht vor ihren Eltern sterben.

2

»Ich gehe reiten, Grace«, rufe ich, nachdem ich aufgelegt habe. »Kommst du mit?«

»Hab schon was vor«, dringt ihre gedämpfte Stimme durch die geschlossene Tür. »Tut mir leid.«

An jedem anderen Tag würde mich ihre Gleichgültigkeit ärgern, aber nicht heute. Grace geht am liebsten in aller Frühe reiten, wenn es noch angenehm kühl und ganz still ist. Nachdenkzeit, so nennt sie das immer. Dass sie nicht mitkommt, hat einen klaren Vorteil: Ich kann meinem eigenen Rhythmus folgen und bin nicht dem Zeitgefüge eines Teenagers unterworfen, das mich zwingt, wie eine Besessene durch den Tag zu hetzen, immer spontan und auf Hochtouren – nur um möglichst schnell die Pflichten hinter mich zu bringen, denn schließlich ist Freizeit das Einzige, was im Leben zählt. Und heute bin ich heilfroh, Zeit für mich allein zu haben, um wieder einen klaren Kopf zu bekommen.

Draußen herrscht jene typisch schwüle Spätnachmittagshitze, die ein aufziehendes Gewitter ankündigt. Die Pferde stehen lethargisch auf der Koppel, verscheuchen die Fliegen mit dem Schweif und heben nur kurz den Kopf, als sie mich kommen hören.

Abgesehen von meiner Reba, die mittlerweile im Ruhestand ist, und Grace' beinahe ausgewachsenem Oz haben alle Pferde irgendwelche Probleme; zumindest in den Augen ihrer Besitzer, die sie mir bringen, damit ich sie gegen gutes

Geld wieder ins Lot bringe. Diese Aufgabe ist die ideale Ergänzung zu meiner Arbeit als Landschaftsgärtnerin, außerdem sind Pferde ohnehin mein Lebenselixier.

Sie helfen mir, mit beiden Beinen auf der Erde zu stehen. Ihre innere und äußere Schönheit ist einzigartig auf der Welt – die Eleganz ihrer Bewegungen, die samtige Weichheit ihrer Nüstern an meiner Wange. Pferde lassen sich nicht täuschen. Sie nehmen die Körpersprache anderer Geschöpfe mit untrüglichem Instinkt wahr und kennen die Gedanken ihres Reiters, noch bevor wir uns über sie bewusst werden.

Heute reite ich Zappa, den hochgewachsenen Grauen, vor dem man mich gewarnt hat, er sei unberechenbar und gefährlich. *Ja ja, schon klar*, würde Grace sagen und die Augen verdrehen. Mit seinen dunklen und intelligenten Augen und seinem erhabenen, eleganten Gang gehört Zappa zu den schönsten Pferden, die ich je gesehen habe. Er registriert jedes noch so leise Flüstern und reagiert selbst auf die winzigsten Bewegungen. Ein absoluter Traum.

Der vermeintlich so gefährliche Hengst wartet schläfrig, bis ich ihn gesattelt habe und aufgesessen bin. Gemächlich trottet er den Weg entlang und späht über Hecken und Mauern, wobei sich seine Ohren unablässig bewegen. Nicht zum ersten Mal überlege ich, wie lange ich ihn wohl noch hierbehalten kann, ehe ich seiner Besitzerin sagen werde, dass ihm rein gar nichts fehlt.

Als wir den Kamm des Hügels erreicht haben und auf den Reitweg einbiegen, fallen die ersten dicken Tropfen. Die Brise frischt auf, und Zappa macht einen Satz, als ein Windstoß das Tor zum Feld neben uns zuschlägt. Ich schaue zu dem sich rasch verdunkelnden Himmel hinauf, dann zu den Bäumen am Waldrand, wo es noch düsterer ist.

Zappa, der den aufkommenden Sturm spürt, nimmt mir die Entscheidung ab, indem er sich in Bewegung setzt und in

Richtung Wald trabt. In dem Moment, als der Himmel endgültig die Schleusen öffnet, erreichen wir den Wald.

Auf dem Weg unter dem dichten Blätterdach ist es trocken. Der Schrei eines Fasans lässt Zappa zusammenzucken. Beruhigend streichle ich seinen Hals, als er mit einem Huf über eine Wurzel stolpert. Als er in einen Galopp fällt, muss ich unvermittelt wieder an Rosie denken.

An dem Abend, als sie zum letzten Mal gesehen wurde, hätte sie ohne weiteres hier sein können.

Mein Herzschlag beschleunigt sich, als es immer heftiger zu regnet beginnt. Entschlossen schüttle ich mein Unbehagen ab. Rosie hätte überall sein können.

Aber was, wenn ihr etwas zugestoßen ist?

Ein anderer, weitaus beängstigender Gedanke kommt mir in den Sinn.

Was, wenn ihr hier etwas zugestoßen ist?

Plötzlich verspüre ich eine durchdringende eisige Kälte, und mir fällt auf, dass ich ganz allein bin. Keine Spaziergänger, die ihre Hunde Gassi führen, keine anderen Reiter.

Eine düstere Vorahnung ergreift Besitz von mir, gefolgt von Angst, die hinter jeder Ecke zu lauern scheint – eigentlich ist das Wort viel zu schwach für die Panik, die in mir aufsteigt und jeden klaren Gedanken unmöglich macht, während sich ein einzelnes, stummes Wort in den Tiefen meines Innern formt:

Lauf!

Zappa hört mich und reagiert, obwohl der Weg vor uns schmaler wird. Wir galoppieren dahin, begleitet von der Angst, während der Donner über uns grollt und der Wind mir die Äste ins Gesicht peitscht. Ein Blitz flammt auf, und Zappa beschleunigt seine Schritte, als vor mir etwas Helles aufleuchtet. Rosies Haar. Dann höre ich ihre Stimme – oder ist es der Wind? – meinen Namen schreien.

Zappa reißt den Kopf hoch. Ich versuche, ihn zu drosseln, aber er hört nicht mehr auf mich. Ich kann mich nur festhalten und versuchen, im Sattel zu bleiben. Gerade als ich fürchte, dass er stürzen wird, weicht die Düsternis vor uns, und es wird hell.

Ohne zu zögern, wendet Zappa sich dem Licht zu. Zweige verhaken sich in meinen Kleidern, Dornen bohren sich in meine Haut. Er prescht den Abhang hinauf, über den kreidigen Untergrund, und als er oben abrupt stehen bleibt, stürze ich kopfüber in die Finsternis.

Rosie

Drei Dinge werden mir schlagartig klar, als sich das Bild vor meinen Augen zusammenfügt. Ich bin fünf Jahre alt. Es ist der erste Schultag nach den Ferien und mein erster Tag auf der Abbey Green Primary, einer kleinen Dorfschule mit einem beängstigend sorgfältig gemähten Rasen hinter dem hübschen Palisadenzaun.

Meine Schuluniform kratzt, meine Zöpfe sind so fest gebunden, dass meine Kopfhaut spannt. Ich habe Angst und will nicht, dass meine Mama mich hier allein zurücklässt.

»Los, mach schon, Rosanna, wir wollen doch nicht zu spät kommen.« Sie nimmt meine Hand und hält sie fest.

Ich bin wieder das kleine Mädchen, das sich voller Angst hinterherziehen lässt.

Meine Mutter bleibt an der Tür des Klassenzimmers stehen. Ich will bei ihr bleiben, aber sie zwingt mich, hineinzugehen. Mit gesenktem Kopf betrete ich das Klassenzimmer. Alle drehen sich um und starren mich an. Mein Gesicht glüht, und am liebsten würde ich abermals in Tränen ausbrechen.

»Guten Morgen, Rosanna.«

Du meine Güte. Mrs. Bell. Die hatte ich ja völlig vergessen. Damals mochte ich sie und ihr nettes Lächeln immer sehr gern, doch nun sehe ich lediglich eine abgekämpfte Frau mittleren Alters mit einer Eselsgeduld und zu viel Herzenswärme, angetrieben von der ständigen Sorge um ihre Schützlinge. Ich sehe, dass sie mich wohlwollend betrachtet, ohne dass ich es mitbekomme, und versichert meiner Mutter, dass ich mich bestimmt schnell einleben werde. Nach dem Unterricht sitzt sie, völlig erschöpft wegen ihrer Herzerkrankung, von der niemand etwas ahnt, fünf Minuten lang still auf ihrem Stuhl, ehe sie das Klassenzimmer für den nächsten Schultag vorbereitet.

Ich frage mich, wie viele Kinder sich während ihrer Laufbahn in ihrer Obhut befunden haben. Mein Blick schweift durch das Klassenzimmer, über die kleinen hölzernen Sechsertische, das Buch auf ihrem Pult, aus dem sie zahllosen Kindern vorgelesen hat, so wie uns, jeden Nachmittag. Dann kommen die Erinnerungen: der Mief in der Umkleidekabine, wo unsere Mäntel und Schuhbeutel hingen, der abscheuliche Fraß zum Mittagessen, die Sprossenwand auf dem Spielplatz unter dem Kastanienbaum, um dessen Früchte wir uns immer gezankt haben. Und wie ich geheult habe, als meine Mutter mich abholte.

Ich finde schnell eine Freundin. Becky Thomas. Sie ist klein, und ihren scharfen Augen unter ihrem dunkelbraunen Pony entgeht nichts. Erst jetzt fällt mir auf, dass ihre Schuluniform abgetragen ist – die Ärmel zu kurz, der Rock mit einer Sicherheitsnadel zusammengehalten, dasselbe gilt für ihre Schuhe. Außerdem kneift sie beim Lesen die Augen zusammen, weil sich offenbar bislang niemand die Mühe gemacht hat, mit ihr zum Augenarzt zu gehen.

Ich weiß noch, dass ich auch unbedingt so eine Ponyfrisur haben wollte. Ich erinnere mich noch genau an ihr Zuhause, eingezwängt zwischen all den anderen Reihenhäusern mit den schmalen Handtuchgärten und zahllosen Katzen. Ihre Mum hat lange Wimpern, raucht und sagt die ganze Zeit: »Mein Gott!«

Becky und ich spielen in ihrem Zimmer. Wir ziehen uns Sachen von ihrer Mutter an, hübsche Kleider, die nach Parfum duften. Sie hätte nichts dagegen, meint Becky. Dann hängen wir uns noch Ketten um. Nach einer Weile höre ich ihre Mum die Treppe heraufkommen und kriege Angst.

Aber sie ist nicht böse, sondern lacht bloß. »Mein Gott, ihr seid mir vielleicht zwei tolle Miezen«, sagt sie und holt einen ihrer Lippenstifte, mit dem wir uns schminken dürfen.

Ich habe keine Ahnung, was »tolle Miezen« sind, und frage mich, ob es vielleicht etwas mit ihren vielen Katzen vor dem Haus zu tun haben könnte. Wir essen Pommes mit Ketchup vor dem Fernseher, und irgendwann kommt Mummy mich abholen. Ich höre, wie sie mit Beckys Mutter redet, dann kommt sie rein und sieht mich mit dieser besorgten Miene an, bei der mir immer ganz flau im Magen wird.

»Hol deine Sachen, Rosanna-Schatz.«

Auch an ihrer Stimme kann ich es hören.

»Hübscher Name«, sagt Beckys Mum und bläst den Zigarettenrauch in die Luft. »So chic.«

Obwohl ich weiß, dass Mummy wegen irgendetwas böse auf mich ist, kann ich meine Begeisterung über meine neue Freundin nicht für mich behalten.

»Es war so schön, Mummy, wir haben uns als tolle Miezen verkleidet.«

»Rosanna ...«

Ihr Tonfall lässt mich innehalten. Ich habe immer noch keine Ahnung, was ich angestellt habe, bloß, dass es etwas Schlimmes war. Sie will nicht, dass ich darüber rede. Das ist immer so, wenn sie mit dieser schockierten, wütenden, besorgten Stimme mit mir spricht.

Mummy fährt schneller als sonst, stellt den Wagen in die Einfahrt und sagt zu mir, ich soll hineingehen, und zwar schnell.

Nachdem sie mir das Gesicht gewaschen hat, höre ich Vaters Wagen. Wie üblich setzt er rückwärts in die Einfahrt, steigt aus und schlägt die Tür zu. Mummy hat es auch gehört. Eine tiefe Furche erscheint auf ihrer Stirn. Sie beugt sich vor und legt mir beide Hände auf die Schultern.

»Ich will nicht, dass du mit diesem Mädchen befreundet bist, Rosanna. Diese Leute sind anders als wir.«

Ich verstehe nicht, was sie damit meint. Ich will so gern Beckys Freundin sein, aber Mummy hat bestimmt recht. Ich erinnere mich, wie meine Freude über meine neue Freundin verflog, gemeinsam mit dem Wasser im Abfluss verschwand. Ich erinnere mich, wie blöd ich mir vorkam, weil ich nicht wusste, was los war, und an den Geschmack nach Seife, als ich mir auf die Lippe biss.

»Und erzähl bitte Daddy nichts davon, was du heute getan hast. Er würde es nicht verstehen.«

Ihr Tonfall ist freundlich, und sie streicht mir das Haar aus dem Gesicht. Als sie mir einen Kuss gibt, geht unten die Tür auf.

»Los, schnell«, flüstert sie, richtet sich auf und legt den Zeigefinger auf die Lippen. »Und vergiss nicht – kein Wort.«

Und weil ich Mummy lieb habe, tue ich, was sie verlangt.

3

Zappa ist unverletzt, ich dagegen sehe ziemlich ramponiert aus. Mein Gesicht ist zerschrammt, und als Angus abends nach Hause kommt, habe ich bereits ein hübsches Veilchen. Er starrt mich entsetzt an.

»Du lieber Gott, Kate, was ist denn passiert?«

»Zappa hat Angst vor dem Gewitter bekommen. Er ist einfach stehen geblieben, und ich bin runtergefallen.«

Ich beschließe, ihm lieber nichts von meiner Ohnmacht zu erzählen. Selbst nach vierundzwanzig Jahren Ehe hält Angus Pferde noch für gefährlich. Auch die unheimliche Gewissheit, dass Rosie hier, in unmittelbarer Umgebung, etwas Schreckliches zugestoßen ist, unterschlage ich vorsichtshalber.

Nach dem Sturz habe ich mich aufgerappelt und umgesehen – ich befand mich auf einer kleinen Lichtung, umgeben von uralten Buchen.

Ein Schnauben ließ mich zusammenzucken. Zappa stand, sichtlich belämmert, mit herabhängenden Zügeln direkt vor mir. Langsam kam er auf mich zu, noch immer in Alarmbereitschaft, wie mir seine geblähten Nüstern verrieten.

»Hey, mein Junge.« Ich griff nach den Zügeln. »Alles in Ordnung.« Beruhigend tätschelte ich ihm den Hals, dann traten wir vorsichtig den Heimweg an.

»Du siehst katastrophal aus«, sagt Angus.

»Danke. Immer ein nettes Kompliment auf den Lippen«, gebe ich zurück.

»So habe ich es nicht gemeint, Kate.« Behutsam streicht er über die Schwellung auf meiner Wange. Allein diese Berührung lässt mich vor Schmerz zusammenzucken.

Stirnrunzelnd lässt er die Hand sinken. »Bist du sicher, dass es keine Gehirnerschütterung ist?«

»Mir geht's gut, Angus. Es sieht schlimmer aus, als es ist.«

»Vielleicht solltest du sicherheitshalber zum Arzt gehen.«

Ich schüttle den Kopf. Mir reicht's für heute. Außerdem gibt es nichts Schlimmeres, als stundenlang in der Notaufnahme herumzuhocken.

»Ehrlich. Es ist alles in Ordnung.« Ich ringe mir ein Lächeln ab, ehe mir wieder einfällt, was mir unmittelbar vor dem Sturz durch den Kopf ging. Und dann dämmert es mir.

»O Gott, du weißt es ja noch gar nicht.«

»Grace hat wahrscheinlich recht«, sagt er, als ich geendet habe. »Teenager stellen die wildesten Sachen an, selbst die ganz braven. Und Rosie wusste vermutlich, dass ihre Mutter nicht gewollt hätte, dass sie zu Poppy geht.«

»Ich weiß«, seufze ich.

Ich will ihm so gern glauben. Normalerweise würde ich ihm zustimmen und keinen weiteren Gedanken daran verschwenden, sondern abwarten, bis Jo anruft und sagt, Rosie sei gerade nach Hause gekommen. Aber nach allem, was vorhin passiert ist, werde ich dieses Gefühl nicht los, dass ihr etwas zugestoßen ist, auch wenn es noch so unlogisch sein mag.

Wir essen im Haus zu Abend. In der Ferne grollt Donner, und in der Luft liegt eine Spannung, heraufbeschworen von den Gewittern, die sich heute noch entladen werden, aber auch von den Gerüchten, die im Dorf bereits die Runde machen. Grace ist mit ihren Freunden unterwegs. Offensichtlich rücken auch sie enger zusammen und halten auf ihre eigene Weise Wache, während sie auf Neuigkeiten von Rosie warten.

»Du bist mit den Gedanken ganz woanders«, bemerkt Angus. »Hör auf, dir Sorgen zu machen, Kate. Bestimmt geht es ihr gut.«

»Ich weiß«, sage ich und lege das Besteck beiseite. »Aber was, wenn nicht? Entschuldige, aber ich mache mir große Sorgen. Bei Sophie könnte ich mir das ja noch eher vorstellen, aber ...« Grace' Freundin Sophie ist ein rebellischer Freigeist mit einem ausgeprägten Unabhängigkeitsdrang, den meine Tochter beneidenswert und zugleich absolut nervtötend findet (eher Ersteres). Die beiden sind ein Herz und eine Seele. »Aber nicht Rosie. So etwas würde sie nie tun.«

Ich blicke auf den gedünsteten Lachs und die Salatblätter auf meinem Teller und wünsche inbrünstig, ich wüsste, wo sie steckt.

Auch am nächsten Tag gibt es nichts Neues, und wir müssen weiter warten. Die Mehrzahl der vermissten Teenager taucht wieder auf und ist in aller Regel unversehrt.

Aber was ist mit denjenigen, die sich mit jeder Sekunde immer weiter entfernen, wobei die Spuren verwischen und die Erinnerungen verblassen, bis keiner mehr sagen kann, wo sie abgeblieben sind?

Die schlimmsten Szenarien kommen mir in den Sinn – Entführung, Vergewaltigung, Menschenhandel und noch Schlimmeres, bis ich das Alleinsein nicht länger aushalte und zu Rachael fahre.

Sie lädt gerade ihre Einkäufe aus dem Pick-up, mit dem sie auch den Schulfahrdienst übernimmt und der Alan die restliche Zeit als Transportmittel für die Farm dient.

»Tiere, kleine Jungs ... ist im Grunde doch sowieso dasselbe«, sagt sie immer. Rachael und Alan haben rund tausend Schafe und vier Söhne.

»Hier. Für euch.« Ich reiche ihr einen Kopfsalat und eine Tüte voll Kartoffeln, an denen noch die Erde klebt.

»O Gott, ich wünschte, du hättest das nicht getan. Jetzt fängt Alan bloß wieder mit dem Garten an, dabei habe ich absolut keine Zeit.«

Ich kenne Rachael zu lange, um ihre Unverblümtheit persönlich zu nehmen. Sie war die Erste, mit der ich mich angefreundet habe, als Angus und ich vor zwanzig Jahren hergezogen sind. Außerdem hat sie sämtliche ländlichen Traditionen eiskalt über den Haufen geworfen – erstens wollte sie Alan nicht heiraten, zweitens weigerte sie sich, ihren Job in der Stadt aufzugeben, auch wenn sie inzwischen meistens von zu Hause aus arbeitet.

»Das ist mir klar, und genau deshalb habe ich es ja getan. Ich wasche sie für dich ab, und Alan wird nie davon erfahren.« Ich schnappe mir einige ihrer Einkaufstaschen.

»Du bist ein Engel. Und setz Wasser auf, ja? Ich brauche dringend einen Kaffee.«

Ich folge ihr durch die kläffende Meute Drahthaarterrier, die uns freudig begrüßen, ins Haus. »Hast du's schon gehört? Das von Rosie Anderson?«

»Was soll mit ihr sein?« Rachaels Stimme hallt durch das weitläufige, kühle Farmhaus.

»Sie wird vermisst.«

»Ach, bestimmt ist sie mit einem Jungen losgezogen oder feiert irgendwo«, ruft Rachael. »Ich hab das auch mal gemacht. Drei Tage am Stück. Ich glaube, ich habe es mit diesem Typen getrieben, auf den ich damals so stand. O Gott, nicht zu fassen! Meine arme Mutter, hat nie ein Wort darüber verloren. Aber vielleicht war sie ja auch froh, weil sie dachte, sie wäre mich endlich los.«

»Jo ist völlig außer sich vor Sorge. Rosie ist nicht wie die anderen Mädchen.«

»Die Stillen sind oft die Allerschlimmsten. Aber im Ernst, ich halte die Augen offen.« Als Rachael die Küche betritt, drücke ich ihr einen Becher Kaffee in die Hand. »Um halb habe ich eine Telefonkonferenz.« Sie wirft einen Blick auf ihre Uhr. Es ist schon zwanzig nach. »Du meine Güte, wo ist der Vormittag bloß geblieben? Wie geht's denn der süßen Grace? Genießt sie den Sommer? Du hast ja keine Ahnung, wie froh du sein kannst, eine Tochter zu haben. In diesem Haus dringt das Testosteron förmlich aus sämtlichen Ritzen.«

Das ist typisch für Rachael – einem eine ganze Fragensalve an den Kopf zu werfen, die jedoch nicht zwangsläufig beantwortet werden muss. Bevor ich Luft holen kann, läutet ihr Telefon.

»Mist, er ist echt früh dran. Ich muss rangehen, Kate, entschuldige. Aber sag Bescheid, wenn du etwas hörst.«

Begleitet von Rachaels forscher Stimme verlasse ich das Haus. *Bin ich eigentlich die Einzige?*, frage ich mich.

Abgesehen von Jo scheint sich keiner Sorgen um Rosie zu machen.

Ich finde Grace und Sophie in der Küche, wo die beiden systematisch zuerst den Kühlschrank und dann die Vorratskammer durchforsten, ehe sie sich über die Obstschale hermachen. Zero-Carb anstelle des gewohnten Low-Carb ist Grace' neuester Diätfimmel, was wie üblich auf kurz oder lang in einer regelrechten Kohlehydrat-Orgie enden wird.

»Hallo Mädels. Habt ihr etwas gehört?«

Grace beißt in ihren Apfel und schüttelt den Kopf. »Nein, keiner. Echt seltsam.«

»Könntest du vielleicht mal mit Poppy reden?« Ich weiß,

dass die beiden eigentlich nicht befreundet sind, aber lässt so ein Ereignis die Menschen nicht automatisch enger zusammenrücken? »Vielleicht weiß sie ja etwas. Ich überlege die ganze Zeit ... Wisst ihr, ob Rosie einen Freund hat?«

Auch wenn Jo meine Frage verneint hat, bin ich nicht hundertprozentig überzeugt. Schließlich haben alle Teenager ihre Geheimnisse.

Grace schaut in den Kühlschrank. »Kann schon sein, aber das wird Poppy mir garantiert nicht auf die Nase binden. Mir am allerwenigsten. Und ich verstehe auch nicht, wieso die Polizei nicht nach ihr sucht. Ich meine, es könnte ihr doch etwas zugestoßen sein, oder?«

»Bestimmt tun sie das inzwischen«, versuche ich mich und Grace zu beruhigen, doch stattdessen verstärkt sich mein mulmiges Gefühl, als mir aufgeht, dass auch sie das Undenkbare nicht länger ausschließt.

Erst als ich es nicht länger aushalte, rufe ich Jo an, obwohl es schon ziemlich spät ist.

»Hallo?« Sie klingt atemlos, als wäre sie die Treppe heraufgelaufen, und die Verzweiflung in ihrer Stimme lässt mich erahnen, dass es immer noch keine Neuigkeiten gibt.

»Entschuldige, Jo, ich bin's nur, Kate. Ich will dich gar nicht stören, sondern nur fragen, ob es etwas Neues gibt.«

»Kate ... Nein ... Jedes Mal, wenn das Telefon läutet, denke ich ...«, stammelt sie. »Ich mache mir solche Sorgen. Ich kann jetzt nicht reden. Die Polizei ist gerade gekommen.«

»Natürlich.« Mein Magen zieht sich zusammen. »Geh nur. Wir sprechen uns bald.«

Obwohl ich weiß, dass die Polizei eingeschaltet werden muss und nichts unversucht gelassen wird, ist mir eiskalt.

»Wir gehen eine Weile raus, Mum.« Grace erscheint, in Shorts und einem Beatles-Shirt, mit Sophie im Schlepptau in der Tür, die es mit ihren langen Armen und Beinen schafft, sogar noch spärlicher bekleidet zu sein.

»Wohin geht ihr?«

»Nur zu Josh rüber«, antworten sie wie aus einem Munde.

Josh ist einer ihrer Schulkameraden, dessen Eltern eine erstaunliche Nachsicht an den Tag legen und erlauben, dass sich die Teenies regelmäßig in ihrem Sommerhaus im Garten – eigentlich Joshs Hobbyraum – breitmachen.

»Aber seid vorsichtig, verstanden? Und fragt alle nach Rosie, okay?«

Am liebsten wäre mir, sie würde hierbleiben, und ich könnte jeden ihrer Schritte überwachen, bis wir Genaueres wissen, aber ich beherrsche mich.

»Mum, natürlich sind wir vorsichtig. Wir sind ja bloß um die Ecke.« Sie wechselt einen einvernehmlichen Blick mit Sophie. »Keine Sorge, Kate«, sagt Sophie und umarmt mich. »Wir kommen schon klar und sorgen dafür, dass alle die Augen offen halten.«

Ich schaue ihnen hinterher, als sie zu Grace' Wagen gehen, mit ihren glänzenden langen Haaren und ihren langen Beinen. Lausche ihrem Lachen, als Sophie etwas sagt, erfüllt von jenem unerschütterlichen Glauben, wie ihn nur Teenager besitzen.

Der festen Überzeugung, dass ihnen nichts Schlimmes passieren kann.

»Reine Routine«, sagt mein pragmatischer Ehemann, als ich ihm erzähle, dass die Polizei bei den Andersons ist. »Das ist ihr Job, Kate. So einem Vorfall müssen die nachgehen.«

»Das weiß ich. Aber es bedeutet, dass Rosie immer noch verschwunden ist, richtig?«

»Na ja, vielleicht kommt ja jetzt ein bisschen Schwung in

die Suche nach ihr. Ich hab Hunger. Was gibt's zum Abendessen?«

»Salat.« Essen ist so ziemlich das Letzte, was mich im Moment interessiert.

»Schon wieder?« Angus verzieht das Gesicht. »Ich hatte kein Mittagessen, Kate.« Enttäuschung schwingt in seiner Stimme mit.

»Vielleicht Hühnchen. Ich sehe gleich nach, was noch im Kühlschrank ist. Eigentlich wollte ich einkaufen gehen, aber dann habe ich es vergessen.« Ich zögere. »Grace ist unterwegs. Ich mache mir Sorgen, Angus, jetzt, wo Rosie weg ist. Wir wissen doch nicht, was los ist, oder?«

Angus legt die Arme um mich und sieht mir tief in die Augen, als wolle er die Ängste und Zweifel verjagen, die mich klammheimlich beschlichen haben und mit einem Mal hinter jeder Ecke zu lauern scheinen.

»Du kannst gern versuchen, sie daran zu hindern«, sagt er leise. »Sie kommt schon zurecht. Und Rosie geht es bestimmt auch gut. Hör auf, dir Sorgen zu machen. Sicherlich ist sie schon bald wieder zu Hause.«

Rosie

Glück habe ich in meiner Kindheit nur selten erfahren. Aber genug, um zu wissen, wann es mich verlassen hat.

Ich erinnere mich an einen Tag in London. Mummys Augen leuchten, als sie mir die Schuhe zubindet, mein Haar bürstet und beteuert, dass wir einen ganz wundervollen Tag verbringen werden. »Den wundervollsten überhaupt«, erklärt sie, geht vor mir in die Hocke, nimmt meine Hände und sieht mich aus strahlenden Augen an, deren Glanz sich auf meine eigenen überträgt.

Wir sind nur zu zweit, wie an all unseren wundervollen Tagen.

Ich mag den Zug mit den breiten Sitzen und den riesigen Panoramafenstern. Es ist ein tolles Gefühl, auf die Landschaft hinauszublicken, während sich für einen Bruchteil einer Sekunde das Leben anderer Menschen vor einem ausbreitet, ehe es vorbeifliegt und wieder verschwunden ist.

In der Stadt nimmt Mummy mich an der Hand.

»Ich werde dir etwas ganz Besonderes zeigen«, verkündet sie mit einer Stimme, bei deren Klang ich das Gefühl habe, dass mein Herz vor lauter Aufregung gleich platzen wird.

»Du hast Glück, Rosanna, denn es ist gerade erst eröffnet worden.«

Ich höre die Leute darüber reden, als wir uns in der langen Schlange anstellen. London Eye. Ich habe keine Ahnung, was das ist. Erst als ich es sehe, dieses Ungetüm, das in den endlosen Himmel ragt, begreife ich.

Zuerst habe ich Angst, aber als wir höher hinaufkommen und die Stadt immer kleiner unter uns aussieht, ist es, als würde ich in eine andere Welt eintauchen. Ob wohl alle Städte so sind? Voll anderer Welten? Ich schaue Mummy an, ihr hübsch frisiertes Haar, ihre in die Ferne gerichteten Augen. Auch sie ist in eine andere Welt eingetaucht.

Ich bekomme ein Eis, Mummy trinkt einen Kaffee. Dann gehen wir einkaufen, aber Mummy sagt, wir müssten noch irgendwo anders hingehen. Jemanden treffen. Einen guten Freund.

Ich will aber Mummys Freund nicht treffen, dieser Tag soll uns allein gehören, aber sie besteht darauf.

»Komm jetzt, Rosanna. Ich darf nicht zu spät kommen.« Ich weiß noch, wie ich dachte, dass es kein wirklich guter Freund sein kann, denn die nehmen es einem nicht übel, wenn man mal ein paar Minuten zu spät kommt.

Mummys Freund wohnt in einem großen noblen Haus mit einer breiten Treppe, einer glänzenden Klingel und einem Messingschild an der Tür. Sie läutet. Kurz darauf macht uns eine Frau in einer weißen Jacke und mit rotem Lippenstift auf.

»Bitte kommen Sie herein, Mrs. Anderson. Mr. Pinard ist sofort bei Ihnen.«

Wir setzen uns auf ein Samtsofa vor einem Aquarium voll winziger, knallbunter Fische und betrachten all die Fotos schöner Frauen an den Wänden. Keine Einzige lächelt. Sie sehen perfekt aus. Dann kommt der Mann herein.

Ich verstecke mich hinter Mummy. Es gefällt mir nicht, wie er spricht. Er sei nicht aus England, flüstert Mummy. Und er ist tatsächlich ihr Freund. Das merke ich an der Art, wie er sie auf die Wange küsst, ihr lächelnd in die Augen sieht und erklärt, dass sie wunderschön aussieht. Er sagt Joanna zu ihr, sie nennt ihn Jean. Ihre Narben seien wunderschön verheilt, meint er, so winzig, dass man sie kaum noch sehen könne. Dann beugt er sich vor, schüttelt mir die Hand und sagt, er freue sich ja so, mich kennenzulernen.

Aber als sein Blick über mein Gesicht und meinen Körper wan-

dert, weiche ich innerlich zurück. Seine Augen sind blau und kalt. Ich weiß nicht, wieso wir hier sind. Dann geht Mummy mit ihm nach nebenan. Ich soll hier warten, sagt sie, allein, bei den Fischen im Aquarium. »Die sind doch so hübsch, Rosanna.« Die Tür geht hinter ihnen zu.

Ich habe Angst. Hier gefällt es mir nicht.

Und ich mag den Mann nicht.

Auf einmal ist der Tag verdorben.

Ich will nach Hause.

Vor lauter Tränen kann ich nicht einmal mehr die Fische erkennen.

4

Innerhalb von nur zwei Tagen verändert sich die Atmosphäre im Dorf, und eine spürbare Bedrohlichkeit mischt sich unter die Spekulationen und Gerüchte. Trotzdem falle ich aus allen Wolken, als plötzlich die Polizei vor der Tür steht: ein blutjunger Polizist mit Bubigesicht, kaum älter als Grace, der keine Ahnung zu haben scheint, wie ernst die Lage ist, und seine etwas ältere Kollegin, der ich auf den ersten Blick ansehe, dass sie derartige Befragungen schon viel zu oft durchführen musste.

Als Erstes reden sie mit Grace allein, obwohl ich darauf bestanden habe, dass ich dabei sein will. Aber Grace meinte, das sei nicht notwendig, sie komme schon klar. Was nicht stimmt. Ich weiß, dass sie unschuldig ist, trotzdem kann ich die irrationale Angst, sie könnte versehentlich etwas Falsches sagen und sich dadurch selbst belasten, nicht abschütteln.

»Es wäre uns lieber, wenn wir mit Ihrer Tochter unter vier Augen sprechen könnten«, sagt die Polizistin, als Grace in mein Arbeitszimmer geht. »Manchmal sind die Kids gesprächsbereiter, wenn die Eltern nicht dabei sind.«

»Ich kann mir nicht vorstellen, dass sie mehr weiß«, erwidere ich. »Sie hat keine Geheimnisse vor mir.«

Police Constable Beauman gibt mir mit einem wissenden Nicken zu verstehen, dass sie ebenfalls eine halbwüchsige Tochter hat. Dann folgt sie Grace ins Zimmer und schließt die Tür.

Eine gefühlte Ewigkeit warte ich, bis ich endlich an der Reihe bin. Meine Hände sind feucht. Unter den prüfenden Blicken der Polizisten fühle ich mich schlagartig in die Schulzeit zurückversetzt, obwohl ich auf meinem eigenen Stuhl in meinem eigenen Haus sitze.

PC Beauman stellt die Fragen, während ihr junger Kollege aufmerksam zuhört und sich nur ab und zu in die Unterhaltung einschaltet. Sie wollen wissen, wie gut ich Rosie kenne, und machen sich eifrig Notizen, als hätte alles, was ich sage, eine verborgene Bedeutung.

»Manchmal kommt sie her und hilft mir mit den Pferden. Sie ist ein echter Schatz und kann wunderbar mit ihnen umgehen. Ich glaube aber nicht, dass ihre Eltern das wissen, zumindest habe ich ihnen nichts erzählt. Sie hat mich nie darum gebeten, es nicht zu tun, aber ich hatte immer so ein Gefühl, dass es ihr nicht recht gewesen wäre«, stammle ich. *Was für ein sinnloses Gequatsche!* »Ich meine, sie ist achtzehn ... Eltern müssen schließlich nicht alles wissen, oder?«

Dabei bin ich mir durchaus darüber bewusst, wie heuchlerisch das klingt, schließlich würde ich auch wissen wollen, wenn Grace fremde Pferde reiten würde und Geheimnisse vor mir hätte, oder?

PC Beauman geht nicht auf meine Bemerkung ein. »Ist Ihnen in letzter Zeit eine Veränderung an ihr aufgefallen?«

»Genau das habe ich mich auch schon gefragt, aber ich wüsste nicht.« Sie kritzeln weiter. »Nur die Halskette. Sie hat sie neuerdings immer getragen, aber das wissen Sie ja vermutlich schon. Und bestimmt ist es auch gar nicht wichtig.«

PC Beauman sieht auf. »Können Sie sie beschreiben?«

»Sie war ungewöhnlich und sehr hübsch, aus roten, lila und grünen Glasperlen, verbunden mit hauchzarten Silberhäkchen. Sie hat sie geschenkt bekommen, wollte aber nicht verraten, von wem.«

Nachdenklich betrachtet PC Beauman mich. »Wie gut kennen Sie Rosies Familie, Mrs. McKay?«

»Jo kenne ich über die Schule, Grace und Rosie waren zusammen in der Oberstufe. Wir Mütter treffen uns ab und zu zum Mittagessen. Sie sind eine ausgesprochen nette Familie.« Ich zucke die Achseln und überlege, was ich sonst noch über sie sagen könnte. »Neal bin ich nur ein- oder zweimal eher flüchtig begegnet. Ich weiß nicht, was ich Ihnen sonst noch sagen könnte.«

»Gibt es auch einen Mr. McKay?«

»Ja. Angus arbeitet als Finanzmanager in London. Er kennt Rosie nicht. Mit Pferden hat mein Mann nicht viel am Hut.«

PC Beauman hält kurz inne, dann schreibt sie weiter. »Danke. Das ist alles. Im Moment.« Sie steht auf. »Erreichen wir Sie unter dieser Nummer, falls wir noch Fragen haben?«

Sie wiederholt die Nummer, die ich ihr gegeben habe, und reicht mir eine Visitenkarte.

»Falls Ihnen noch etwas einfallen oder Sie etwas hören sollten, würden Sie mich anrufen?«

Ungewöhnlich still beobachten Grace und ich, wie sie wegfahren.

»Komisch«, sagt Grace schließlich. »Mir ist da was aufgefallen. Wenn Rosie herkommt, bin ich nie hier, oder? Fast so, als würde sie nicht nur wegen der Pferde kommen … sondern wegen dir.«

In den nächsten Tagen befragt die Polizei mit qualvoll methodischer Präzision das gesamte Dorf, stellt Fragen und zwingt uns dadurch, uns gegenseitig durch die Augen eines Fremden zu betrachten. Und infiziert uns mit dem Virus der Angst.

»Glaubst du, sie wissen Bescheid, Mum?« Grace ist ausnahmsweise einmal nicht zu Hause, um sich nur die Haare zu waschen oder wie eine Tote ins Bett zu fallen. Offenbar braucht sie die vertraute Sicherheit ihres Heims.

»Was denn, Schatz?«

Sie zögert. »Da waren doch diese Typen im Wald.«

Ich wirble herum. »Hast du der Polzei davon erzählt?«

Grace schüttelt den Kopf. Ihre Wangen färben sich rosig, was mir verrät, dass es ihr peinlich ist.

»Was sind das für Typen, Grace?«

»Weiß ich nicht … eben Freunde von Sophie.«

»Du musst Sophie sagen, dass sie dringend mit der Polizei reden sollten.«

»Mum! Das kann ich nicht! Das ist doch ihre Angelegenheit! Außerdem weiß ich noch nicht mal, wer die sind.«

»Aber Sophie weiß es, wenn es ihre Freunde sind, oder?« Ein Anflug von Schärfe schleicht sich in meinen Tonfall, denn Grace' rötliche Wangen und ihre ausweichenden Antworten legen die Vermutung nahe, dass mehr an der Sache dran ist.

Sie schweigt. Gegen Grace' stummen Trotz anzukommen ist ein Ding der Unmöglichkeit, das weiß ich aus Erfahrung.

Ich kreuze die Arme vor der Brust. »Okay, dann rede ich eben mit Sophie. Ich könnte auch Lorraine anrufen.« Lorraine, die sich auch von ihren Kindern mit dem Vornamen ansprechen lässt, ist Sophies Mutter und alles andere als der Inbegriff der Mütterlichkeit.

Entsetzt reißt Grace die Augen auf. »Auf keinen Fall, Mum. Okay?«

»Dann mach den Mund auf, Grace. Das ist kein Spielchen hier. Rosie ist seit vier Tagen verschwunden. Vielleicht wurde sie entführt, jemand hat ihr wehgetan oder sonst was.«

Grace macht ein zerknirschtes Gesicht, doch dann springt sie unvermittelt auf. »Mum! Das habe ich ja völlig vergessen. Im Fernsehen läuft gleich ein Bericht über sie. Josh hat es mir erzählt. Los, schnell, hoffentlich haben wir ihn nicht verpasst.«

Sie läuft ins Wohnzimmer und macht den Fernseher an.

Der Beitrag kommt am Ende der landesweiten Mittagsnachrichten – wahrscheinlich weil immer etwas Wichtigeres passiert, worüber berichtet werden muss. Aber gibt es etwas Wichtigeres als ein vermisstes Kind? Zahllose Fragen, die niemand beantworten kann, schwirren mir durch den Kopf, als Neal auf dem Bildschirm erscheint.

Er wirkt ausgezehrt, angespannt und erschöpft. Sein Gesicht schmerzverzerrt, als er sich flehentlich an die Zuschauer wendet; an uns alle, wo und wer wir auch sind. Wir sollen uns nur einen Moment lang vorstellen, es sei unser Kind, das vermisst wird. Jeder, der etwas wisse, auch wenn es noch so unwichtig und banal erscheine, solle sich bitte, bitte melden.

Während er seine eloquenten, verzweifelten Worte in die Kamera spricht, erscheint ein Foto von Rosie. Sie ist wunderschön mit ihrem hellen Haar und dem verträumten Ausdruck in den Augen. Ich blicke zu Grace, der die Tränen übers Gesicht laufen. Beim zweiten »bitte« bricht Neals Stimme. Und mir das Herz.

Danach stehen die Telefone keine Sekunde mehr still. Es ist, als hätte Neals Appell das ganze Dorf in Aufruhr versetzt. Am liebsten würde ich auf der Stelle Jo anrufen, zwinge mich aber, vernünftig zu sein. Das wäre nicht richtig, oder? Andererseits erscheint es mir genauso falsch, mich nicht bei ihr zu melden, also wähle ich ihre Nummer. Ich sehe sie vor mir, wie sie ganz allein zu Hause sitzt, während Neal im Fernsehstudio ist, und schäme mich für meine Erleichterung, als niemand abhebt.

Kaum habe ich aufgelegt, ruft Rachael an.

»Hast du das auch gerade gesehen? Neal in den Mittagsnachrichten? Wie schrecklich, findest du nicht? Die arme Familie ... Irgendjemand muss doch etwas wissen. Komm morgen rüber, Kate. Gegen zehn. O Gott, Norman hat sich gerade geschnitten ...«

Mir bleibt gerade genug Zeit, kurz durchzuatmen, nachdem sie aufgelegt hat.

Auch in Beth Van Suttons Gemischtwarenladen, zwischen regionalem Fleisch, Gemüsekisten und Platten voll selbst gebackener Kuchen, ist die Angst allgegenwärtig.

»Schrecklich, nicht, Kate? Dieses hübsche junge Ding ... die arme Familie. Die Polizei war auch schon da. Die befragen ja alle.«

Es wundert mich nicht, dass sie hier waren. Schließlich betreiben Beth und ihr Mann Johnny den Laden schon seit einer halben Ewigkeit und wissen über alles Bescheid, was im Dorf so vor sich geht.

»Jonnny hat sie überredet, eine Suchaktion zu starten«, fügt sie hinzu. »Die Leute müssen etwas unternehmen.«

Auch wenn eine Suche den nächsten logischen Schritt darstellt, die Angst in eine konkrete Handlung umzumünzen, sich zusammenzutelefonieren und die entlegensten Verstecke abzuklappern, ist es dennoch ein Schock.

»Am schlimmsten ist die Ungewissheit, findest du nicht? Unerträglich«, bricht es aus mir heraus. Und bis zu einem gewissen Grad stimmt das auch, doch dann kommen mir unweigerlich all die schlimmeren Möglichkeiten in den Sinn.

Erschüttert starrt Beth mich an. »Aber keine Nachrichten sind gute Nachrichten!« Sie hält inne. »Hast du die Erdbeeren gesehen?«, fährt sie dann fort. »Das ist die Spätsorte. Sehr aromatisch.«

Unsere Blicke begegnen sich.

Das Leben geht weiter, sagen wir einander stumm, auch wenn es ein Klischee ist.

Bei Rachael herrscht das übliche Chaos.

»Kate! Gott, ich bin ja so froh, dass du kommst. Die Polizei war gestern hier. Waren sie bei dir auch schon? Ach ja, natürlich – du hast es mir ja selbst erzählt. Weißt du, ob sie schon Hinweise haben? Jemand muss doch etwas wissen, oder nicht? Komm, lass uns etwas essen gehen. Die Kinder haben alles verputzt, und der Lieferservice kommt erst später.«

»Willst du in den Pub?«, frage ich.

»Ja«, antwortet sie erleichtert.

»Ich habe gestern noch versucht, Jo zu erreichen«, sage ich, als sie in ihrer Tasche nach den Hausschlüsseln kramt, ehe sie aufgibt und die Tür wie so oft einfach zuzieht. Bei ihnen gäbe es ohnehin nichts zu holen, sagt sie. »Gleich nach Neals Aufruf. Aber es hat niemand abgehoben.«

»Das wundert mich nicht. Ich kann mir nicht mal ansatzweise vorstellen, was sie durchmachen. Heute Morgen hat hier so ein Reporter herumgelungert. Alan hat die Hunde auf ihn gehetzt.«

»Eure Hunde? Köstlich!« Rachael mag ein ganzes Rudel haben, aber keiner von ihnen ist gefährlich.

»Das konnte er aber nicht wissen, oder?«

Im Pub herrscht ziemlicher Betrieb für einen Wochentag. Lockt ein als vermisst geltendes Mädchen neuerdings etwa genauso viele Neugierige aus ihren Häusern wie ein Autounfall auf der Kreuzung? Wir setzen uns an einen freien Tisch neben einem offenen Fenster.

»Hat Alan neulich zufällig eine Gruppe Jungs bemerkt?« Ich muss Grace dringend fragen, ob sie inzwischen mit Sophie geredet hat.

»Ich glaube nicht. Aber unser Grundstück ist so riesig. Die könnten überall gewesen sein, ohne dass er es mitbekommt.« Sie sieht mich an. »Genau das ist ja das Problem. Es gibt viel zu viele Verstecke.«

Genau dasselbe dachte ich auch schon, aber wenn Rosie mit jemandem durchgebrannt ist – mit demjenigen, von dem sie auch die Halskette bekommen hat –, könnte sie überall stecken, unversehrt und quietschfidel, ohne dass sie je einer finden würde.

Seufzend überfliegt Rachael die Speisekarte. »Wäre es sehr gefräßig, wenn ich das Staek nehme, was meinst du?«

Während des Essens bleibt mein Blick an einem Gesicht an der Bar hängen, das ich unter Tausenden wiedererkennen würde – eines, das ich seit Jahren nicht mehr gesehen habe. Und das so ziemlich der letzten Person gehört, die ich hier vermuten würde.

»Laura?« Ungläubig schüttle ich den Kopf. Ist sie es tatsächlich? Doch in dem Moment, als ich ihren Namen laut ausspreche, dreht sie sich um, und ihre Züge erhellen sich.

5

»Das glaube ich jetzt nicht!« Laura tritt an unseren Tisch und umarmt mich.

»Das kannst du laut sagen! Rachael, das ist Laura. Wir waren zusammen in der Schule«, erkläre ich. »Als Teenager waren wir das erste Mal allein im Urlaub und haben uns in denselben Jungen verknallt. Dann ging sie weg, und ich habe sie nie wieder gesehen. Bis jetzt! Nicht zu fassen!«

»Alte Komplizinnen.« Laura lacht und zieht einen Stuhl heran. »Ist es wirklich okay, wenn ich mich setze?«, fragt sie an Rachael gewandt.

»Klar! Bitte. Trinken Sie doch einen Kaffee mit uns. Ich hole uns einen.«

Rachael steht auf und geht an die Bar, während ich Laura betrachte und mich frage, wo ihr krisseliges Haar und ihre Pölsterchen geblieben sind. Die Laura von heute ist gertenschlank, hat seidig glänzendes Haar und trägt todschicke Klamotten.

»Was führt dich denn hierher? Ich habe gehört, dass du in die Staaten gezogen wärst. Bist du wieder hier?«

»Ich lebe in New York, das stimmt.« Sie hält inne. »Ich arbeite als Journalistin, Kate«, sagt sie langsam und beobachtet mich prüfend, während mir allmählich dämmert, worauf sie hinauswill.

»Du hast von Rosie gehört.« Das ist keine Frage, sondern eine Feststellung. Meine Freude über unser Wiedersehen verpufft, und einen Moment lang kann ich meine Gefühle nicht recht einordnen. Ist es Enttäuschung, weil meine alte Freundin ihren Lebensunterhalt mit dem Leid anderer Menschen verdient?

»Das ist eine lange Geschichte, Laura, und bisher weiß keiner, was mit ihr passiert ist.«

Laura nickt. »Das habe ich mitbekommen. Und ich hoffe genauso sehr wie alle hier, dass sie schon bald gesund und munter zur Tür hereinkommt. Trotzdem ist es eine große Story. Neal Anderson kennt nun mal jeder. Aber das ist noch nicht alles. Bevor all das geschehen ist, hatten wir eine Artikelserie über die heimlichen Opfer in Kriegsgebieten geplant, darunter auch in Afghanistan. Es sind Schicksalsgeschichten darüber, was geschieht, wenn ganze Ortschaften ausgelöscht und Familienmitglieder getötet werden. Über diejenigen, die zurückbleiben, die Älteren, die Versehrten, die Waisen.« Sie hält inne. »Er hatte für ein Interview zugesagt, weil er auch ein Waisenhausprojekt in Afghanistan unterstützt.«

Ich horche auf. Das wusste ich gar nicht.

»Und da ich sowieso schon hier war, meinte mein Chefredakteur, dass wir genauso gut die Geschichte über Rosie aufgreifen könnten. Das halbe Land nimmt Anteil an der Tragödie. Und sie ist auch schon eine ganze Weile verschwunden, richtig? Ihr müsst halb verrückt vor Sorge sein.«

»Ich weiß nicht recht, Laura. Jo ist eine Freundin von mir. Vielleicht wäre es besser, wenn du mit jemand anderem redest.«

Laura lehnt sich zurück und mustert mich. »Vielleicht kann ich dir ja erklären, wie wir arbeiten. Mir ist klar, was du jetzt denkst, und ich an deiner Stelle würde genauso reagieren. Aber ich bin keine dieser grässlichen skrupellosen Reporter, die die Fakten verdrehen und alles tun würden, bloß um eine Story zu kriegen, das verspreche ich dir hoch und heilig.

Es ist grauenhaft, dass Rosanna oder Rosie, wie ihr sie nennt, verschwunden ist, und ich möchte gern darüber schreiben, aber auf eine korrekte, mitfühlende Art und Weise. Die Zeitungen werden ohnehin darüber berichten, Kate. Und auch nicht immer nur die reinen Fakten, das ist dir doch klar, oder?«

»Sie hat recht«, sagt Rachael, die mit einem Tablett in der Hand an den Tisch tritt. »Für wen arbeiten Sie?«

»Für eine amerikanische Zeitschrift namens *Lifetime*. Sie erscheint monatlich und beschäftigt sich vorwiegend mit Familien- und Alltagsthemen, mit denen sich Frauen so herumschlagen. Ich gebe Ihnen gern ein Exemplar. Ich habe eines oben in meinem Zimmer.«

»Du wohnst hier?«

Laura nickt. »Ja. Für ein paar Tage.«

Bis Rosie zurück ist, meint sie damit.

Oder auch nicht.

So sehr die Sonne auch strahlt und meine Haut liebkost, die Angst lässt sich nicht abschütteln. Sie ist hier, lauert an jeder Ecke, als wir uns für die Suche nach Rosie einfinden. Ich frage mich, ob Jo bewusst ist, wie sehr die Leute sie unterstützen, aber am Ende eines langen Tages stehen wir immer noch praktisch mit leeren Händen da. Die Suche hat keine brauchbaren Hinweise ergeben, und viele springen einfach ab, weshalb die Polizei mit ihrem Suchhund allein weitermachen muss.

Als an diesem Abend das Telefon läutet, flackert sie sofort wieder auf, diese Angst. Ich bin bereits im Schlafanzug und wollte vor dem Zubettgehen gerade noch die Reste des Abendessens wegräumen. Wenn um diese Uhrzeit jemand anruft, muss es etwas Wichtiges sein.

Grace' Nummer steht auf dem Display.

»Mum, sie haben sie gefunden …«, stammelt sie schockiert.

»Geht es ihr gut, Grace?«

»Sie war im Wald.«

Mein Herzschlag setzt aus. Das wollte ich nicht hören, genauso wenig wie das Rauschen in meinen Ohren, und alles bricht wieder über mich herein – der Sturm, Zappa, mein Sturz.

Ich umklammere den Hörer. In einem Anflug von sinnloser Hoffnung klopft mein Herz wie verrückt, denn Grace' Zögern, das Zittern in ihrer Stimme verrät mir bereits die Wahrheit, bevor sie sie ausspricht.

»Mum …« Ihre Stimme bricht. »Rosie ist tot.«

Rosie

Ich werde zwei weitere Jahre vorwärtskatapultiert, sehe einen Wagen, größer und lauter, mit dem mein Vater viel zu schnell fährt. Ich hocke auf dem weichen, viel zu tiefen Rücksitz und spüre, wie mir schlecht wird, weil ich nicht hinaussehen kann. Mummy sagt, ihr sei auch die ganze Zeit übel, aber aus anderen Gründen.

Schließlich sind wir vor dem neuen Haus. Vater steht in der Einfahrt und betrachtet es, während ich zitternd neben einer Straßenlaterne warte. Dann tritt er einen Schritt nach hinten, während ein selbstzufriedener Ausdruck sich auf seinem Gesicht ausbreitet. Das Haus ist überhaupt nicht wie unser altes. Es ist groß und dunkel.

Als wir hineingehen, finden wir den Lichtschalter nicht. »Verdammt, Joanna, das ist alles nur deine Schuld«, sagt er.

Erst jetzt fällt mir auf, dass er sie Joanna nennt, nicht Jo, wie alle anderen. Ich warte, lausche ihren Schritten, die von den kahlen Wänden widerhallen, und wünsche mir, wir wären in unserem alten Zuhause. Aber als nach ein paar Tagen die Heizung läuft, die Möbel aufgestellt sind, die Lichter brennen, die Vorhänge an den Fenstern hängen und die Zimmer eine gewisse Ähnlichkeit mit unserem alten Haus haben und ich neue Spielsachen und meinen eigenen rosa Fernseher bekomme, beschließe ich, dass es mir hier doch gefällt.

An meinem ersten Tag in der neuen Schule türmen sich unheilvolle violette Gewitterwolken am Himmel. Ich stehe in einem viel zu großen Mantel und mit meiner Schultasche in der Hand da und folge den anderen Kindern über den Spielplatz, als der Hagelsturm einsetzt. Ich weiß noch, wie schmerzhaft die eiskalten Körner auf meinem Gesicht und den Händen brannten, erinnere mich an das Prasseln, als sie auf den Asphalt trafen. Ich bekomme nicht mit, wie meine Mutter zum Wagen rennt und das Lila am Himmel einem dunklen Stahlgrau weicht, weil ich kein einziges Mal den Kopf hebe.

Den ganzen Morgen bin ich nervös, blicke aus dem Fenster auf die Düsternis, die nur von einem Vorhang aus Hagelkörnern erhellt wird, und stelle mir vor, ich sei im grauen Nirgendwo gefangen, wo die Sonne niemals aufgeht. Dann, in der großen Pause, fragt mich ein Mädchen, ob ich mit ihr spielen will. Sie heißt Lucy Mayes. Kurz darauf kommt die Sonne heraus, und das Eis beginnt zu schmelzen. Lucy ist ein schlaues Mädchen, wohnt in einem hübschen Haus und spielt Geige – sie ist die perfekte Freundin, sagt Mummy.

Kurz vor Weihnachten – unser Haus schmückt ein wunderschöner, glitzernder Baum, unter dem sich die hübsch verpackten Geschenken türmen –, kommt Delphine zu uns, eine weitere perfekte Tochter in der wohlgeordneten Welt, die in Wahrheit gar nicht geordnet ist.

Ich betrachte meine Schwester, die genauso helles Haar hat wie ich und mich aus Augen anstarrt, in denen zahllose Geheimnisse zu liegen scheinen. Sie braucht mich. Sie ist ein echtes Geschenk.

Wenn wir allein sind, nenne ich sie Della – der Name fließt so schön über meine Zunge.

Als ich sie jetzt vor mir sehe, kommen all die Empfindungen wieder in mir hoch – dieselbe Aufregung, vermischt mit Glück und Dankbarkeit, weil Weihnachten ist und ich eine neue Schwester und eine perfekte Kindheit habe. Flüsternd erzähle ich Della von all den Dingen, die wir gemeinsam unternehmen werden, und dass ich ihre große Schwester bin. Mich immer um sie kümmern werde.

Die Blase des Glücks hält bis Heiligabend an. Mein Vater kommt sehr spät nach Hause und schreit Mummy an. In ihren Augen glitzern Tränen. Sie will nach oben gehen, um Della zu trösten, die weint, aber er reißt sie zurück und schließt die Tür zu Dellas Zimmer ab.

Ich breche in Tränen aus, und das Baby hinter der verschlossenen Tür schreit, weil ihr der Lärm Angst macht und sie geknuddelt werden will. Aber mein Vater brüllt Mummy an, und ich suche verzweifelt nach dem Schlüssel, kann ihn aber nirgendwo finden. Und während ich als Sechsjährige vor der verschlossenen Tür stehe und sie zu beruhigen versuche, schwebe ich nun über ihrer Wiege und flüstere ihr leise zu: »Es ist alles gut, Della, du bist nicht allein.«

6

Der Tod legt seinen Schatten über uns, hüllt uns in Trauer und erfüllt unsere Welt mit Angst. Habe ich nun jenen Punkt im Leben erreicht, wo er mein ständiger Begleiter sein wird, halb im Verborgenen auf sein nächstes Opfer lauernd?

Während all unsere Fragen unbeantwortet bleiben, geht das Leben weiter. Die Sonne geht über den taufeuchten Weiden auf, begleitet vom gewohnt fröhlichen, lauten Morgenchor der Vögel. Meine Nachbarin Ella führt ihren schwarzen Labrador Gassi, die Post kommt, Angus fährt zur Arbeit – er hat einen wichtigen Termin mit dem Geschäftsführer einer US-Firma, der eigens wegen ihm aus Boston hergeflogen ist.

Den frühen Morgen, wenn die Sonne zwischen den Bäumen aufgeht, mag ich am liebsten. Nicht nur wegen der Stille, sondern auch wegen des sanften, klaren Lichts, das all den Farben eine besondere Tiefe verleiht, jeder Blüte, jedem Blatt, die erfrischt von der nächtlichen Kühle zu neuem Leben erwachen. Aber heute Morgen bemerke ich weder die frisch erblühte Rose, noch erfreue ich mich an dem warmen, sonnigen Geruch des Lavendels. Ich zupfe die letzten Erdbeeren ab, ohne davon zu kosten.

Eigentlich wollte ich gestern Jo anrufen, um zu hören, ob sie etwas braucht, aber es erschien mir zu aufdringlich. Alles ist plötzlich anders. Ich muss an Grace und ihre Freunde denken. Die Erkenntnis, dass ihnen allen jederzeit etwas zustoßen könnte, sogar praktisch vor der eigenen Haustür, setzt mir gewaltig zu.

»Ich hätte etwas tun müssen, Mummy. Ich hätte netter zu ihr sein, mich mit ihr anfreunden müssen.«

Dass Grace mich wie früher Mummy nennt und ihre Hysterie – ausgelöst durch Übermüdung, aber auch Zeichen aufrichtiger Bestürzung – sind nachvollziehbar. Aber nicht ihre Gewissensbisse.

»Du kannst nichts dafür, Grace. Selbst wenn ihr Freundinnen gewesen wärt, heißt das nicht, dass du es hättest verhindern können.«

»Aber das verdient sie nicht, Mum. Sie hat doch nichts getan.« Vergangenheit und Gegenwart vermischen sich, als sie sich auf fremdes Terrain begibt, über Dinge spricht, mit denen sie keinerlei Erfahrung hat.

»Ich weiß.«

Ich kann nichts tun, als meine schluchzende Tochter in den Armen zu halten und unendlich dankbar zu sein, dass ich sie immer noch habe, sie berühren, ihre Stimme hören kann. Dass sie nicht verschwunden ist und ich nicht Jo bin, die einen so verheerenden Verlust verkraften muss.

»Ich gehe zu ihrer Beerdigung, selbst wenn ich deswegen die Uni versäume, Mum. Ich kann jetzt nicht einfach weggehen.«

»Das verstehe ich, Grace. Wir finden schon eine Lösung, mach dir keine Sorgen.«

»Alle wollen hin.« Ihre Augen sind gerötet, ihre Wangen tränenüberströmt. »Ich weiß, dass wir nicht die dicksten Freundinnen waren, aber das heißt doch nicht, dass wir nicht hinkönnen, oder?«

Menschen erleben Trauer völlig unterschiedlich. Sie zeigt sich auf verschiedene Art und Weise. Manche schweigen schockiert und verriegeln ihre Türen, weil sie sich die Trauer vom Leibe halten wollen. Andere begegnen einem mit ausdruckslosem Gesicht oder einem aufgesetzten Lächeln, hinter dem sich die schlimmsten Qualen verbergen.

Ich warte ein paar Tage länger als geplant, ehe ich bei Jo vorbeifahre, in der Annahme, vor verschlossener Tür zu stehen. Das wäre leichter gewesen, weil ich ihr die Blumen aus meinem Garten und Grace' Karte einfach auf die Veranda hätte legen können. Dann hätte ich ihr nicht ins Gesicht schauen und ihrem schmerzerfüllten Blick begegnen müssen.

Mehrere Autos stehen auf der Straße, wo sonst nie viel Betrieb herrscht. Sind das Reporter? Obwohl ich ihre Blicke spüre, bleiben sie auf Abstand, als ich an die Tür klopfe.

»Jo ...« Stumm breite ich die Arme aus. Obwohl ich mir zurechtgelegt habe, was ich sagen will, bringe ich kein Wort heraus.

Sie steht da, lässt sich einen Moment lang von mir in den Arm nehmen. *Sie ist immer noch Rosies Mutter*, denke ich. Und das wird sie immer bleiben. Nichts und niemand kann daran etwas ändern.

»Es tut mir so leid, Jo. Ich wollte nicht stören, dir nur die hier bringen.«

»Oh. Sie sind schön ...« Sie nimmt die Blumen kaum wahr, als ich sie ihr gebe. Ihre Augen sind glasig, ihre Stimme tonlos von all den Beruhigungsmitteln. »Möchtest du reinkommen?«

»Nein, nein, ich will nicht stören, Jo.« Ich trete einen Schritt zurück.

»Bitte ...« Ihre Stimme nimmt einen flehenden Unterton an, als sie den Blick die Straße entlangschweifen lässt. »Komm doch rein und trink eine Tasse Tee.«

Ich bin etwas verlegen, weil ich sie eigentlich nicht gut genug kenne, um ihr Haus zu betreten. Gleichzeitig ist mir bewusst, dass zwischen Tee und Trauer eine ähnlich enge Beziehung herrscht wie zwischen Fisch und Chips. Auf dem Weg ins Wohnzimmer bleibe ich stehen und blicke verblüfft auf das Meer aus Blumen und die zahllosen Karten, es sind so viele und sieht so wunderschön aus, dass man einen falschen Eindruck bekommen könnte.

Sie geht die Stufen hinab in die weitläufige Wohnküche. Würden wir uns besser kennen, würde ich sie jetzt mit sanfter Gewalt auf einen Stuhl drücken und den Tee selbst zubereiten, vielleicht sogar ein Schlückchen Brandy hineingeben. Jo ist sehr zurückhaltend, und auch wenn sie offen erzählt, wo sie ihre Designerklamotten kauft und zu welchen Galas und Wohltätigkeiten sie und Neal eingeladen waren, erfährt man über die eigentlich wichtigen Dinge nur sehr wenig. Über die Alltäglichkeiten, die Hoffnungen und Träume, mit denen man durchs Leben geht; darüber, dass die Familie ihr Ein und Alles ist, so wie bei uns anderen auch.

Heute scheint selbst der Wasserkessel zu schwer für sie zu sein. Sie ist so mager, ausgezehrt, fast ätherisch, und ihre Augen wirken riesig. Mir fällt auf, dass ihr Haar fast dieselbe Farbe hat wie das von Rosie und nur ein wenig kürzer ist, so dass man sie von hinten beinahe verwechseln könnte.

»Ist Neal da?«

»Er ist bei der Polizei.« Der Kaffeebecher in ihrer Hand zittert. »Ich hätte auch mitgehen sollen. Aber ich konnte nicht … Sie gehen die Anrufe auf ihrem Handy durch …« Ihre Stimme bebt.

»Kann ich dir irgendwie helfen? Irgendetwas tun?«, frage ich leise.

Sie schüttelt den Kopf, dann sammelt sie sich und gießt heißes Wasser in die Teebecher, während ich den Blick über die makellos weiße Küche mit den Edelstahlgeräten und dem überbreiten Gasherd schweifen lasse. Alles perfekt sauber und aufgeräumt. Und teuer, denke ich unwillkürlich, hasse mich aber dafür, dass es mir überhaupt auffällt.

Sie stellt mir einen Becher hin und setzt sich auf den Stuhl gegenüber von mir.

»Es ist so lieb von dir, dass du herkommst, Kate. Die Leute schicken alles Mögliche ... aber herkommen tut niemand. Als wäre es ansteckend oder so.«

Ihre Stimme ist ausdruckslos, Tränen stehen in ihren Augen, trotzdem wahrt sie erstaunlicherweise die Contenance. Allein der Gedanke, dass man sich den Tod wie ein Virus zuziehen kann, lässt mich erschaudern.

»Wahrscheinlich wollen sie bloß nicht stören«, sage ich sanft. »Mehr nicht.«

»So viele Karten«, fährt sie leise fort. »Kaum zu glauben. Auch von Leuten, die wir eigentlich gar nicht kennen.«

Hilft so etwas? Ist die Gewissheit, dass so viele Menschen an einen denken, ein winziger Trost? Ich lege Grace' Karte vor ihr auf den Tisch.

»Grace hat mich gebeten, sie dir zu geben.«

Langsam streckt sie die Hand aus und nimmt sie, und ich frage mich, ob ihr das Undenkbare durch den Kopf geht: Wäre Grace das Opfer, wäre ich diejenige, dem der wertvollste Mensch entrissen werden würde.

Wieso meine Tochter? Wieso nicht das Kind von jemand anderem?

»Kannst du ihr sagen ... Danke.«

Ich nippe an meinem Tee, wohingegen Jo ihre Tasse nicht anrührt. In diesem Moment höre ich ein leises Geräusch hinter mir.

Ich vergesse immer, dass Delphine ebenfalls Jos Tochter ist, vermutlich weil sie sie so selten erwähnt. Aber ich weiß, dass Rosie und sie sich sehr nahegestanden haben. Wann immer sie von ihr gesprochen hat, haben sich ihre Züge erhellt. Die beiden haben dasselbe helle Haar und diesen leicht verunsicherten Ausdruck in den Augen. Die Ähnlichkeit mit Rosie ist frappierend. Doch als ich Delphine in die Augen schaue, erkenne ich, dass Wachsamkeit anstelle von Rosies stiller Freundlichkeit darin liegt. Eine Wachsamkeit, die mich aus irgendeinem Grund verunsichert.

»Hallo, ich bin Kate ... Grace' Mum«, sage ich, allerdings fällt mir zu spät ein, dass sie wegen des Altersunterschieds womöglich noch nicht einmal weiß, wer Grace ist.

»Hallo.« Ihre Stimme ist leise, aber klar, wie die ihrer Schwester. »Könnte ich jetzt Mittag essen, Mummy?«

»Gleich, Delphine, sobald Kate gegangen ist. Wieso siehst du nicht so lange fern?«

Ohne Widerrede verschwindet Delphine, während ich auf das Stichwort reagiere, meinen Tee austrinke und aufstehe. »Ich sollte sowieso wieder nach Hause.«

Jo erhebt keine Einwände. Sie schiebt ihre unberührte Tasse beiseite und bringt mich zur Tür. »Sie haben sie im Wald gefunden«, sagt sie leise. Ihre Augen sind schmerzerfüllt.

Mit einem Mal kann ich mich nicht bewegen, suche nach tröstlichen Worten, auch wenn es keine gibt, doch Jo fährt fort: »Sie war begraben ... unter Blättern und Moos. Jemand hat ihr Haar gesehen ...«

Mit einem Mal wird ihre Stimme schrill, ehe sie vollends bricht und sie schluchzend in meine Arme sinkt.

In den nächsten zwei Stunden gebe ich mir alle Mühe, Jo Trost zu spenden, obwohl mir klar ist, dass nichts ihren Verlust wiedergutzumachen vermag. Ich bereite eine Kleinigkeit für sie und Delphine zum Mittagessen zu. Allerdings rührt Jo es nicht an, und auch Delphine stochert lediglich darin herum.

»Du warst ja ewig weg«, sagt Grace, als ich endlich nach Hause komme. »Hast du sie gesehen?«

»Ja. Es war grauenhaft, Gracie. So unendlich traurig. Für alle. Delphine war auch da. Und draußen vor der Tür lungern Reporter herum.« Ich bin wie erschlagen. Das Gewicht der Trauer – selbst wenn es die eines anderen Menschen ist – hat mir jedes Quäntchen Energie geraubt.

Grace' Miene verrät mir, dass es ihr genauso geht; nur dass sie nicht wie ich versucht, sich in Jos, sondern in Delphines Lage zu versetzen.

»Ein paar von uns wollen später in den Wald gehen. Und Blumen ablegen ...« Sie sieht mich an, als wollte sie mich um Erlaubnis bitten, obwohl sie sich sowieso nicht davon abbringen ließe, selbst wenn ich Nein sagen würde.

»Womöglich dürft ihr gar nicht zu der Stelle, Schatz. Bestimmt ist überall Polizei und sucht den Tatort nach Spuren ab.«

Sie schaut mich entgeistert an. »Aber das ist öffentliches Gelände. Das können die uns doch nicht verbieten.«

»Vermutlich schon. Zumindest, bis sie wissen, wie Rosie umgekommen ist.« Ich halte inne. »Gracie, wieso lässt du es nicht einfach gut sein und wartest, bis die Polizei ihre Arbeit erledigt hat? Warum fragst du nicht Sophie, ob sie stattdessen rüberkommen will?«

»Nein! Es ist alles organisiert. Außerdem – was soll jetzt noch passieren?«

Die Frage steht im Raum, fordert mich auf, ihr zu widersprechen, doch ich ersticke meine innere Stimme, die leise *Das wissen wir nicht. Wir wissen überhaupt nichts mehr* ruft.

»Oder, Mum? Es sind doch überall Polizisten.« Tränen stehen in ihren Augen, als sie die Frage wiederholt, mich anfleht, ihr zu versichern, dass ihr nichts zustoßen kann. Mich bittet, alles wiedergutzumachen, aber das kann ich nicht, denn jetzt, wo Rosie tot ist, weiß ich nicht, wie das gehen soll.

»Natürlich nicht.« Es ist die einzige Antwort, die ich ihr geben kann. »Trotzdem wäre es mir lieber, du würdest nicht hingehen. Nur so lange, bis die Polizei die Ermittlungen abgeschlossen hat.«

»Ich war im Wald«, sage ich an diesem Abend zu Angus. Seine Gegenwart ist beruhigend normal. Er ist erst sehr spät nach Hause gekommen. Das Geschäftsessen hat sich ewig hingezogen, aber dafür hat er für morgen freigenommen. Da er Rosie nicht gekannt hat, steht er dem Ganzen distanzierter gegenüber als ich.

»Bei meinem Sturz damals ist mir etwas sehr Seltsames passiert. Ich wollte es dir damals bloß nicht sagen.«

Bei genauerem Überlegen und in Anbetracht der jüngsten Ereignisse ist es nicht nur seltsam, es ist geradezu unheimlich.

»Ich bin nicht verrückt, Angus, aber ich habe gespürt, dass dort etwas Schreckliches geschehen ist. So was ist mir noch nie passiert. Zappa hat es auch gespürt. Deshalb ist er auch durchgegangen.«

Er blickt mich über den Rand seiner Brille hinweg an.

»Tut mir leid, aber ich habe keine Ahnung, wovon du sprichst.«

Ich beschließe, das Thema fallen zu lassen, weil ich weiß, wie wichtig es Angus ist, dass seine Welt immer hübsch wissenschaftlich nachweisbar bleibt. So sehr ich meinen Mann liebe, bieten sein eklatanter Mangel an Flexibilität und seine Sturköpfigkeit, die an anderer Stelle durchaus eine Stärke sein können, häufig Zündstoff für erbitterte Auseinandersetzungen. Manchmal arten sie sogar so aus, dass ich mich frage, wieso ich überhaupt damit angefangen habe.

Aber ausnahmsweise lässt er es dabei bewenden.

»Wie ging es Jo?«, fragt er stattdessen.

Ich zucke die Achseln. »Sie ist am Boden zerstört und sehr labil. Neal habe ich gar nicht getroffen, weil er bei der Polizei war.«

Angus schüttelt den Kopf. »Du meine Güte. Von so etwas liest man immer nur und denkt, dass es anderen passiert. Aber nicht jemandem, der praktisch nebenan wohnt.«

»Ja, ich weiß.«

»Vermutlich werden sie eine Obduktion anordnen«, fährt er fort.

»Ja, davon ist auszugehen.« Ich setze mich auf. »Es könnte auch sein, dass sie ermordet wurde, Angus.«

»Das halte ich für unwahrscheinlich«, meint er. »Wahrscheinlich war es ein Unfall. Bestimmt findet die Polizei recht schnell heraus, was geschehen ist.«

»Aber sie ist doch nicht vom Pferd gestürzt. Wie kann ein junges, kerngesundes Mädchen so einen schweren Unfall haben, dass sie dabei ums Leben kommt?«, beharre ich. »Noch dazu im Wald? Jo meinte, sie hätte unter Blättern gelegen.«

Dutzende Menschen gehen, reiten oder joggen jeden Tag durch diesen Wald, und nie gab es schlimmere Verletzungen als ein aufgeschlagenes Knie oder einen verknacksten Knöchel.

Angus lässt sein Buch sinken. »Es kann Gott weiß was geschehen sein, Kate. Sie könnte hingefallen sein. Oder sie hat vielleicht sogar einen tödlichen Herzanfall erlitten. Solche Dinge passieren manchmal auch blutjungen Menschen.«

Vielleicht hat er ja recht, und ich liege komplett daneben. Er liest weiter, während unwillkommene Bilder vor meinem inneren Auge auftauchen. Von Rosie, die mutterseelenallein im Dunkel liegt. Rosie in der Gewalt eines Unbekannten, der ihr wehtut. Rosie im Leichenschauhaus, nur dass es nicht mehr Rosie ist, sondern ein gräulicher, leerer Körper mit hellblondem Haar, das jemandem beim Spazierengehen ins Auge gestochen ist. Ihr Geist ist immer noch dort draußen, irrt im Wald umher. Und was ist, wenn die Polizei doch nicht die Wahrheit herausfindet? Wenn ein Mörder frei im Dorf herumläuft? Was, wenn es noch weitere Opfer gibt?

An diesem Abend liege ich stundenlang wach im Bett, ehe ich endlich in Angus' Armen eindöse, aber erst nachdem ich Gott (oder wem auch immer) hoch und heilig versprochen habe, dass ich absolut alles tun werde, um meine Familie zu schützen. Was aus mir wird, ist nicht so wichtig.

Als mir endlich die Augen zufallen, bin ich wieder im Wald, auf der Lichtung, wo ich vom Pferd gefallen bin. Ich höre den Wind und das Rascheln der Blätter, aber diesmal regnet es nicht, sondern die Vögel zwitschern, die Sonne scheint unnatürlich hell, und als ich nach unten schaue, liegt Rosie neben mir, als wäre es das Normalste auf der Welt.

Ihr Haar, länger, als ich es in Erinnerung habe, ist wie ein weicher, heller Seidenteppich um ihren Kopf ausgebreitet. Sie erinnert mich an ein Gemälde – der Körper halb von einer kunstvoll gewobenen Decke aus grünem Moos und goldenen Blättern verdeckt.

Ich versuche, sie wachzurütteln. *Rosie. Rosie, wach auf. Du musst aufwachen.*

Aber sie rührt sich nicht. Plötzlich wird es still, und der Wald verdunkelt sich. Die Angst ist wieder da. *Schnell weg.*

Ich zerre Rosie am Arm. Ich kann sie hier nicht liegen lassen, aber sie bewegt sich nicht. Ich ziehe fester, höre mich schreien.

Wach auf, Rosie. Lauf. Du musst weglaufen.

Ihre Augen öffnen sich, und einen Moment sieht sie mich

an. Dann verliere ich sie. Ihre Lippen teilen sich, doch kein Laut dringt aus ihrer Kehle.

Der Schrei stammt von mir.

Ich schlage die Augen auf, spüre, dass mein Gesicht tränennass ist. Ich zittere am ganzen Leib. Das Bild von Rosie ist noch glasklar, so dass ich sogar ihre gebogenen Wimpern auf ihren Wangen vor mir sehe, ihre hellen Augen, die mich anstarren und mir etwas sagen wollen.

Angus murmelt etwas Unverständliches, als ich aus dem Bett schlüpfe. Ich blicke auf die Leuchtzeiger meines Weckers. Ich bin viel zu erregt, um weiterzuschlafen, und nehme meinen Morgenrock vom Haken an der Tür und tappe leise nach unten.

Wenn ich ein großes Gartenprojekt habe, arbeite ich am liebsten nachts, in der herrlichen Stille, lediglich durchbrochen von gelegentlichem tröstlichem Knarzen und dem Ticken der Uhr. Aber heute ist es anders. Ich bin angespannt und nervös, überall sind Schatten, die sich bewegen, bedrohliche Gesichter, die sich gegen die Fensterscheiben pressen und mich stumm beobachten. Irgendwo dort draußen läuft ein Mörder herum. Und er könnte überall sein.

Ich fülle den Wasserkessel, ziehe die Vorhänge zu, um meine Dämonen auszuschließen. Dann setze ich mich an den Tisch und lege beide Hände um die warme Tasse.

Ich glaube, Rosie hat bei ihrem letzten Besuch schon eine ganze Weile auf mich gewartet und dann so getan, als wäre sie zufällig vorbeigekommen. Ich hatte nicht mitbekommen, dass sie das Tor aufgemacht hatte, und als ich aus der Sattelkammer kam, stand sie auf einmal da.

»Rosie, hast du mich erschreckt!«

Ein Anflug von Verunsicherung huschte über ihr Gesicht. Sie wusste eben nie so recht, wie sie mich einschätzen sollte, ebenso wie niemand wusste, was in Rosie vorging.

»Entschuldigung.« Zögernd wickelte sie sich eine Haarsträhne um den Finger. »Ich war nur ... ich habe mich gefragt, ob du Hilfe brauchst. Ist das okay?«

»Natürlich! Hol Reba, wenn du willst. Sie muss mal wieder richtig gestriegelt werden.« Reba ist quasi im Ruhestand und langweilt sich manchmal, deshalb genießt sie es, wenn man sie betüddelt. Ich warf Rosie ein Halfter zu. Ich beobachtete, wie entspannt sie mit den Pferden umging, die sie sanft anstupsten.

Sie fragte mich vorher immer, bevor sie den Stall betrat, als müsste sie sich dafür entschuldigen. Ich glaube, ihr ging es ähnlich wie mir; auch sie brauchte dieses gewisse Etwas, das ihr nur Pferde geben konnten.

Eines jedoch wunderte mich: Während Grace' Freundinnen stets versuchen, sich vor der Stallarbeit zu drücken, nur um möglichst schnell in den Sattel zu kommen, fragte Rosie nie, ob sie mal reiten dürfte. Und als ich sie einmal auf Reba setzte, strahlte sie mich an, als hätte sie soeben den Everest bestiegen. Sie war ein Naturtalent mit einem angeborenen Gefühl für die Gedanken und Befindlichkeiten der Pferde.

Eigentlich hätte ich sie gern unterrichtet, aber dazu kam es nie. Als ich ihr anbot, Jo zu fragen, ob sie Reitstunden nehmen dürfe, schien sie die Vorstellung mit großer Sorge zu erfüllen.

»Es wäre besser, wenn du es ihr nicht sagst, Kate. Ich komme einfach bloß gern her, um ein bisschen zu helfen«, antwortete Rosie angespannt. »Wenn das okay ist.«

Und so blieben ihre Besuche ein unausgesprochenes, etwas peinliches Geheimnis zwischen uns, das ich Jo gegenüber niemals erwähnte, obwohl ich ein- oder zweimal kurz davor war. Allerdings gab es keine Veranlassung dazu.

Rosie blieb gern für sich und erwähnte niemals Freundinnen, dabei war sie ein bildhübsches, reizendes Mädchen, weshalb ich mich häufig fragte, ob sie wohl einen Freund hatte. Bei ihrem letzten Besuch sprach ich sie auf ihre bunte Glasperlenkette an.

»Die ist wirklich hübsch, Rosie.«

Eine zarte Röte breitete sich auf ihren Wangen aus, als sie sie betastete.

»Danke«, sagte sie schüchtern. »Es war ein Geschenk.«

Natürlich machte ich mir so meine Gedanken, aber sie ging nicht näher darauf ein, und ich fragte nicht nach. Ehrlich gesagt konnte ich ihre Geheimniskrämerei nicht ganz nachvollziehen. Verbarg sie etwas?

Dann schweifen meine Gedanken zu jenem Nachmittag im Wald. Lag es am Gewitter, oder hatte mir etwas anderes Angst gemacht? Ist so etwas möglich? Glaube ich an solche Dinge? Plötzlich spüre ich eine Hand auf meiner Schulter. Mir bleibt fast das Herz stehen.

Ich springe auf und wirble herum, wobei sich der Inhalt meiner Teetasse auf den Esstisch ergießt. »O Gott, Angus! Du kannst mich doch nicht so erschrecken!«

Mein Mann mustert mich schlaftrunken. »Wer sollte es denn sonst sein außer mir?«

Ich kann nur den Kopf schütteln. »Ich habe dich nicht kommen gehört. Du hast mir einen Heidenschreck eingejagt.«

»Ich habe dich bloß gesucht. Komm zurück ins Bett.« Das Haar steht ihm wild vom Kopf ab, und seine Pyjamahose hängt ihm auf der Hüfte. Er gähnt.

»Ich bin gleich da.«

Ich wische den Tisch sauber, aber auf einmal will ich nicht länger allein sein. Ich knipse das Licht aus und folge ihm nach oben.

7

Im Lauf der nächsten Tage, die scheinbar nahtlos ineinander übergehen, kommen immer mehr Neuigkeiten ans Tageslicht, die anfangs Ungläubigkeit und dann tiefes Entsetzen im Dorf auslösen. Es war kein Unfall. Rosie wurde ermordet.

Mord – dieses Wort, bislang unausgesprochen, beschwört ein regelrechtes Nachbeben herauf.

Entsetzt schnappt Grace nach Luft und schlägt die Hand vor den Mund. »Rosie wurde ermordet? Mum, das ist ja grauenhaft!« Sie bricht in Tränen aus, als ihre Teenagerwelt jäh aus den Angeln gehoben und geradewegs in ein abscheuliches Paralleluniversum katapultiert wird, das über Nacht aus dem Nichts entstanden ist.

Ein Gefühl tiefer, herzzerreißender Trauer breitet sich in mir aus, nicht nur darüber, was mit Rosie passiert ist, sondern auch dass Grace' sichere, liebevolle Welt, in der sie aufgewachsen ist, mit all ihren Verheißungen, Wünschen und Träumen so brutal zerstört wurde.

Ich schlinge die Arme um sie und halte sie fest. Es ist unfassbar, was dieses Verbrechen uns allen antut.

Allmählich werden immer mehr Details über den Tathergang bekannt, und es fühlt sich an, als greife mit einem Mal das Böse, Unheilvolle nach uns und lege sich wie Fäden eines Spinnennetzes über unser aller Leben. Wie Jo bereits gesagt hat, wurde ihre Leiche im Wald entdeckt. Es gibt Hinweise auf einen Kampf, in dessen Verlauf sie mehrere heftige Schläge auf den Kopf bekam, ehe der Täter mehrmals auf sie einstach. Am meisten geht mir an die Nieren, dass sie auf der Lichtung gefunden wurde, wo ich gestürzt bin.

Und ich habe sie nicht gesehen.

Auf Facebook entlädt sich die Trauer öffentlich, unkontrolliert und unzensiert, breitet sich wie ein Flächenbrand aus, doch unter den zahlreichen Trauerbekundungen und Würdigungen finden sich auch unheilvollere Beiträge, die auf die Tatmotive anspielen.

Grace ist entsetzt. »Das ist doch krank, Mum. Die meisten kannten sie noch nicht mal.«

»Bestimmt werden die Einträge bald gelöscht, Gracie. Und jeder, der Rosie gekannt hat, beachtet sie ohnehin nicht.«

Zu allem Übel fühlen sich die miesesten Klatschblätter bemüßigt, Titelseiten mit Fotos des »renommierten Nachrichtenreporters Neal Anderson und seiner Frau« zu drucken, auf denen die beiden fassungslos an der Stelle stehen, wo die Leiche ihrer Tochter gefunden wurde, ebenso wie ein mehrere Jahre altes, wenig schmeichelhaftes Foto der gesamten Familie. Es folgen wilde Spekulationen, Rosie könnte einen Freund gehabt und heimlich ein Doppelleben geführt haben, aufgepeppt mit neueren Fotos von ihr, auf denen sie mir mit ihren hellen Augen geradewegs in die Seele zu blicken scheint.

»Das sollte verboten werden.« Außer sich vor Wut knallt Grace die Zeitung auf den Tisch. »Das ist gemein und falsch, solche Lügen zu erfinden und Fotos wie dieses auf die Titelseite zu drucken, Mum. Sie war doch nur ein ganz normales Mädchen. Ihre arme Familie ...«

»Ich weiß, es ist fürchterlich, Grace. Ich sehe das genauso.«

»Reicht es nicht, über sie zu schreiben? Ist es nicht schlimm genug, dass sie tot ist?«

»Mit Skandalen lässt sich nun mal am meisten Auflage machen«, erkläre ich traurig. »Und das hier ist eine Riesenstory.«

Immer noch tränenüberströmt schüttelt sie den Kopf. »Für so ein Blatt würde ich nie arbeiten, und wenn es der letzte Job auf der Welt wäre. Das sind Schweine, alle miteinander. Man sollte sie verklagen.«

Ich kann ihr nur zustimmen, beschließe aber, die Angelegenheit nicht weiterzuverfolgen, auch wenn es noch so unangenehm ist. Und ungelöst, so wie alles andere.

Zehn grauenvolle Tage sind vergangen, seit ich Jo zuletzt gesehen habe. Sie war schon immer sehr dünn, aber mittlerweile ist sie förmlich bis aufs Skelett abgemagert. Ihr Kinn ist spitz, und ihre Haut spannt sich über den Wangenknochen. Sie trägt eine weiche cremefarbene Tunika, in der sie beinahe ertrinkt, und einen voluminösen Schal.

»Ich bin zufällig vorbeigefahren«, lüge ich, denn in Wahrheit bin ich hergekommen, damit sie weiß, dass ich an sie denke. Und um sicherzugehen, dass die Familie irgendwie ihr Leben weiterlebt, auch wenn es die reine Hölle ist.

»Danke, Kate ...« Sie scheint am Ende ihrer Kräfte zu sein. Und zum ersten Mal fällt mir auf, dass sie dringend ihren Haaransatz färben sollte. Unter dem Hellblond ist sie ziemlich grau.

»Wer ist da gekommen, Joanna?«, ruft eine Männerstimme.

Ein verängstigter Ausdruck huscht über ihr Gesicht, der mich an Rosies Miene erinnert, wenn sie sich unbeobachtet glaubte.

»Er hat Angst, es könnte ein Reporter sein. Die Typen lassen uns einfach nicht in Ruhe«, sagt sie. »Es ist Kate, Schatz«, ruft sie.

»Er arbeitet im Moment von zu Hause aus«, fügt sie mit einem Blick über die Schulter hinzu.

»Sehr gut.« Ich bin erleichtert, dass sie nicht allein im Haus ist. »Für euch alle.«

Ehe sie etwas erwidern kann, erscheint Neal hinter ihr.

Ich habe ihn zwar schon häufiger im Fernsehen gesehen, bin ihm persönlich hingegen nur ein paar Mal bei irgendwelchen Festivitäten im Dorf oder Elternabenden in der Schule begegnet. Er ist ein attraktiver, gut gebauter Mann. Er hinkt leicht nach einer Verletzung, die er sich im Rahmen seiner Korrespondententätigkeit zugezogen hat. Es hieß, er sei in Afghanistan von einer Kugel ins Bein getroffen worden und hätte Riesenglück gehabt.

Allem Anschein nach kommt er mit der Situation besser zurecht als Jo, zumindest wirkt es so, aber selbst in ihrer vereinten Trauer sind sie ein bemerkenswertes Paar – seine robuste Vitalität, die in krassem Kontrast zu ihrer Zartheit steht.

»Hallo, Kate. Möchten Sie reinkommen?«

Selbst jetzt fällt mir seine ruhige Souveränität auf, sein Charisma; so etwas kann man nicht lernen, so etwas besitzt man von Geburt an und hebt Männer wie ihn von der Masse ab.

»Hallo, Neal, bitte entschuldigen Sie. Ich wollte keinesfalls stören, sondern nur Jo sagen ... keine Ahnung, eigentlich nichts Konkretes, nur dass ich für sie da bin, falls sie etwas braucht ...« Ich halte inne, wohl wissend, wie lahm und deplatziert mein Gefasel klingt, so, als würde man einem Patienten mit Verbrennungen dritten Grades oder einem Wirbelsäulenbruch ein Pflaster anbieten. Er nickt knapp.

»Dann bis bald.« Ich gebe Jo einen Kuss auf die Wange und schaue auf die Uhr hinter ihr an der Wand. »Entschuldigung, aber ich muss jetzt wirklich gehen ... ein Termin mit einem Kunden, den ich schon zweimal verschieben musste.«

Auch das ist eine Lüge, aber ich will ihnen nicht auf die

Nase binden, dass ich mit Grace ins Kino gehe. Es mag absurd sein, aber ich habe ein derart schlechtes Gewissen, weil sie noch am Leben ist und Rosie nicht, dass ich mich nicht einmal traue, den Namen meiner Tochter in ihrer Gegenwart in den Mund zu nehmen.

Sind wir alle Verdächtige? Hinter der Fassade von gequältem Lächeln und banalen Unterhaltungen spürt man deutlich die Veränderung, die sich im Dorf vollzogen hat. Dass ein Mörder mitten unter uns sein könnte, kann niemand außer Acht lassen.

Was ist mit diesem Mann, der vor ein paar Monaten Stokes umgebaute Scheune gemietet und behauptet hat, er pendle jeden Tag in die Stadt? Er blieb doch immer auffallend für sich, oder nicht? Er hätte doch etwas im Schilde geführt haben können? Ob die Polizei wohl von ihm weiß?

Und diese jungen Männer, die im Sommer auf Dudleys Farm campiert haben. Erntehelfer, hieß es, aber eigentlich waren sie illegale Einwanderer. Dudley kannte nicht mal ihre Namen.

»Im Wald haben ein paar Jungs gezeltet. Freunde von Sophie …« Ich unterbreche mich, weil mir einfällt, dass ich Grace nicht mehr daran erinnert habe, nachzuhaken.

»Und was ist mit diesem angeblichen Freund, über den die Zeitungen ständig schreiben? Mit ihm sollten sie als Erstes reden, oder nicht? Er würde es doch wissen, wenn etwas Ungewöhnliches vor sich gegangen wäre. Es wundert mich, dass sie dir nie von ihm erzählt hat.« Rachael sitzt in meiner Küche und rührt nachdenklich in ihrem Kaffee.

»Wenn du mich fragst, ist das alles nur Geschwätz. Du weißt doch, wie die Zeitungen sind. Jo hat gesagt, Rosie hätte keinen Freund gehabt. Und Grace wusste auch nichts davon.«

»Ehrlich? Ein Skandal, findest du nicht?«

»Ja.« Ich habe einen Kloß im Hals. »Sie war so zurückhaltend, Rachael, und schüchtern. Und jetzt zerreißen sich plötzlich alle das Maul über sie.«

»Schlimm, nicht? Apropos Presse ... Hast du eigentlich deine Freundin von früher noch mal gesprochen?«

»Laura? Nein. Ich gehe ihr lieber aus dem Weg.«

»Wieso?« Rachael runzelt die Stirn. »Ich fand sie ganz nett. Hast du dir ihre Zeitschrift angesehen? Das ist kein Schundblatt, sondern sogar recht intelligent gemacht. Wusstest du, dass sie Psychologie studiert hat? Sie schreibt wirklich gut.«

»Ich werde sie mir noch ansehen. Ich finde nur die Vorstellung, dass ich zu all dem Klatsch noch beitrage, so abstoßend.«

»Sieh es doch mal so, Kate. Du könntest ihr helfen, die wahre Geschichte zu erzählen. Sofern du das willst, natürlich. Wenn nicht, ist es auch in Ordnung. Ich bin sicher, sie hat genug andere Leute, die mit ihr reden.«

Ich frage Grace noch einmal nach Sophies Freunden.

»Hast du mit Sophie geredet, Schatz? Dass sie zur Polizei gehen sollte?«

Ernst schüttelt sie den Kopf und blickt mich mit weit aufgerissenen Augen an. »Aber das werde ich wohl müssen, oder?«

»Ja«, antworte ich sanft. »Sie könnten etwas über Rosie wissen.« Ich runzle die Stirn. »Ich habe sowieso nicht verstanden, wieso du so ein Geheimnis um diese Burschen machst.«

Grace stößt einen genervten Seuzfer aus, und ihre alte Trotzigkeit gewinnt wieder die Oberhand. »Eigentlich sind sie gar nicht mit Sophie befreundet. Wenn du es unbedingt wissen willst, hat sie von den Typen bloß ein bisschen Gras bekommen, das ist alles. Ich hab's nicht angerührt, Mum. Nie. Nur damit das klar ist.«

Obwohl sie genau weiß, wie ich reagieren werde und dass

mich dieses Geständnis stocksauer macht, lässt sie sich nicht beirren. Vermutlich hätte ich ihr unter normalen Umständen die Hölle heiß gemacht, aber in meiner unmittelbaren Umgebung ist ein Mord geschehen, quasi vor meinen Augen, daher haben sich die Regeln ein bisschen verändert.

»Ist Sophie überhaupt klar, wie dumm das ist? So jemandem Gras abzukaufen?«

Meine Gedanken überschlagen sich, denn, ja, vermutlich sind sie völlig harmlos, aber was, wenn nicht? Was, wenn Rosie mit ihnen aneinandergeraten ist?

»Mum! Es ist doch bloß Gras!« Grace' wütende Stimme reißt mich aus meinen Überlegungen. »Alle rauchen es. Bloß ich natürlich nicht«, blafft sie gereizt, als wäre es meine Schuld, dass ihr etwas entgeht. Aber es ist sinnlos, mit ihr darüber zu diskutieren.

»Das mag ja sein, Grace, aber jetzt ist erst einmal wichtig, den Mörder zu finden. Es tut mir leid, aber Sophie redet heute noch mit der Polizei, sonst tue ich es.«

Wohl wissend, dass sie im Unrecht ist, starrt Grace mich an, dann macht sie auf dem Absatz kehrt und stapft davon.

Und dann hält doch wieder so etwas wie Normalität Einzug, die wir alle dringend brauchen. Ich beschäftige mich mit den neuen Gartenprojekten und finde wie immer Frieden in der Musik der Jahreszeiten, im Summen der Insekten, den Gesängen der Vögel, eingebettet im Rauschen des Windes. Einzigartige Momente der Harmonie, die ein jähes Ende finden, als mir Grace' endlose Uni-Liste auf den Tisch flattert.

»Das kannst du doch unmöglich alles brauchen!«, rufe ich entsetzt. »Neues Bettzeug! Wir haben doch mehr als genug hier. Handtücher auch. Und Teller und Tassen ... Hier, sieh dir selbst an, was alles in der Küche ist.«

Am Ende ziehen wir doch los, besorgen neue Handtücher,

neues Geschirr, neues Bettzeug und alles andere auch, lenken uns ein wenig ab, genießen den Leichtsinn, die weichen Stoffe und hübschen Sachen. Je näher der Tag ihrer Abreise rückt, umso schneller scheint die Zeit zu verfliegen, und umso kostbarer wird jede Sekunde mit ihr.

8

September

Das nächste Mal begegne ich Jo bei Rosies Begräbnis – einer sehr emotionalen Belastungsprobe. Es herrscht strahlender Sonnenschein. Es fließen viele Tränen, und viel zu viele Menschen drängen sich in der Dorfkirche. All jene, die drinnen keinen Platz mehr bekommen, warten draußen und bilden eine Art menschlichen Tunnel, der sich, wie ich später erfahre, hinter ihrem Sarg schließt. Wenigstens hier wird sie von allen Seiten beschützt.

Die Zeremonie – das Blumenmeer, die bekannten Lieder und die unerträgliche, alles verschlingende Traurigkeit, die uns vereint – lässt den Anlass, warum wir hier zusammengekommen sind, einen Augenblick in den Hintergrund rücken. Lediglich die beiden uniformierten Polizisten erinnern daran, dass Rosies Leben ein gewaltsames Ende genommen hat. Irgendwann stupst Grace mich an und flüstert: »Poppy.« Auf der anderen Seite der Kirche mache ich ein bildhübsches, viel zu stark geschminktes Mädchen zwischen den anderen Trauergäste aus, der die Wimperntusche über die Wangen läuft.

Eine Handvoll tapferer Klassenkameraden hält eine Trauerrede. Mit erstickter Stimme erschaffen sie ein Bild von Rosie, so freundlich und wunderbar, dass keiner von uns es wohl je vergessen wird, während mir hässliche, wenngleich vollkommen sinnlose Gedanken durch den Kopf schießen.

Ist derjenige, von dem sie die Kette hat, auch hier? Oder sogar der Mörder selbst?

Danach sind alle erleichtert, dass es vorüber ist. Ich koste die letzten Sommertage in vollen Zügen aus, gehe spät zu Bett und stehe früh wieder auf, unternehme lange Ausritte mit Grace. Ausgelassen galoppieren wir über Stoppelfelder und lassen die Pferde sich ausgiebig im Fluss wälzen. Wir grillen mit Freunden, verdrücken gewaltige Portionen. Das ganze Haus duftet nach Essen und den letzten Rosen. In diesen fröhlichen, lebensbejahenden Stunden komprimiere ich Liebe und Gelächter zu wunderbaren Erinnerungen, damit sie mir später über die Zeit bis zu Grace' Rückkehr hinweghelfen.

Eines Abends bin ich allein und habe gerade noch Zeit für eine kleine Trainingsrunde mit Zappa, bevor es dunkel wird. Er ist im Moment mein einziger Gast, was um diese Jahreszeit mit den kürzer werdenden Tagen ein echter Segen ist.

Als ich über die Felder gehe, sehe ich das Trio – Zappa, Grace' Pony Oz und meine alte Reba – sich friedlich zusammen auf der Weide tummeln, so wie sie es früher gemeinsam mit Rosie getan haben. Einen Moment lang sehe ich eine helle Haarsträhne vor meinem geistigen Auge, Oz' Kopf, der sich an einer unsichtbaren Schulter reibt, und Zappa, der eine Hand anstupst. Scheinbar ohne Grund heben sie unvermittelt den Kopf, fahren herum und galoppieren davon.

Vereinzelte Quellwölkchen ziehen über den milchigen Himmel, als ich mit Zappa die Straße entlangreite. Es ist ein wenig kühl, und Zappa fällt in einen Trab. Aus einem Impuls heraus lenke ich ihn in Richtung Wald – zum ersten Mal seit dem Sturm.

Mir ist seit langem klar, dass ich das tun muss: Rosies Geist besuchen, falls er es war, den ich damals hier gespürt habe.

Aber heute sind wir nicht allein hier, wir kommen an Menschen mit Hunden und einem Jogger vorbei. Zappa schnaubt leise, als er das frisch gefallene Laub unter seinen Hufen spürt. Er will galoppieren. Als ich die Fersen in seine Flanken drücke und mich leicht nach vorn beuge, schießt er nach vorn.

Hier und da fällt ein Sonnenstrahl durch die Bäume und taucht sie in goldenes und kupferfarbenes Licht. Wir reiten weiter bis zu dem Hügel, auf dem ich letztes Mal heruntergefallen bin. Entschlossen treibe ich Zappa hinauf, der die Steigung mit zwei weit ausholenden Schritten überwindet. Aber diesmal bin ich vorbereitet.

Ich halte inne und lausche – Zappas langsamer werdenden Atemzügen, dem Rauschen des Windes in den Baumwipfeln, dem Rascheln der Blätter, ehe sie zu Boden trudeln. Hier und da liegen Reste von Blumen herum, an denen Kaninchen herumgeknabbert haben oder aber das Wild, das sich bis zum Einbruch der Dämmerung versteckt, ehe es den Wald für sich allein hat. Und wieder kommt mir derselbe Gedanke. *Bist du hier, Rosie?*

Allzu schnell ist der Tag von Grace' Abreise gekommen.

Natürlich wusste ich schon die ganze Zeit, dass es mir schwerfallen würde, aber jetzt würde ich sie am liebsten gar nicht gehen lassen. Während der dreistündigen Fahrt nach Bristol gelingt es uns noch, Scherze zu machen, aber kaum haben wir ihre letzten Habseligkeiten ausgeladen und in ihr schlichtes Zimmer gebracht und der endgültige Abschied naht, kann ich mich nicht länger beherrschen.

»Bitte, Grace, pass auf dich auf.«

»Mum! Ich kriege das schon hin. Hör auf zu heulen, sonst fange ich auch noch an!«

»Und ruf mich an ... wann immer du willst.«

»Weiß ich doch. Natürlich rufe ich dich an, Mum!«

»Und …« Ich kann sie einfach nicht loslassen.

Angus gibt ihr einen Kuss auf die Wange und nimmt mich fest bei der Hand. »Komm jetzt, Kate. Es wird Zeit.«

In diesem Augenblick kann ich nicht einmal mehr sprechen. Ich nehme all meine Kraft zusammen, fest entschlossen, unsere letzte Umarmung unauslöschlich in meine Erinnerungen einzubrennen.

Rosie

Ich weiß nicht genau, wieso, aber mit acht Jahren wünsche ich mir nichts sehnlicher als einen Hund. Ich kann nicht wissen, dass mein Herz danach lechzt, lieben zu dürfen und im Gegenzug geliebt zu werden, sondern weiß bloß, dass Lucy Mayes einen kleinen Spaniel hat, der steinalt ist und nicht mehr spielen will. Er sei todlangweilig und würde stinken, meint sie, aber sein Fell ist ganz weich, und er hat so einen warmherzigen Ausdruck in den Augen, wenn er mich ansieht. Als ich meinen Vater frage, sagt er, ich müsse noch warten, bis ich größer sei. Also nutze ich die Zeit und bringe so viel wie möglich über Hunde in Erfahrung: Wie man sie erzieht, was sie fressen und dass Schwanzwedeln unterschiedliche Bedeutungen haben kann. Dann, kurz vor meinem Geburtstag, warte ich, bis Mummy auch da ist und Delphine oben schläft.

Mein Vater sitzt neben ihr auf dem nagelneuen Sofa, das Delphine und ich nicht benutzen dürfen. Ich warte, bis er Mummy von dem Einsatz erzählt hat, von dem er gerade erst zurückgekehrt ist. Er wurde angeschossen, und jemand hat ihr Hotel in die Luft gesprengt. Alle hätten fürchterliche Angst gehabt, und er könne von Glück sagen, dass er lebend aus dieser Hölle herausgekommen sei.

Es ist der perfekte Moment. Er hat überlebt. Eigentlich sollte er der glücklichste Mann auf der Welt sein. Mummy sieht ihn an und gibt ihm einen Kuss auf die Wange. Ich bin furchtbar nervös. Schlangen-im-Bauch nennt Lucy das immer, weil es sich anfühlt, als würden Schlangen sich in deinem Bauch winden.

Als ich meinen Vater endlich frage, sieht er mich verärgert an und antwortet: »Wenn du wirklich einen Hund willst, Rosanna, musst du warten, bis du zwölf bist.« Mummy legt ihm die Hand auf den Arm und sagt: »Ach, Neal, bitte. Ein Hund wäre doch schön für die beiden.«

Aber er zieht ärgerlich seinen Arm weg, erhebt sich und stellt sich mit dem Rücken zu uns. Niedergeschlagen schaut Mummy mich an und schüttelt kaum merklich den Kopf. Seine Wut ist wie eine Gewitterwolke, unheilvoll und düster hängt sie über uns. Wir wissen beide, dass die Sache damit vom Tisch ist. Mit einem Mal erscheint mir das Wohnzimmer kalt und schrecklich, ich bin umgeben von Menschen, mit denen ich nicht zusammen sein möchte. Aber ich kann nichts dagegen tun.

Wenn ich zwölf bin. Bis dahin ist es noch eine Ewigkeit.

Kurz danach bekomme ich überall trockene, schuppige Stellen auf der Haut, die fürchterlich jucken. Ein Ekzem, sagt der Arzt. Es liege in der Familie, meint meine Mutter. Aber merken sie denn nicht, was wirklich dahintersteckt?

Ich weiß es. Es ist kein Ekzem, sondern die Enttäuschung, ein Parasit in meinem Blut, schwimmt in meinem Körper herum und zerfrisst mich von innen. Sie nagt an mir, zuerst an meiner Haut, bis sie abgeht, und dann tiefer in meinem Innern, an meinem Glauben an andere Menschen.

Ein Jahr vergeht. Obwohl ich es nicht tun sollte, frage ich, weil ich die Vorstellung herrlich finde, einen kleinen Hund zu haben, den ich knuddeln, füttern und aufwachsen sehe. Ein winziger Hoffnungsschimmer. Doch die Antwort kenne ich bereits.

»Wie kannst du es wagen«, schnauzt mein Vater mich an. »Hast du etwa vergessen, was ich dir gesagt habe, Rosanna? Zwölf.«

Er zerstört meinen Hoffnungsschimmer, erstickt ihn, bis er erstirbt.

An meinem zwölften Geburtstag frage ich nicht. Aber in der Woche davor zwingt mein Vater mich, obwohl ich es eigentlich nicht will, mir Welpen anzuschauen, einen großen Wurf winselnder, zap-

pelnder Hundebabys. Stärker denn je erwacht mein Wunsch, und ich weiß, dass ich ihn nie wieder um etwas bitten werde, wenn ich nur einen Welpen bekomme.

Sie sind alle wunderschön, und die Entscheidung fällt mir sehr schwer, aber am Ende treffe ich meine Wahl – ein kleines schwarzweißes Weibchen mit einem Stummelschwanz, der wie ein Radiergummi hin und her schnellt. Sie knabbert an meinem Kinn und bedeckt mein Gesicht mit schlabberigen Hundeküssen.

Auf die besten Dinge lohnt es sich zu warten, denke ich auf dem Heimweg, selbst wenn es vier Jahre dauert. Mein Vater hat Wort gehalten. Im Geiste stelle ich bereits eine Liste mit Namen zusammen, ehe ich zu dem Entschluss gelange, dass es nur einen gibt, der infrage kommt:

Hope.

Am Abend vor meinem Geburtstag kann ich vor Aufregung kaum schlafen und überlege krampfhaft, wo meine Eltern die kleine Hündin versteckt haben könnten. Ich lausche auf verräterisches Winseln, während ich mir den kleinen, zappelnden Körper auf meinem Arm ausmale und mir sage, dass dies mein letzter Abend ohne sie ist.

Am nächsten Morgen mache ich meine Geschenke auf und frage, wo Hope ist.

»Oh«, sagt mein Vater, »wir haben es uns anders überlegt und dir stattdessen eine Gitarre gekauft.«

Dann lacht er.

Und all die Liebe, die in mir geschlummert hat, diese gewaltige, überschäumende, unendliche Flut versickert, bis nichts mehr davon übrig ist.

Danach verliere ich mein Vertrauen und meine Zuversicht und spüre, wie die Enttäuschung in mir wächst und sich ausbreitet wie ein Netz aus Adern. Mein Ekzem wird immer schlimmer, und ich leide unter hämmernden Kopfschmerzen, begleitet von Übelkeit, die auch meine Mummy nur zu gut kennt. Sie sagt, ich müsse mich hinlegen und eine Tablette schlucken. Ich sei wie sie, und sie werde sich um mich kümmern. Kurz danach muss mein Vater für längere Zeit weg. Als er zurückkommt, verliere ich auch noch Lucy Mayes, weil wir wieder einmal umziehen. Eine andere Stadt, ein anderes Haus, eine andere Schule. Ich komme auf die Blackley Secondary School, ein riesiger Komplex aus Beton und Stahl. Die Sommersonne spiegelt sich in den Fensterscheiben.

Miss Wilson, meine Lehrerin, ist jung und trägt hohe Schuhe und ist der Meinung, es sei kein Problem, während des Halbjahrs einzusteigen. Ich solle Bescheid sagen, wenn ich Hilfe bräuchte. Dann dreht sie sich um und raunt einem anderen Lehrer zu: »Während des Halbjahrs die Schule zu wechseln ist ziemlich seltsam, nicht? Man sollte doch annehmen, dass Eltern sich so was zweimal überlegen. Na ja …«

Im Unterricht mitzukommen fällt mir nicht weiter schwer, dafür entpuppt sich die Suche nach neuen Freunden als nicht ganz so leicht. Die Mädchen sind zwar alle sehr freundlich und interessiert, fragen, wo ich wohne und welche Musik ich gern höre. Ich könnte mich mit ihnen anfreunden, aber ich habe nun einmal schon Freundinnen, die ich sehr gern habe, auf anderen Schulen, die ich eigentlich nicht verlassen wollte. Und neue Freundinnen werde ich auf kurz oder lang wieder verlieren.

Lucy fehlt mir, aber es ist nicht mehr so schlimm wie früher. Es fühlt sich eher so an, als würde ein Nerv absterben oder ein Zahn gezogen werden. Wenn der Schmerz erst einmal nachgelassen hat, bleibt nichts als tiefe, dumpfe Leere.

9

Oktober

Wir haben die Beerdigung hinter uns gebracht, unsere Kinder sind im ganzen Land verstreut. Der erste Trennungsschmerz weicht der Erleichterung, dass sie fernab des Dorfes zumindest in Sicherheit sind, und allmählich kehrt der gewohnte, ruhigere Alltag ein. Ich treffe mich mit den anderen Müttern, um zu besprechen, wie wir uns abwechselnd um Jo kümmern könnten. Im Prinzip ist es eine gute Idee, darin sind wir uns einig, aber für die meisten ist es schlichtweg zu viel, Jo zu besuchen, wo Rosies Fehlen so übermächtig spürbar ist, weshalb die Besuche immer spärlicher werden, bis sie schließlich ganz ausbleiben.

»Du bist so nett zu mir«, sagt Jo, als sie mir, wie immer tadellos gekleidet in einer schmal geschnittenen Tunika über einer hellen Leinenhose und mit dem obligatorischen Schal um den Hals, die Tür öffnet. Vor der Beerdigung war sie beim Friseur, so dass von ihren grauen Ansätzen nichts mehr zu erkennen ist.

»Aber du brauchst dir um mich keine Sorgen zu machen, Kate. Es geht mir gut.«

Ich weiß, dass das nicht stimmt. Wie sollte es auch? Ich frage mich, ob es ihr jemals wieder gutgehen wird.

»Ich habe dir Kuchen mitgebracht.« Jo wird ihn zwar nicht essen, doch die Geste ist mir wichtig. »Schokoladenkuchen. Vielleicht möchte Delphine ja etwas davon haben.«

Schweigend nimmt sie ihn. Als ich ihr die Treppe hinunter in die Küche folge, läutet ihr Handy auf dem Tisch. Sie wirft einen Blick aufs Display.

»Du entschuldigst mich kurz? Vermutlich geht es um die Arbeit, die ich gerade für Neal erledige.«

»Natürlich. Ich setze so lange Wasser für den Tee auf.« Allmählich kenne ich mich in der blitzblanken, sorgsam aufgeräumten Küche, die so ganz anders ist als meine, besser aus und gebe Wasser aus dem mit einem eigenen Filtersystem ausgestatteten Hahn in den Kessel.

Dann nehme ich zwei Kaffeebecher – es gibt separate Regale für die Tee- und Kaffeebecher –, wobei mir ein paar nagelneue auffallen. Sie sind aus weißem Porzellan, mit raffiniert geschwungenen Henkeln. Jo telefoniert immer noch. Abwesend nehme ich einen der Becher heraus, drehe ihn hin und her und betrachte die außergewöhnliche Form, als er mir entgleitet und auf den Boden fällt. Jo fährt herum und starrt mich entgeistert an.

»Es tut mir wahnsinnig leid«, beteuere ich bestimmt zum zehnten Mal, weil sie völlig verstört zu sein scheint. »Darf ich ihn bitte ersetzen?«

»Ach, das macht doch nichts.« Sie zwingt sich zu einem Lachen. »Ehrlich. Keine Sorge, Kate, es ist doch nur ein Kaffeebecher. Außerdem war es meine Schuld. Ich hätte nicht so lange plaudern sollen.«

Übernimmt sie allen Ernstes die Verantwortung für meine Schusseligkeit? Mir fällt wieder ein, was ich früher manchmal zu Grace gesagt habe, als sie vier Jahre alt war: *Es ist meine Schuld, dass du den Farbeimer umgekippt hast. Ich hätte besser auf dich aufpassen müssen.*

Wir plaudern übers Wetter und dass es eigentlich viel zu warm für Oktober ist. Über ihre herrliche Küche, was ihr sichtlich gefällt, denn zu meinem Erstaunen erzählt sie mir angeregt und in aller Ausführlichkeit von der Küchenbaufirma, die sie eigens für die Andersons entworfen hat. Allerdings findet sie sie nicht perfekt, deshalb würden sie es beim nächsten Mal noch besser planen.

Dann kommen wir auf ihren Garten zu sprechen, der augenscheinlich von jemandem angelegt wurde, der sein Handwerk versteht. Im Gegensatz zu vielen anderen Gärten besitzt er eine klar erkennbare Struktur und ist so konzipiert, dass er seinen Besitzern das ganze Jahr über Freude bereitet. Außerdem wurde seit meinem letzten Besuch ein kleiner, gleichmäßig geformter Apfelbaum gepflanzt, wenn auch nicht von Jo, wie ihre perfekt lackierten Nägel zeigen.

»Der ist ja schön. Weißt du, was für eine Sorte das ist?«

Sie schüttelt den Kopf. »Ich verstehe nicht das Geringste vom Gärtnern, fürchte ich.«

»Kümmert sich Neal um alles?«, frage ich mit einer Geste auf den gepflegten Rasen mit den elegant angelegten Rabatten und dem neu gepflanzten Bäumchen am hinteren Ende.

»Oh, nein, wir haben jemanden, der einmal die Woche kommt. Wo wir gerade dabei sind, ich muss ihn dringend anrufen. Die letzten zwei Wochen ist er nicht aufgetaucht.« Sie runzelt die Stirn. »Vielleicht kommt er auch gar nicht mehr. Ach, ich bin so konfus und bringe alles durcheinander, Kate.« Verzweifelt sieht sie mich an. »Er und Neal sind nicht gut miteinander zurechtgekommen.«

»Wo ist Neal denn?«

»Weg.«

»Wie lange?« Ich fasse es nicht, dass er sie so kurz nach Rosies Begräbnis bereits allein lässt.

»Eigentlich wollte er ja nicht gehen«, meint sie. »Er ist in

Afghanistan, aber nicht, um zu arbeiten. Er und ein paar Kollegen haben dort ein Spendenprojekt für Kriegswaisen ins Leben gerufen.«

»Das wusste ich gar nicht« Laura hatte etwas in der Richtung erwähnt, aber nicht, dass er zu den Initiatoren gehört. Mit einem Mal steht Neal Anderson auf meiner persönlichen Liste der Menschen, die sich engagieren und etwas bewegen. Und vielleicht lenkt ihn diese Aufgabe auch von all dem Leid und dem Kummer ab. »Du musst sehr stolz auf ihn sein.«

Jo nickt. »Das ist einer der Gründe, weshalb ich keinen Job habe. Oh, ich weiß, dass einige der anderen Mütter denken, ich würde mein Leben verplempern, aber manchmal ist er wochenlang unterwegs. Außerdem helfe ich ihm, erledige die Büroarbeit, nehme Anrufe entgegen und organisiere seine Termine.«

Erst jetzt dämmert mir, wie wenig ich in Wahrheit über sie weiß. Und über Neal.

»Ich könnte dir ja mit dem Garten helfen. Nur für eine Weile, meine ich. Ein paar Stunden könnte ich erübrigen, wenn du willst.«

Jo antwortet nicht, sondern blickt nach draußen, auf einen Punkt jenseits der Bäume, jenseits des Himmels, irgendwohin, wo ich sie nicht erreichen kann.

Ich berühre ihren Arm. »Jo? Es muss sehr schwer sein ...«

Ich spüre es mit jeder Faser meines Seins.

»Manchmal ...«, sagt sie, ohne den Blick zu lösen, »frage ich mich, womit ich das eigentlich verdient habe.« Ihre Stimme klingt, als käme sie aus weiter Ferne. »Solange ich denken kann, habe ich mir immer nur eins gewünscht ... eine glückliche Familie. Ich dachte immer, das sei das Einzige, worin ich wirklich gut wäre.«

Ich habe einen dicken Kloß im Hals, weil ich jedes einzelne

Wort, jede Gefühlsregung in ihr so gut nachvollziehen kann. Für eine Mutter kann sich das Leben im Grunde auf nur eine einzige Aufgabe reduzieren: die Familie.

»Ich kann jetzt nicht darüber reden«, flüstert sie und blickt mich an, ihre Augen sind von einem quälenden Schmerz erfüllt.

Und ich erkenne, wie wenig nötig wäre, um sie in tausend Stücke zerbrechen zu lassen, wie den Kaffeebecher vorhin. Obwohl sie trauert, sieht sie in diesem Moment schlechter aus als je zuvor. Sie schiebt ihren Stuhl zurück und steht auf. Es fällt ihr sichtlich schwer, die Fassung nicht zu verlieren.

»Wieso legst du dich nicht ein Weilchen hin und ruhst dich aus, Jo?«

Ich wünsche mir so sehr, ihr irgendwie helfen, ihr einen Teil des Kummers abnehmen zu können.

»Es ist so schrecklich«, sage ich an diesem Abend zu Angus. Es ist kühl geworden, und er hat das erste Mal in diesem Herbst den Kamin angezündet. Wir haben es uns auf dem Sofa gemütlich gemacht. Ich kuschle mich mit einem Glas Wein an ihn und blicke in die orangefarbenen Flammen.

»Wenn ich sie besuche, wahrt sie mit Müh und Not die Fassung. Ich habe keine Ahnung, wie sie das macht. Ich habe sie nur einmal weinen gesehen.«

»Vermutlich ist es ihre Methode, damit umzugehen«, meint er. »Und niemand kann sagen, wie man reagieren würde, wenn das eigene Kind ermordet wird.«

»Ich weiß.« Genau dasselbe habe ich auch gedacht. Und der Schmerz, den ich mir ausmale, reicht vermutlich kaum an die Qualen heran, die Jo empfindet.

Wir schweigen. Ich denke an Grace. Sie hat ein paar Mal angerufen – heitere Gespräche, bei denen mir jedes Mal die Tränen in die Augen schießen und mein Herz vor Stolz platzt. Sie lebt sich gut ein, nabelt sich immer mehr ab, entfaltet herrliche, schillernde Flügel.

»Es ist schön, findest du nicht?« Angus lehnt sich zurück und legt die Füße auf den Couchtisch. »Nur du und ich. Der Kühlschrank ist ausnahmsweise voll, es latscht nicht alle paar Minuten ein Teenager herein. Und Grace tut das, was wir uns immer für sie vorgestellt haben.«

Er hat recht. Ich kuschle mich enger an ihn, spüre seine Wärme und versuche, den Moment zu genießen, auch wenn es mir nicht recht gelingen will.

Allmählich rückt Rosies Tod ein klein wenig in den Hintergrund, und die letzten Blütenblätter von Jos Sträußen, die auch in den Wochen nach dem Begräbnis noch geliefert wurden, fallen ab. Als ich das nächste Mal bei ihr bin, sieht das Wohnzimmer verändert aus.

»Neues Sofa?« Offenbar ist Jo mein Erstaunen nicht entgangen, denn sie hebt abrupt den Kopf.

»Wir hatten vor, das Wohnzimmer neu zu machen … bevor … Ich hatte das völlig vergessen, bis gestern plötzlich das Sofa geliefert wurde.«

»Wie unangenehm. Das ist im Moment wahrscheinlich so ziemlich das Letzte, was du brauchst.«

»Ach, ist schon in Ordnung«, gibt sie knapp zurück. »Es ist ja nur ein Sofa. Möchtest du Tee?«

»Bitte. Hast du deinen Gärtner wiedergefunden?«, frage ich und folge ihr in die Küche. Wie bizarr diese scheinbar normale Unterhaltung über Banalitäten doch ist.

»Er kommt nicht mehr«, sagt sie vage. »Neal hat einen Jungen aus dem Dorf engagiert, der über den Winter die Blätter zusammenrecht. Ehrlich gesagt habe ich dafür jetzt keinen Kopf. Wir können ja im Frühling jemand Neues suchen.«

Das stimmt. Es gibt Wichtigeres als ihren Garten. »Wie

geht es eigentlich Delphine? Jedes Mal, wenn ich hier bin, ist sie in der Schule. Ich bekomme sie überhaupt nie zu Gesicht.«

Sie zögert einen Moment, ehe sie antwortet. »Sie ist ... ein erstaunliches Mädchen. Ganz anders als Rosanna. Die Polizei hat jemanden hergeschickt, der mit ihr reden sollte, einen Krisenbeamten. Aber es geht ihr gut. Für ein Mädchen ihres Alters ist sie erstaunlich stark.«

Aus Jos Mund klingt es eher wie eine distanzierte Einschätzung und nicht wie die liebevollen Worte einer Mutter. Ich sehe Jo prüfend an. Ihr Tonfall ist ausdruckslos, ihre Worte sachlich, und ich erkenne dieselbe dumpfe Betäubung wie unmittelbar nach dem Tag, als Rosie aufgefunden wurde, dieselbe Leere in ihrem Blick. Offenbar ist es so, wie Angus sagt – sie erträgt all das nur, indem sie sich innerlich komplett abschottet.

Sie wendet sich ab. »Die Polizei hat mir erzählt, dass Rosanna häufiger bei dir und den Pferden war.«

Ich registriere einen Anflug von Verärgerung in ihrer Stimme.

»Ja, wenn sie zufällig vorbeikam. Manchmal ist sie einfach übers Feld gegangen und hat eine Weile mit ihnen geredet. Aber nie sehr lange.« Es ist mir ein wenig peinlich, dass sie es von Fremden erfahren hat. »Sie hat Pferde geliebt. Natürlich hätte ich es dir erzählt, aber ich dachte, du wüsstest Bescheid.«

Es ist einfacher, ihr eine Lüge aufzutischen. Selbst jetzt würde es mir wie ein Verrat an Rosie vorkommen.

Jo nickt langsam. »Nein.« Ihre Stimme ist tränenerstickt. »Ich hatte ja auch keine Ahnung, dass sie mit Poppy befreundet war. Was ich sonst wohl noch alles nicht über sie wusste?«

Schuldgefühle überkommen mich, weil ich ihr zusätzlichen Kummer bereite. »Ich hätte es dir sagen müssen. Aber eigentlich gab es da nichts zu erzählen, Jo. Es war nie verabredet oder so etwas. Sie kam einfach die Straße herunter und redete eine Weile mit ihnen. Das ist alles.«

Sie tupft sich die Tränen ab.

»Bitte entschuldige, Kate. Ich reagiere ein bisschen über. Ich bin froh, dass sie bei deinen Pferden vorbeigeschaut hat, und bei dir ...«

Sie dreht sich um und macht sich wieder an die Zubereitung des Tees. »Hat Delphine viele Freundinnen?«, lenke ich das Gespräch auf Jos andere Tochter, die bestimmt ebenfalls schrecklich unter Rosies Tod leidet.

»Ein oder zwei. Eine Zeitlang hat sie mit diesem grässlichen Mädchen gespielt, aber wir haben versucht, es zu unterbinden. Es war nicht der richtige Umgang für sie.«

Noch eine Poppy. Ich muss wieder an das eine Mädchen denken, mit dem Grace vor ein paar Jahren häufiger zusammen war. Cleo. Laut, zu kurze Röcke und immer nach Zigarettenrauch stinkend. Eigentlich wollte ich die beiden auseinanderbringen, aber Angus überredete mich damals, es lieber nicht zu tun. Grace passiere schon nichts, sagte er, solange wir sie im Auge behalten würden. Und er sollte recht behalten.

»Irgendein merkwürdiges Mädchen gibt es immer, stimmt's?«, sage ich. »Aber sie müssen ihre Fehler selbst machen.«

»Neal ist da nicht so nachsichtig«, erwidert sie. »Er hat sehr hohe Ansprüche und will immer nur das Beste für die beiden, für sie ...«

Der Singular will ihr nicht so recht über die Lippen kommen. Wir alle wollen nur das Beste für unsere Kinder. Trotzdem kann Delphine nicht so stark sein, wie Jo behauptet, wenn ihre Eltern bestimmen, mit wem sie befreundet sein darf und mit wem nicht.

»Sie vermisst Rosanna schrecklich«, fährt Jo fort, schenkt

den Tee ein und setzt sich. »Und die Zeitungsartikel haben ein Übriges getan.«

Ich schüttle den Kopf. »Das muss absolut grauenvoll sein. Für euch alle. Vor allem ...« Ich unterbreche mich, weil ich es nicht über mich bringe, von den Gerüchten zu erzählen, die immer noch im Dorf kursieren.

»Was wolltest du sagen?«, fragt Jo und sieht auf.

Wieder muss ich einen Eiertanz aufführen. »Ach, nichts.«

Doch dann ändere ich meine Meinung, weil Jo ein Recht darauf hat, es zu erfahren.

»Eigentlich ist es gar nichts. Ich musste nur an die Gerüchte denken, die die Zeitungen in die Welt gesetzt haben. Darüber, dass Rosie ... Rosanna eine Art Doppelleben geführt haben soll. Es war einfach entwürdigend.«

Sie erstarrt. »Das ist nicht wahr. Rosanna war ein braves Mädchen, das sich in der Schule sehr angestrengt hat. Es waren nur Gerüchte, Kate. Die Zeitungen sind voll von diesem Unsinn.« Sie rührt in ihrer Teetasse, ehe sie erneut aufsieht. »Du weißt doch, wie sie sind. Meistens drucken sie diesen Unsinn sowieso nur, um Auflage zu machen. Man darf das nicht an sich heranlassen.«

Ich weiß nicht, ob ich so gut damit zurechtkäme wie sie. »Wie geht Neal denn mit all dem um?«, frage ich behutsam, um nicht den Eindruck zu erwecken, als wäre ich bloß neugierig, aber der Verlust eines Kindes kann selbst sehr enge Familienbande zerstören. Ein bekümmerter Ausdruck tritt in Jos Augen.

»Er ist am Boden zerstört, kompensiert es aber, indem er sich in seine Arbeit stürzt. Wir versuchen, stark zu sein und uns gegenseitig zu unterstützen, aber im Grunde ist er genau wie ich. Er kaschiert es nur besser. Er ist ein sehr bemerkenswerter Mann, Kate.«

»Das seid ihr alle, Jo, stark. Und bemerkenswert.«

Sie schüttelt den Kopf, und ihre Augen glänzen. »Danke, aber das bin ich überhaupt nicht.«

Zwei Tage später klopft es nach dem Frühstück an der Tür.

Leicht verärgert, weil ich mich für die Arbeit fertig machen muss, reiße ich die Tür auf und sehe Laura vor mir stehen.

»Kate! Ich hoffe, es macht dir nichts aus, dass ich einfach so vorbeischaue, aber ich habe deine Nummer nicht. Beth Van Sutton hat mir gesagt, wo du wohnst.«

»Hi, entschuldige, wenn ich dich nicht hereinbitte, aber ich bin gerade auf dem Sprung zur Arbeit.«

Laura sieht mich an, als wäre sie nicht sicher, ob ich sie abwimmeln will.

Ich halte inne. Rachael hat recht. Zumindest sollte ich mit ihr darüber reden. »Aber komm doch einfach später noch mal vorbei. Sagen wir, gegen eins? Zum Mittagessen?«

Sie scheint erleichtert zu sein. »Danke. Das wäre toll.«

In den folgenden Stunden bringe ich den Garten eines Kunden auf Vordermann, was mir Gelegenheit gibt, meine Gedanken zu sortieren und meine Vorurteile gegenüber Journalisten zu überdenken, denn im Grunde genommen will ich genauso wie alle anderen Eltern im Dorf wissen, was geschehen ist. Und vielleicht hat es ja einen Sinn, dass Laura aufgetaucht ist. Als sie um die Mittagszeit erscheint, bin ich zu einem Entschluss gelangt.

»Komm rein. Bitte entschuldige das Chaos, aber ich bin gerade erst nach Hause gekommen.«

»Ich bitte dich. Du solltest mal meine Bude sehen. Und ich lebe allein.« Sie folgt mir hinein.

»Setz dich. Ich koche uns schnell was, dann können wir draußen essen.«

»Wunderbar.« Laura setzt sich auf einen unserer alten ramponierten Holzstühle, schlägt ihre gebräunten Beine übereinander und zupft ihren bis knapp zu den Knien reichenden Rock zurecht.

»Und wie kommst du voran? Kriegst du die Informationen, die du brauchst?«

»Sehr langsam ... Natürlich gibt es immer Leute, die erzählen wollen und endlos faseln, aber etwas Relevantes zu Rosie haben sie nicht zu sagen. Andere wiederum meiden mich tunlichst.«

So wie ich, denke ich.

»Es ist nichts Persönliches«, fährt sie fort. »Es liegt daran, dass ich Reporterin bin. Manche halten einen für die Ausgeburt der Hölle.«

Mein Löffel entgleitet mir und landet klappernd auf dem Boden.

Doch als wir unter der alten Eiche sitzen und unsere alte Freundschaft wieder neu auflebt, entspanne ich mich allmählich.

»Erzähl mir von dir. Wieso bist du aus England weggegangen?«, frage ich.

»Man hat mir einen Job angeboten. Vor zehn Jahren.« Sie gibt etwas Salat und Schinken auf ihren Teller. »Ich konnte nicht ablehnen. Ich bin noch mal an die Uni und habe Psychologie studiert. *Lifetime* suchte jemanden, der über psychologische Themen schreibt. Damals wollte ich einfach nur weg von hier. Es war das richtige Angebot zum richtigen Zeitpunkt, ein echter Glücksfall.«

»Keine Kinder?« Mir ist aufgefallen, dass sie keinen Ehering trägt.

Sie schüttelt den Kopf. »Es gab da einen Mann. Lange Geschichte ... jedenfalls habe ich festgestellt, dass ich ohne ihn besser dran bin. Ich habe wunderbare Freunde und liebe meine Arbeit.«

»Also ...« Ich muss sie fragen, zögere aber, weil ich nicht recht weiß, wie ich mich ausdrücken soll. »Inwiefern unterscheidet sich dein Artikel von all den anderen?«

»Nun ja.« Ihre Stimme nimmt einen nüchternen Tonfall an. »Vergiss am besten deine Meinung über diese ganzen Schundblätter. Schlagzeilen interessieren mich nicht. Es gibt immer eine Story zu erzählen, aber ich möchte mehr als das. Ich denke, in Rosies Fall werde ich die Geschichte aus dem Blickwinkel der Eltern aufziehen. Ich will nicht nur in Erfahrung bringen, was passiert ist, sondern auch, warum. War Rosie gewissermaßen schon vorher ein Opfer, vor ihrem Tod? Man könnte wohl sagen, mich fesselt eher die Geschichte hinter der Geschichte.«

Plötzlich bekomme ich eine Gänsehaut – auch mich interessiert diese Frage.

»Okay«, sage ich leise. »Frag mich alles, was du wissen willst.«

Sie sieht mich überrascht an. »Sicher? Ich würde es vollkommen verstehen, wenn du lieber nichts sagen möchtest.«

»Nein, nein, es ist in Ordnung. Ich habe es mir überlegt. Und ich vertraue dir. Außerdem wird es Jo nichts ausmachen, vielleicht kann ich sogar helfen.«

»Ich danke dir. Hast du ein bisschen Zeit? Wollen wir sofort loslegen?«

Ich nicke. Sie zieht ein ledergebundenes Notizbuch aus ihrer Tasche.

»Also, wieso erzählst du mir nicht als Erstes, woher du die Andersons kennst?«

Ich erzähle Laura alles, was ich auch der Polizei gesagt habe, auch von der Halskette. Die ganze Zeit macht sie sich Notizen, ehe sie am Ende innehält und mich fragt:

»Hast du nicht auch eine Tochter in diesem Alter?«

»Ja«, antworte ich. Laura hat ihre Hausaufgaben gemacht, das muss man ihr lassen, aber habe ich etwas anderes erwartet?

»Waren die beiden befreundet?«

»Nicht direkt. Sie haben sich schon verstanden ... sie waren nur sehr verschieden.«

»Aber sie waren nicht gemeinsam reiten?«

»Nein.«

»Hat dich das nicht gewundert?«

»Ich habe nie darüber nachgedacht. Es war Sommer, und Grace ist immer frühmorgens geritten und abends mit ihren Freunden losgezogen.«

Grace' Worte kommen mir wieder in den Sinn. *Wenn Rosie herkommt, bin ich nie hier, oder? Fast so, als würde sie nicht nur wegen der Pferde kommen ... sondern wegen dir.«*

Ich runzle die Stirn.

»Aber Grace ist es aufgefallen. Sie hat mal erwähnt, dass Rosie immer nur dann herkäme, wenn sie nicht da sei.«

Laura macht sich eine Notiz, dann sieht sie mich nachdenklich an.

»Ich habe mit einigen Leuten gesprochen«, sagt sie leise, »aber niemand scheint sie so gut gekannt zu haben wie du. Ich versuche, mir ein Bild von den Menschen in ihrem Umfeld zu machen. Von ihren Beziehungen. Davon, was sie gemacht hat, wohin sie gegangen ist und wer sie gesehen haben könnte. Ein oder zwei Leute meinten, sie hätten sie mit einem Jungen beobachtet. Keiner spricht schlecht über sie – oder über den Rest ihrer Familie. Vielleicht die ein oder andere Gemeinheit über Jo, aber sie ist bildschön, und darauf sind die Leute neidisch.«

»Grace hat erzählt, ein paar Jungs hätten sich hier herumgetrieben, die einer ihrer Freundinnen Gras verkauft hätten.«

Laura sieht mich fragend an.

»Ich dachte nur ...« Ich zögere.

»Irgendjemanden gibt es immer, der das Zeug verhökert.«

»Darum geht es nicht, sondern ... keine Ahnung. Ich frage mich bloß, ob Rosie sie gekannt hat oder über jemand mit ihnen in Kontakt gekommen ist. Über ihre Freundin Poppy zum Beispiel.«

»Das ist auch so ein Punkt. Es gibt zwar jede Menge Gerüchte über einen Freund, aber niemand scheint zu wissen, wer er war.«

»Jo hat gesagt, sie hätte keinen Freund gehabt.«

Laura runzelt die Stirn. »Möglicherweise wusste sie nichts von ihm. Ich sollte mit Poppy reden. Weißt du, wo sie wohnt?«

»Grace kann es mir bestimmt sagen. Aber ich würde mir an deiner Stelle keine allzu großen Hoffnungen machen. Und du musst vorsichtig sein. Ihre Familie ... kann einem ziemliche Angst einjagen. So könnte man es wohl bezeichnen.«

»Oh, verstehe.«

Laura zieht eine Visitenkarte aus ihrer Tasche. »Würdest du mich anrufen, wenn dir noch etwas einfällt?«

Kurz nachdem sie weg ist, klopft es an der Tür.

»Mrs. McKay?« Es ist PC Beauman. Ich mache einen zweiten uniformierten Polizisten im Wagen aus. »Bitte entschuldigen Sie die Störung, aber könnten wir uns vielleicht in Ihrem Stall umschauen?«

»Natürlich. Jetzt sofort?«

Sie nickt.

»Okay. Ich hole nur meine Gummistiefel.«

Wonach sie wohl suchen? Allein bei dem Gedenken wird mir ein wenig mulmig.

Zu allem Übel höre ich an diesem Abend einen weiteren Wagen vorfahren. Es nähern sich Schritte, ehe jemand an die Tür hämmert. Durchs Küchenfenster erkenne ich Jo.

Ich laufe zur Tür und zucke vor Schreck zusammen. Sie sieht fürchterlich aus. Ihre Augen sind verquollen und gerötet, ihr Haar ist zerzaust, und ihr Körper wird von heftigen Schluchzern geschüttelt.

»Jo! Was ist los?«

Sie sinkt in meine Arme, und ein grauenhafter animalischer Schrei dringt aus ihrer Kehle, als sie ihren Gefühlen freien Lauf lässt.

Nachdem sie sich ein wenig gefangen hat, bugsiere ich sie auf einen Stuhl, während sie sich immer noch verzweifelt an mich klammert.

»Es tut mir so leid«, schluchzt sie. »Ich wusste nicht, zu wem ich sonst gehen könnte.«

»Ist doch in Ordnung, Jo. Ehrlich.«

Sie hebt den Kopf und sieht mich mit tränenüberströmtem Gesicht an. »Ist es nicht, Kate. Und das wird es auch nie wieder sein.«

»Was ist denn? Hat die Polizei Rosies Mörder geschnappt?«

Sie schüttelt den Kopf. »Neal«, flüstert sie.

Eine große Angst erfasst mich. Diese Familie hat schon mehr als genug mitgemacht. »Ist ihm etwas passiert?«

Ihre Züge sind verzerrt, und ich habe Mühe, die Worte zu verstehen. »… Streit. Neal hat gesagt … ich sei eine schlechte Mutter …«

Ich bin entsetzt. Die beiden leiden Höllenqualen. Wie kann er so grausam sein?

»Oh Jo, das ist ja schrecklich. Natürlich bist du keine schlechte Mutter. Du hast sie geliebt. Sie war deine Tochter.«

Sie befreit sich aus meiner Umarmung.

»Du verstehst nicht.« Hektisch sieht sie sich im Zimmer um, als suche sie nach etwas. »Ich hätte sie beschützen müssen.«

Delphine

Jeder Mensch hat ein eigenes Schicksal. Sagt Rosie. Eine Zukunft gibt es längst – auch wenn sie im Verborgenen liegt. Und alles, was einem passiert, jede Entscheidung, die man trifft, und jeden Mensch, den man kennenlernt, bringt einen diesem Schicksal ein Stück näher.

Rosie sagt, sie kenne ihres bereits. Schon eine ganze Weile. Sie werde sterben.

Rosie

Als Nächstes kommen Bilder – von anderen Städten, anderen Häusern, anderen Schulen. So viele, dass ich mich weder an die Reihenfolge noch die Namen erinnern kann. Dass ich mittlerweile daran gewöhnt bin, fremde Klassenzimmer zu betreten, zwanzig Augenpaare auf mir zu spüren und von Lehrern mit Fragen bombardiert zu werden, macht es trotz aller Vorhersehbarkeit auch nicht besser.

Diesmal ist es das Haus in Bath, einer Stadt mit Gebäuden aus honigfarbenem Stein und sanftem Licht. Überall Musik und Schönheit. Wärme und Leben. Unser Haus ist alt, dreigeschossig und steht in der Nähe des Flusses, so dass man den Verkehr nicht hört, sondern nur das Wasser, das über das Wehr rauscht, endlos, mühelos, seit vielen, vielen Jahren.

Ich strenge mich in der Schule an und schreibe gute Noten, und Mummy beteuert ständig, wie glücklich sie sei. Neuerdings hat sie eine Freundin namens Amy, die rote Haare hat, ausgeflippte Klamotten trägt und uns ständig zum Lachen bringt. Sie drückt mich immer fest an sich, und mir steigt ihr blumiges Parfum in die Nase. Mein Vater ist mit seinem neuen Auftrag beschäftigt, und die Schatten und die Düsternis scheinen zu verschwinden, und unser Haus ist voller Licht.

Dieser Zustand hält fast ein Jahr lang an, und ich erlebe wenigstens einmal ein unvergessliches Weihnachtsfest. Das Treppengeländer ist mit Girlanden geschmückt, und unter dem hübschen, glitzernden Baum liegen viele Geschenke. Es wird viel gelacht. Und es schneit sogar. Ein Weihnachtsfest mit der Verheißung auf ein wenig Glück.

Zu Ferienbeginn darf ich eine Party geben. Ich bekomme ein Samtkleid mit Silberknöpfen, und Amy macht mir Locken. Nachmittags kommen alle meine Freundinnen, wir machen Spiele, singen Weihnachtslieder, zu denen Amy uns auf der Gitarre begleitet. Dann gibt es Tee und richtiges Partyessen – Würstchen am Spieß, Mini-Cheeseburger, in Schokolade getauchte Marshmallows, Wackelpudding und Eiscreme. »Weil eine Party immer etwas ganz Besonderes sein sollte«, sagt Mummy. Es ist ein perfekter, wunderschöner Nachmittag, und zum Abschied gibt sie meinen Gästen noch ein kleines, mit einer Schleife verziertes Geschenk mit.

»Du möchtest doch, dass die anderen dich gernhaben, Rosanna, oder nicht? Wann immer sie das Geschenk in der Hand halten, sollen sie sich daran erinnern, wie schön deine Party war und wie hübsch das Haus ausgesehen hat.«

Als alle weg sind, kommt Amy in mein Zimmer und überreicht mir ein Geschenk – ein kleines silbernes Pferd.

Mit geheimnisvoll funkelnden Augen legt sie den Finger auf die Lippen. »Als ich so alt war wie du, hatte ich ein Bettelarmband«, sagt sie. »Das hier war mein allererster Anhänger, und ich möchte, dass du ihn bekommst.«

Ich halte ihn so fest in meiner Hand, dass sich die winzigen Hufe in meine Haut graben. Es ist das Kostbarste, was ich je geschenkt bekommen habe. Ein Stück von Amy.

»Versteck es lieber. Das bleibt unser Geheimnis«, fügt sie zwinkernd hinzu.

Wenige Tage vor Weihnachten geben meine Eltern ebenfalls eine Party. Ich trage das Pferdchen an einem Band um den Hals und lausche mit Della der Musik und den Stimmen. Wir schleichen uns auf die Treppe und linsen durchs Geländer hinunter auf die Gäste in ihren eleganten Abendkleidern und Dinnerjackets. Doch Glamour und Opulenz, raffinierte Frisuren und teure Kleidung können nicht verbergen, dass die Leute, vom Alkohol befeuert, sich in Szene setzen, flirten und sich begrapschen.

Und mitten im Getümmel ist Mummy, deren Strahlkraft in der Gegenwart ihrer Freunde perfekt zur Geltung kommt wie ein Juwel, während sie reihum ihre Gäste in den Genuss ihrer Aufmerksamkeit kommen lässt und dafür sorgt, dass auch sie sich an den Abend als schönste Weihnachtsparty aller Zeiten erinnern werden. Dass sie sich an sie erinnern werden.

Doch trotz all ihrer Freunde, die sie von Herzen lieben, bemerkt sie sie. Und Amy ebenfalls. Eine weitere Frau, die wie die Motte vom Licht angezogen wird, mit langem, goldblondem Haar und kirschroten Lippen. Und sie umschwärmt meinen Vater nicht, sie stürzt sich geradewegs auf ihn.

Ich weiß noch, dass ich durchs Fenster beobachte, wie sie aufbricht, vor allen anderen, ohne mitzubekommen, dass mein Vater sich zur Hintertür hinausgeschlichen hat und ihr die Straße hinunterfolgt.

»Das dürfen wir nicht«, sagt sie, wobei sich in der Kälte weiße Atemwölkchen vor ihrem Mund bilden, als er sie in den Schatten eines Baumes zieht. »Deine Frau ist so reizend. Du hast Familie, Neal ...«

»Es ist doch nur ein Kuss«, raunt er, sein Gesicht nur wenige Zentimeter von ihrem entfernt, und sie erkennt, wie sehr er sie begehrt. »Ein Kuss.«

Sie will ihn, selbst hier draußen, in der eisigen Kälte. Ich bemerke es an der Art, wie sie ihn unter den halb geschlossenen Lidern hervor ansieht, an ihren geöffneten roten Lippen. Eine unsichtbare Hand scheint sie zu ihm zu ziehen. Diesmal ist es nur ein Kuss, aber es wird ein nächstes Mal geben, das wissen sie beide, flüsternd werden sie es heimlich planen, sich in Lügen verstricken.

Als er zurückkommt, ist die Party in vollem Gange. Vielleicht bilde ich es mir ja nur ein, aber einen flüchtigen Moment lang scheint das Stimmengewirr zu ersterben, ehe es erneut einsetzt, fröhlicher und um ein paar Dezibel lauter als zuvor. Ich glaube zu erkennen, wie Köpfe sich drehen, bevor die Gäste sich wieder ihren Gesprächs-

partnern zuwenden, als wäre nichts geschehen. Merken sie es überhaupt? Spielt es eine Rolle für sie?

Aber irgendetwas ist anders. Das Funkeln hat etwas von seiner Leuchtkraft eingebüßt, die Verheißung auf ein bisschen Glück ist dahin. Mummy strahlt nicht länger. Sie ist kreidebleich.

Die Schatten sind zurück, dann kommen die Umzugskartons. Amy schaut vorbei und beschwört Mummy, ihn gehen zu lassen und hierzubleiben.

»Du kannst nicht so weitermachen«, sagt sie und blickt Mummy ernst an. »Bitte, Jo. Ich helfe dir, das weißt du genau. Du und die Mädchen könnt bei mir wohnen. Wir suchen dir einen guten Anwalt. Du fängst noch mal von vorn an. Alles wird gut, Süße, das verspreche ich dir.«

Dieses eine Mal zögert Mummy. Für den Bruchteil einer Sekunde stellt sie sich ein Leben ohne meinen Vater vor, in ihrem eigenen Haus, eine Zukunft, die nur sie allein sehen und über die ich lediglich spekulieren kann. Aber dann formen sich die Worte hinter ihrer Stirn.

»Du kennst ihn nicht so wie ich. Er kann nicht anders. Aber er braucht mich. Ich weiß, dass du nur das Schlechte in ihm siehst, aber in Wahrheit ist er ein wirklich bemerkenswerter Mann.«

Amy hat Tränen in ihren wunderschönen grünen Augen, als sie sich umdreht und geht.

In diesem Augenblick lerne ich, wie fragil Herzen sind. Man kann sie nicht endlos brechen. Irgendwann verwandeln sich die lebenden Zellen, die es zusammenhalten, in totes, kaltes Narbengewebe, das nicht länger fühlen kann. Das nicht mehr lieben kann.

Wir bekommen Amy nicht mehr zu Gesicht. Der Umzugswagen kommt, und wir ziehen wieder einmal um, in eine andere Stadt, in ein anderes Haus. Ich besuche eine andere Schule.

Und als ich meine Sachen auspacke, ist das kleine Silberpferd verschwunden.

10

Irgendetwas treibt mich um. Aber erst als ich das nächste Mal an Jos Küchentisch sitze und nach draußen blicke, fällt mir wieder ein, was.

»Dieses Apfelbäumchen ... Ich habe noch mal darüber nachgedacht. Vermutlich ist es nicht der beste Standort. Ich denke, ich pflanze es um, bevor es richtig Wurzeln schlägt.«

Sie sieht mich erstaunt an. »Wieso? Mir gefällt es dort aber.«

»Na ja, als Gärtnerin sehe ich das leider anders. Wenn der Baum weiter wächst, sind später alle Pflanzen darunter im Schatten. Außerdem kämst du nicht mehr an die Äpfel heran.«

»Ehrlich gesagt sind mir die Äpfel ziemlich egal«, gibt Jo zurück. »Mir gefällt er dort gut. Und sollte er doch noch umgepflanzt werden müssen, lasse ich eben jemanden kommen. Vermutlich hast du recht, aber damit will ich mich jetzt nicht befassen.«

Es ist zwar gegen meine Arbeitsethik, aber ich zucke die Achseln. Schließlich ist es ihr Garten.

Aber mir kommt noch etwas anderes seltsam vor, auch wenn wir uns in einer Phase befinden, in der jegliche Normalität außer Kraft gesetzt zu sein scheint: Seit Jo neulich bei mir war und mir unter Tränen und von Gewissensbissen gebeutelt gestanden hat, sie hätte eine bessere Mutter sein und genauer wissen müssen, was in ihrer Tochter vorgegangen sei, verhält sie sich, als wäre all das nie geschehen.

»Jo ... seit neulich Abend mache ich mir ernsthaft Sorgen um dich. Ist zwischen dir und Neal wieder alles in Ordnung?«

Ich merke, dass ich einen wunden Punkt getroffen habe, denn ihre Schultern spannen sich an, und sie holt tief Luft.

»Ach ja ... ja.« Ihr Gesicht ist ausdruckslos, als sie sich zu mir umdreht. »Wir haben später darüber geredet. Er war eben wütend. Jeder sagt mal etwas Gemeines, oder? Wir waren beide mit den Nerven am Ende. Und ich bin so mit mir selbst beschäftigt, dass ich manchmal vergesse, dass auch er Rosanna schrecklich vermisst. Wie kann ich so etwas nur tun?« Einen Moment lang sieht sie bekümmert drein. »Ich verstehe sogar, weshalb er das gesagt hat. Er hat doch auch ein schlechtes Gewissen. Wir hätten es beide verhindern müssen. Er wollte mich nicht kränken. Er ist ein ganz bemerkenswerter Mann, Kate.«

Das behauptet sie immer. Und er tut bestimmt eine Menge Gutes. Darüber hinaus machen sie das Schlimmste durch, was Eltern widerfahren kann. Trotzdem kann ich mich eines Gedanken nicht erwehren: *Welcher Mann lässt zu, dass seine völlig aufgelöste, weinende Frau das Haus verlässt, um sich bei einer Freundin auszuheulen?* Sie hat gerade ihr Kind verloren, und ihr wurde das Herz bei lebendigem Leib herausgerissen.

Ich lasse es nicht dabei bewenden und sage: »Das freut mich, Jo. Du warst so außer dir. Ich weiß, das alles ist ein einziger Albtraum, aber trotzdem ...«

Sie fällt mir ins Wort und herrscht mich an: »Ach ja? Das kannst du überhaupt nicht wissen. Grace ist an der Uni und kommt wieder nach Hause. Aber Rosanna ist weg. Für immer ... Glaubst du ernsthaft, du wüsstest, wie sich das anfühlt?«

Zitternd und mit roten Wangen steht sie vor mir, ohne zu ahnen, wie entsetzlich bewusst mir all das ist.

»Es ist die reinste Hölle, Kate«, bricht es aus ihr heraus, »du hast ja keine Ahnung ... in der einen Minute glaube ich, ich schaffe es, und in der nächsten fühlt es sich an, als würde ich in einen endlosen, dunklen Abgrund stürzen, aus dem ich nie wieder herauskomme. Es ist, als wäre ein Teil von mir amputiert worden ... Es tut weh. So sehr. Sie ist doch meine Tochter ...«

Tröstend lege ich die Arme um sie, will sie an mich ziehen, aber sie steht stocksteif da, und als sie fortfährt, klingt ihre Stimme kalt und tonlos wie die einer Fremden.

»Du meinst es nur gut. Aber ich weiß, weshalb du hier bist. Du glaubst, indem du versuchst, meinen Schmerz zu lindern, schützt du deine eigene Familie.«

Ich spüre, wie sämtliche Farbe aus meinem Gesicht weicht, und mir wird plötzlich kalt. Obwohl es der Kummer ist, der aus ihr spricht, und sie mich nur angreift, weil ich zufällig gerade hier bin, frage ich mich, ob an ihrer Behauptung etwas dran ist. Ist meine vermeintliche Unterstützung im Grunde genommen nichts als blanker Egoismus?

»Ich gehe dann wohl lieber«, murmle ich und nehme meine Tasche. Meine Teetasse lasse ich auf dem Tisch stehen. Natürlich verstehe ich, dass sie leidet, aber die Situation überfordert mich. Ich dringe einfach nicht zu ihr durch.

An der Haustür drehe ich mich noch einmal zu ihr um. »Es tut mir leid, wenn ich dich gekränkt habe, Jo. Ich wollte dir nur als Freundin zur Seite stehen.«

Ein verzweifelter, gequälter Ausdruck tritt in ihre Augen, und sie ringt die Hände.

»Es tut mir leid«, flüstert sie. »Wenn sie doch endlich denjenigen finden würden, der das getan hat. Bitte, Kate, ich hätte das niemals zu dir sagen dürfen. Du bist ... eine echte Freundin ... O Gott, was habe ich nur getan?«

Ich wurde noch nie Zeuge eines solch abrupten Stimmungsumschwungs. In ihren Augen glitzern Tränen. »Bitte geh nicht. Ich brauche dich.«

Ihr Ausbruch ist mir gewaltig an die Nieren gegangen, doch die Belastung fordert ihren Tribut. Was Rosie widerfahren ist, hätte jedem Teenager passieren können, auch Grace.

Und es könnte ihr immer noch etwas passieren. Schließlich läuft der Mörder nach wie vor frei herum.

»Du hast dich viel zu sehr in diese Geschichte hineinziehen lassen, Kate. Gib ihr ein bisschen Zeit und geh auf Abstand«, sagt Angus, als ich ihm abends erzähle, was vorgefallen ist.

»Wie kannst du so etwas sagen?« Ich bin immer noch hypersensibel und ertrage es nicht, dass mich schon wieder jemand angreift. Wie kann er so etwas tun, er weiß doch, wie nah mir das Ganze geht? Und ist es nicht auch ein Beweis für unsere enge Freundschaft, wenn Jo alles sagen kann, was sie gerade bewegt?

»Hey, sei nicht sauer. Du bist ihr eine echte Freundin, Kate, trotzdem kannst du nichts ändern. Für mich klingt es, als hätte sie jeglichen Halt verloren. Und was sie sagt, stimmt. Keiner von uns kann nachvollziehen, wie sie sich wirklich fühlt – Gott sei Dank.«

Ich seufze. »Sie tut mir so leid.«

Natürlich hat Angus recht, aber so einfach ist es nun mal nicht. Ist Jos Trauer zu meiner eigenen geworden? Habe ich in diesen letzten Wochen angefangen, mich für sie verantwortlich zu fühlen?

»Komm her.«

Ich lasse mich in die Arme nehmen und lege den Kopf an seine Schulter. Vielleicht habe ich mich ja tatsächlich zu sehr hineingehängt und versäumt, eine Grenze zu ziehen. Vielleicht sollte ich zu meinem eigenen Besten ein bisschen auf Distanz gehen.

Eine Woche später – die ganze Zeit habe ich absichtlich jeden Kontakt mit den Andersons vermieden – fahre ich zum Gärtnereigroßmarkt, wo gerade Tag der offenen Tür ist. Sie bieten herrliche Herbstpflanzen in satten, warmen Erdfarben an, Blumenzwiebeln und winterharte Sträucher.

Es ist die perfekte Zerstreuung – wie der Besuch einer Ausstellung oder eines Musicals, nur dass die Sinne nicht von Klängen oder Kunst, sondern von Düften und Farben inspiriert werden. Ja, natürlich kaufe ich auch etwas, aber es dient rein dem Zweck, meine Seele zu bereichern und meine Fantasie anzuregen. Ich bin wie berauscht von der Fülle und Pracht, den endlosen Kombinationsmöglichkeiten, die sich durch die verschiedenen Jahreszeiten bieten.

»Guten Morgen, Dan.« Dan kenne ich schon seit etwa zehn Jahren und sauge dankbar alles auf, was er an kostbarem Fachwissen preisgibt, wenn er in Plauderstimmung ist. »Ihr habt euch wieder mal selbst übertroffen! Ich bin restlos begeistert!«

»Hallo, Kate.« Er scheint sich über mein Lob sehr zu freuen. Für ihn und sein Team sind diese Sonderaktionen jedes Mal ein echter Kraftakt, gleichzeitig fördern sie den Verkauf, und im Lauf der Jahre hat er sich in der Branche einen hervorragenden Ruf erworben, der Landschaftsgärtner von überallher anlockt. »Ich habe ein paar wunderschöne Blumenzwiebeln, die dir gefallen könnten. Hast du ein bisschen Zeit mitgebracht?«

»Aber sicher!« Ich kann es kaum erwarten. Dans neue Sorten haben während der vergangenen Jahre immer wieder neue Trends gesetzt – neue Züchtungen und Varianten aufzustöbern gehört zu seinen Spezialgebieten. Und meistens sind die Pflanzen im Handumdrehen ausverkauft.

»Hier drin.«

Ich folge ihm durch den dicken Plastikvorhang mit einem

»Nur für Mitarbeiter«-Schild. Es ehrt mich, zu den wenigen zu gehören, die die heiligen Pflanzenhallen hinter den Kulissen betreten dürfen. Auf einmal läutet sein Handy.

»Entschuldige, aber es dauert nicht lange.«

Tief sauge ich den vertrauten erdigen Geruch in meine Lungen und schlendere zu der riesigen Tafel, auf der Fotos von allen möglichen Blumen angebracht sind: Tulpen, Narzissen, Amaryllis, Hyazinthen in Farbtönen, die ich noch nie zuvor gesehen habe. Mein Gärtnerherz schlägt höher.

»Entschuldigung«, sagt Dan und tritt zu mir. »Ich werde anderswo gebraucht, aber sieh dich nur in aller Ruhe um. Wenn du etwas bestellen willst, sag Alex dort drüben Bescheid.«

Er zeigt auf einen jungen Mann am hinteren Ende des Gewächshauses, der mit dem Rücken zu uns routiniert Saatlinge pflanzt.

Dann bedeutet er mir mit einem Nicken, ihm noch einmal nach draußen zu folgen.

»Nur damit du es weißt, er hat bei den Leuten gearbeitet, deren Tochter vermisst wurde. Aber sag bitte nichts. Ich glaube, es hat ihn schwer getroffen«, sagt er leise.

Mit jedem Wort wächst meine Neugier, denn ich habe gerade Jos geheimnisvollen Gärtner ausfindig gemacht. Und ich werde auf keinen Fall hier rausgehen, ohne dass ich vorher mit ihm gesprochen habe.

Aber als Erstes kommt die Arbeit. Eingehend nehme ich sämtliche Pflanzen in Augenschein, schmiede im Geiste Pläne, wo ich sie einsetzen könnte, und notiere mir die Mengen. Mit einem Mal höre ich Schritte hinter mir.

»Brauchen Sie Hilfe?«

Ich schaue auf. Alex ist ein gutes Stück größer als ich und schätzungsweise Anfang zwanzig. Er hat dunkles Haar, und sein Gesicht ist von der Arbeit im Freien braun gebrannt. Er ist sehr attraktiv, doch in seinen Augen liegt ein wachsamer, leicht argwöhnischer Ausdruck, der ihn nicht unbedingt auf Anhieb sympathisch macht.

»Ich glaube, ich hab's schon«, sage ich. »Hier.«

Ich drücke ihm meine Liste in die Hand, die er überfliegt. Er nickt langsam. »Das passt alles sehr gut zusammen. Ich habe genau mit denselben Variationen eine Skizze gemacht. Wenn Sie kurz warten, hole ich sie.«

Er kramt auf dem Arbeitstisch herum, bis er das gesuchte DIN-A4-Blatt gefunden hat. Zu meiner Verblüffung kann er nicht nur Gärten anlegen, sondern auch zeichnen, und zwar erheblich besser als ich. Er hat ein unbeschreiblich schönes Winterbeet entworfen. Die Skizze könnte man problemlos rahmen und an die Wand hängen.

»Weiße Narzissen mit Wintergrün im Vordergrund«, erklärt er. »Wenn die Narzissen verblüht sind, kommen dunkelorange Tulpen und grüne Schneebälle in der Mitte. Hier und da habe ich noch ein paar andere Farben einfließen lassen, ein bisschen Pink und Schwarz. Ich dachte, es sieht schöner aus, wenn es schlicht bleibt.«

»Es sieht unglaublich aus«, sage ich.

»Na ja, bahnbrechend ist es nicht«, erwidert Alex. »Die Leute glauben immer, etwas Ungewöhnliches würde ihnen gut gefallen, aber im eigenen Garten soll es dann meistens doch lieber traditionell sein.«

Genau diese Erfahrung habe ich auch gemacht. Zwar gibt es den einen oder anderen Kunden, der für Avantgardistisches zu haben ist, aber die Mehrzahl mag lieber englische Gartenpflanzen, deren Namen sie kennen und die auch alle anderen bevorzugen.

»Genauso geht es mir auch. Aber warum arbeiten Sie eigentlich für Dan, wenn Sie Landschaftsgärtner sind?«

Unwillkürlich kommt mir der Gedanke, dass diese dunklen, ausdruckslosen Augen etwas vor mir verbergen.

Alex runzelt die Stirn und mustert mich eindringlich. »Er hat es Ihnen gesagt, stimmt's?«

Ich nicke. Plötzlich fühle ich mich unwohl in meiner Haut. »Bitte entschuldigen Sie. Er hat es mir nur erzählt, weil er weiß, wo ich wohne.«

Alex zuckt lediglich die Achseln.

»Eigentlich bin ich sogar froh, dass ich Sie hier sehe. Ihre Arbeit hat mich tief beeindruckt. Der Garten ist wunderschön«, versuche ich, ihn zu besänftigen, aber seine Miene bleibt unverändert ernst.

»Wenn einem der Kunde Geld vor die Füße wirft, ist das keine Kunst.« Leise Verbitterung und ein Anflug von Verachtung schwingen in seinem Tonfall mit. »Denen ist es völlig egal, wie viel ich ausgebe, solange es nur ›beeindruckend‹ aussieht. So lautete die Vorgabe, wenn ich mich recht entsinne. Kann sein, dass das Wort ›teuer‹ auch vorkam.«

Beeindruckend und teuer sind die perfekte Beschreibung für das Haus der Andersons, aber wieso auch nicht? Sie können es sich offensichtlich leisten.

»Ich glaube, sie vermissen Sie. Oder zumindest der Garten …« Meine Bemerkung war scherzhaft gemeint. Umso erschrockener bin ich, als sich seine Züge vor Wut verzerren.

Rosie

Eine gewaltige Flutwelle spült mich geradewegs in einen Sommer ohne meine Eltern. In dieser Zeit finde ich heraus, was wahres Glück bedeutet. Wir dürfen ungeniert Krach machen, schlafen in selbst konstruierten Zelten aus über Wäscheleinen drapierten Decken, sitzen im Freien und betrachten die Sterne. Wir essen geröstete Marshmallows und genießen das Gefühl von Freiheit.

Mit meinen Cousins und Cousinen renne ich über mit Mohnblumen übersäte Weizenfelder zum Strand, wo wir uns kreischend in die Fluten stürzen. Es ist der Sommer der endlos wiederkehrenden Gezeiten und atemberaubenden Sonnenuntergänge. Wir legen uns in das feuchte Gras, bis wir die Sterne am Himmel glimmen sehen. Es ist der Sommer der selbst gebackenen Kuchen und leckeren Eiscremes. Tante Carol flicht Della Zöpfe, während ihre Gedanken um Isabel kreisen.

Alle sagen, es sei so traurig, dass Isabel so jung »gegangen« sei, aber in Wahrheit stimmt es gar nicht. Isabel ist nicht irgendwohin gegangen, sie hat eine unsichtbare Grenze überschritten, genauso wie ich. Sie ist hier, hat den Kopf an Carols Hals geschmiegt, die Arme um sie und Della geschlungen und grinst mich an.

Ich wünschte, dieser Sommer könnte mein ganzes Leben lang andauern, während mein wahres Leben wie dünne Schleierwolken über meinem Kopf hinwegzieht. Bis meine Mutter auftaucht, die Arme ausbreitet und die Freiheit mit ihrem Parfum verjagt.

»Liebling, komm her und gib Mummy einen Kuss! Sie hat dich so vermisst!«

Während der letzte süße, verlockende Geschmack nach Freiheit zerschmilzt wie das Erdbeereis unten am Strand, gehe ich zu ihr, strecke die Arme aus, weil ich sie lieb habe.

Und dann erfasst mich das schlechte Gewissen wie eine Woge von Kopf bis zu den Zehen, weil ich sie überhaupt nicht vermisst habe. Ich habe Schuldgefühle, weil ich sie liebe, aber nicht hierhaben will. Mit ihren farblosen, makellos sauberen und perfekt gebügelten Sachen gehört sie nicht hierher, in Tante Carols Welt. Ich fühle mich schlecht, weil ich mir sehnlichst wünsche, dieser Sommer möge nie zu Ende gehen.

Ich blicke sie an. Habe ich allen Ernstes vergessen, wie sie aussieht? Dass ihr Gesicht eine makellose Maske ist, die sich über ihre Knochen spannt? Wo sind die Fältchen wie bei Tante Carol, die von Liebe und Gelächter erzählen? Doch Mummy lacht niemals.

11

November

Zehn Wochen sind seit Rosies Verschwinden vergangen. Der Herbst hält Einzug und sorgt dafür, dass quasi über Nacht sämtliche Blätter von den Bäumen fallen. Von Jo sehe und höre ich nichts. Durch Zufall begegne ich Delphine, als ich eines Nachmittags von der Arbeit nach Hause fahre.

Als Erstes sticht mir ihr Haar ins Auge. Es gleicht Rosies Haar, nur dass es etwas länger ist und sie Spangen trägt. Den Blick nach vorn gerichtet, geht sie mit kleinen, energischen Schritten den Bürgersteig entlang.

Ich halte neben ihr am Straßenrand. »Delphine? Ich bin's, Kate, die Freundin deiner Mum. Soll ich dich mitnehmen?«

Zuerst huscht Furcht über ihr Gesicht, dann scheint sie mich zu erkennen. Stellt sie sich bei jedem, der ihr begegnet, die Frage, ob dieser Mann, der wahrscheinlich selbst Vater ist, oder diese Frau mit dem blonden Haar, die so unschuldig wirkt, ihre Schwester ermordet haben könnte?

Sie steigt ein. »Danke«, sagt sie nur.

Ich warte, bis sie sich angeschnallt hat.

»Wie läuft's in der Schule?«

»Gut, danke.« Ihre Stimme ist mädchenhaft, sie ist ja auch erst zwölf und viel zu jung für Kummer und Leid.

»Ich habe deine Mum eine ganze Weile nicht mehr getroffen. Wie geht's ihr denn so?«

»Gut.«

»Ist sie zu Hause?« Das würde mir die perfekte Ausrede liefern, kurz vorbeizusehen.

Delphine zögert. »Könnte sein, ich weiß es nicht genau.«

Vor dem Haus nimmt sie ihre Schultasche und steigt aus, ohne mich anzuschauen.

»Danke fürs Mitnehmen.«

»Gern geschehen.« Ich runzle die Stirn. Sowohl Neals als auch Jos Wagen stehen in der Einfahrt. »Ach, vielleicht komme ich kurz mit hinein und sage Hallo. Ich habe sie lange nicht gesehen.«

Schweigend schließt Delphine die Tür auf und tritt ein. Sie lässt sie angelehnt.

Ich bleibe im Türrahmen stehen. »Hallo? Jo? Ich bin's, Kate.«

Ich zögere. Vielleicht ist sie ja immer noch böse auf mich. Als ich kehrtmachen will, höre ich eine Männerstimme.

»Kate? Danke, dass Sie Delphine nach Hause gebracht haben. Sehr nett von Ihnen.«

Neal kommt in Jeans und Hemd mit offenem Kragen auf mich zu.

»Kein Problem, ich habe sie zufällig auf der Straße getroffen. Eigentlich hatte ich ja gehofft, Jo wäre zu Hause.«

»Ah.« Er wendet den Blick ab. »Wann haben Sie sie das letzte Mal gesprochen?«

»Vor zwei Wochen. Ich habe mich nur gefragt, wie es ihr geht.«

Er nickt. »Nett von Ihnen. Na ja, im Moment hat sie ein paar Probleme. Sie ist weg. Nur für eine Weile.«

»Sie ist doch nicht etwa krank?«

»Nein, nein, sie kommt schon wieder auf die Beine.« Er mustert mich. »Haben Sie zufällig einen Augenblick Zeit?«

Ich folge Neal ins Haus.

»Sie ist für eine Weile weg«, fährt er fort, »um zur Ruhe zu kommen. Sie hat zu viel gearbeitet – für mich, fürchte ich –, und nach allem, was passiert ist … Ich hoffe, ein Tapetenwechsel tut ihr gut.«

Wir setzen uns an den Küchentisch. Neal hat die Ellbogen aufgestützt und betrachtet seine verschränkten Hände.

»Arme Jo. Ich hatte ja keine Ahnung, dass es ihr so schlecht geht.« Erst als ich die Worte ausspreche, wird mir bewusst, was ich da gerade gesagt habe.

Mit gerunzelter Stirn starrt er auf die Tischplatte, dann hebt er den Kopf. »Hat sie Ihnen erzählt, dass sie krank ist?«

Ich höre zum ersten Mal davon. »Nein.«

»Joanna …« Er zögert. »Sie hatte es nicht immer leicht im Leben. Sie hat einen Nervenzusammenbruch erlitten, Kate. Da kam eine ganze Menge hoch. Aus der Vergangenheit. Dinge, die sie seit vielen Jahren verdrängt hatte.« Er hält inne. »Im Verschleiern ist sie besonders gut, das ist Ihnen sicherlich aufgefallen, vor allem seit Rosannas Tod …«

Seine Stimme bricht, und ich begreife, dass jede Sekunde, die Neal und Jo in diesem Haus, inmitten all ihrer Erinnerungen verbringen, die reinste Hölle ist. Eine Hölle, der sie niemals entfliehen können.

»Ich wusste es nicht, aber ich habe mich schon die ganze Zeit über sie gewundert«, gestehe ich. »Dass sie immer weitergemacht hat, meine ich. Ich glaube, ich hätte das nicht geschafft.«

»Das Problem ist …« Wieder unterbricht er sich. »Es ist schwer, es in Worte zu fassen. Man macht einfach weiter, weil man gar keine andere Wahl hat, aber sie sind immer da. Die Schuldgefühle. Man muss ständig daran denken … Und sobald man sie vergisst, und sei es nur ein paar Sekunden, holen sie einen sofort wieder ein. Diese entsetzlichen Gewissensbisse … Man fühlt sich schuldig, weil man es nicht verhindern konnte. Schuldig, weil wir hier sind und sie nicht.« Er sackt in sich zusammen. »Das belastet uns im Moment am meisten.«

Könnte ich ihnen nur helfen. Er tut mir so unendlich leid, weil er ebenso sehr leidet wie Jo und sie zusätzlich noch unterstützen muss. Es ist so himmelschreiend ungerecht, dass ein Mensch ein solches Leid ertragen muss. Der Gedanke erfüllt mich mit tiefer Traurigkeit.

Ich verlasse das Haus der Andersons mit dem Gefühl, dass Neal ein guter, anständiger Mann ist, dem – trotz seines Ausbruchs neulich und der Art, wie er Jo angeschnauzt hat – das Wohl seiner Frau sehr am Herzen liegt und Jo, wenig überraschend, mehr mit der Situation zu kämpfen hat, als sie zugibt.

Erst nach einer Weile fällt mir ein, dass ich völlig vergessen habe, ihm von Alex zu erzählen.

Rosie

In diesem Jahr werde ich Klassenbeste und habe überall Einsen, bis auf Mathe. Ich lasse mir nicht anmerken, wie hart ich dafür gearbeitet habe, wie stolz ich auf mich bin und dass es tief in meinem Innern immer noch ein Fünkchen Leben gibt, das vor sich hinglüht. Meine Lehrer sind sehr zufrieden mit mir, und Mummy auch. Aber als mein Vater an diesem Abend nach Hause kommt, sagt er, ich solle den kleinen rosa Fernseher aus meinem Zimmer holen und hinters Haus bringen.

Er stellt ihn aufs Gartenmäuerchen. Vögel zwitschern, aus dem Nachbarhaus dringt leises Gelächter. Es ist ein herrlicher Abend. Kondensstreifen von Flugzeugen ziehen sich über den hellblauen Himmel, die Sonne scheint zwischen den Blättern hindurch. Trotzdem beschleicht mich ein mulmiges Gefühl, als er sagt, ich solle mir einen Stuhl holen. Wortlos hebt er einen Ziegelstein auf.

»Zu deinen Noten ...«, sagt er sehr laut. Er hat sich vor mir aufgebaut. Den Ziegel nimmt er abwechselnd mal in die rechte und mal in die linke Hand. Was hat er damit vor? Unvermittelt hebt er ihn hoch und lässt ihn mit voller Wucht herabsausen. Als Erstes höre ich das Splittern des Plastikgehäuses, dann meinen entsetzten Aufschrei, als der Bildschirm in tausend Scherben zerbirst. Warum?, denke ich, als ich mich vorbeuge und auf die Veranda kotze.

Er befiehlt mir, die Holzplanken mit dem Schlauch abzuspritzen. Wie dämlich könne man sein ... wegen eines Kleinmädchenfernsehers zu kotzen. Ein Fernseher, Herrgott noch mal! Meine Noten in Mathe seien nicht gut genug. Ich müsse mich mehr reinknien.

Ich hole den Schlauch und spritze die Veranda ab, während ich ihm am liebsten die wüstesten Schimpfwörter ins Gesicht kotzen würde. Dass ich nicht wegen des Fernsehers das Kotzen gekriegt habe – so blöd bin ich nicht –, sondern wegen ihm.

Inzwischen bin ich fünfzehn und habe eine neue Freundin, Emma Carnegie, der man schon auf den ersten Blick ansieht, dass sie ein glücklicher Mensch ist – an der Art, wie ihre Locken beim Gehen hüpfen, an ihren Augen, die wie von innen heraus leuchten, und an ihrem Lachen. Emma lacht über fast alles. Sie hat drei ältere Brüder und findet es cool, dass ich schon so oft umgezogen bin, während sie immer nur in Winchester, diesem sterbenslangweiligen Kaff, gewohnt hat.

Winchester. Es könnte mir hier tatsächlich gefallen, aber ich weiß schon jetzt, dass ich es mir nicht gestatten werde. Hier wohnen wir nur – vorübergehend. Delphine versteht noch nicht, dass es bloß ein weiteres Haus in einer weiteren Stadt ist, in der sie wieder einmal für immer bleiben möchte.

Zu ihrem Geburtstag schmeißt Emma eine Party. Bei ihr zu Hause herrscht ein ständiges Kommen und Gehen. Es ist laut, chaotisch, voller Musik und Geplapper. Voller Leben. Ihre Eltern und ihre Freunde gehen aus und ein, ebenso ihre Brüder und deren Freunde. Und alle sind stets willkommen, auch ich.

Emma fragt, ob ich über Nacht bleiben will. Mir wird schwer ums Herz, weil ich ihr gestehen muss, dass meine Eltern es nicht erlauben werden. Das sei doch total blöd, meint sie.

»*Mein Gott, Rosie, wir sind fünfzehn.*« *Sie lacht.*

»*Du hast so was von recht.*« *Ich lache ebenfalls, aber mein Lachen klingt hohl und unecht.* »*Ich frage sie noch mal.*«

Aber die Vorstellung macht mir Angst. Ich ahne, dass ich von Mummys sorgenvollem Blick Kopfweh kriege, aber gleichzeitig will ich nicht riskieren, dass Emma mich als Freundin ablehnt, weil ich nicht bei ihr übernachten darf. Dann werde ich wütend, weil meine

Eltern mir ständig sagen, was ich zu tun habe. Es ist doch mein Leben, und Emmas Freundschaft ist mir wichtig.

Ich stecke in einer schlimmen Zwickmühle, an der ganz allein meine Eltern schuld sind. Aber das ist mir zu diesem Zeitpunkt noch nicht klar. Als ich darüber nachgrüble, wie ich Emma als Freundin behalten und gleichzeitig meine Eltern zufriedenstellen kann, dämmert mir, dass mir keine andere Wahl bleibt. Und so fängt alles an.

Die Lüge beginnt mit zwei Lügen: meiner Mutter gegenüber, dass ich zu Emma gehe, um mir einen Film anzusehen, und Emma gegenüber, dass ich bei ihr übernachten darf und es bestimmt toll wird!

Ich ziehe Jeans und ein T-Shirt an, damit meine Mutter keinen Verdacht schöpft. Sie fährt mich hin und kommt nicht mit rein. Emma mag nicht die perfekte Freundin für mich sein, aber sie ist akzeptabel, da ihr Vater in einem berühmten Orchester spielt. Musik schallt mir entgegen, und überall steht Essen auf mit Klarsichtfolie abgedeckten Servierplatten, das Emmas Mum großzügig und mit Liebe zubereitet hat.

Für die Party machen wir uns Locken und schminken uns – mit Eyeliner, viel Wimperntusche und rosa Lippenstift. Wir lachen und blödeln, und ich tue so, als würde ich so etwas jeden Tag tun.

Ich lüge, ich hätte meine Klamotten zu Hause vergessen. Das ist bereits die dritte Lüge. Wie kann sie mir so einen Unsinn bloß abkaufen? Es ist ein Wahnsinnsgefühl, als sie meint, dass ich toll aussehe in dem kurzen Kleidchen und den hübschen Schuhen, die sie mir geliehen hat. Als ich mich im Spiegel anschaue, bemerke ich, dass meine Augen glänzen. Sie leuchten förmlich, wie die von Emma. Und ich weiß, wieso.

Er heißt Adam, ist Emmas jüngster Bruder und knapp zwei Jahre älter als wir. Er ist schüchtern und süß und der erste Junge, der meine Hand hält und im Sonnenuntergang mit mir tanzt. Viel später, als es längst dunkel ist, stehen wir weit hinten im Garten, wo uns keiner bemerkt, und er presst seine weichen Lippen auf meinen Mund.

Ich weiß noch, dass er genau die richtige Größe hatte, so dass sich unsere Lippen berührten, wenn er sich leicht nach vorn beugte und ich ihm das Gesicht entgegenreckte. Er hatte die Ärmel seines Jeanshemds aufgerollt, und sein Haar war zerzaust und hätte dringend geschnitten werden müssen. Als er mich küsste, schien alles ringsum unwichtig zu werden. Ich fühlte mich, als würde ich schweben, so dass ich beinahe meine Lüge vergaß. Erst im letzten Moment fiel sie mir wieder ein, und ich presste mir die Hände an die Schläfen und schloss die Augen. Ließ mich auf den Boden fallen.

»Es tut mir leid, Adam. Mir geht's nicht gut.«

Ich will das alles nicht tun, sondern hierbleiben, bei ihm und den anderen. Die Lüge bringt mich innerlich um.

Mitfühlend sieht er mich an. »Komm, setz dich hin. Ich hole dir ein Glas Wasser.«

Aber ich will nicht, dass er mich allein lässt. »Ist schon okay, ehrlich. Das ist bloß ein Migräneanfall. So was kriege ich manchmal. Am besten ist es wohl, wenn ich nach Hause gehe.«

Ich sage es Emma, erkenne die Enttäuschung in ihrem Gesicht, gefolgt von Mitleid, das ich gar nicht verdiene. Ich sehe die Tränen nicht, die sie vergießt, während sie mir ein Glas Wasser holt. Sie ist traurig, weil ich sie im Stich lasse. Als sie sich Leah Williams anvertraut, meint diese, ich sei komisch und sie hätte sowieso nie verstanden, wie Emma mich überhaupt einladen könne.

Ich nehme Adams Blick nicht wahr, als er mir die Einfahrt hinunterfolgt und ich in den Wagen meines Vaters einsteige, der um Punkt zehn Uhr vorgefahren ist und wie vereinbart gewartet hat.

Ich bekomme nicht mit, wie die Stimmung danach abflaut und schließlich vollends den Bach runtergeht. Stattdessen sitze ich auf dem Beifahrersitz und warte, während mein Vater, beide Hände ums Steuer gekrallt, losfährt.

Er weiß, dass ich warte.

Zehn Minuten vergehen, die sich wie zehn Stunden anfühlen. Er zögert es bis zum letzten Moment hinaus. Ich halte den Atem an, als er, kurz bevor wir zu Hause sind und er in die Einfahrt biegt, voller Verachtung sagt: »Wer war der Junge?«

Der Junge.

»Emmas Bruder.«

Es ist keine Lüge, aber selbst wenn es eine wäre, würde es mich nicht kümmern. Eine Lüge, fünfzig Lügen – wo ist der Unterschied?

Er zögert, während ich aussteige und in aller Seelenruhe reingehe, denn egal, was er tut, wie er mich ansieht, mit welchen Fragen er mich bombardiert – er kann mich nicht zwingen, Dinge zu sagen, die ich nicht sagen will. Das Geheimnis ist tief in meinem Herzen verborgen, dort, wo niemand hinkommt, niemand außer mir. Dort kann ich wieder und wieder seinen Namen sagen, und niemand kann es hören.

Sein Name ist Adam, sage ich stumm, den Blick auf den Rücken meines Vaters geheftet.

Adam. Adam. Adam.

Lügen sind wie Kuchenteig oder bösartige Tumore: Sie werden immer größer. Ich treffe mich mit Adam in der Mittagspause. Und dienstagabends, wenn ich in die Bibliothek gehe und meine Bücher zurückbringe, obwohl ich sie noch gar nicht ausgelesen habe, oder donnerstagabends im Laufclub, auch wenn keiner von uns jemals die Turnschuhe anzieht. Stattdessen gehen wir spazieren.

Ich brauche ein paar Wochen – herrliche Wochen –, um zu begreifen, wie es ist, einem anderen Menschen zu vertrauen. Um herauszufinden, dass er mich nicht grundlos verletzt. Dass er zur verabredeten Zeit auftaucht. Dass nicht alles aus heiterem Himmel und ohne Vorwarnung plötzlich anders ist.

Bis es doch geschieht.

Eines Tages verhält sich Emma mir gegenüber auffallend kühl. Sie setzt sich zu Leah Williams, mit dem Rücken zu mir. Adam ist nicht in der Schule. Am Donnerstag kommt er nicht in den Laufclub.

Das nächste Mal begegne ich ihm zwischen zwei Unterrichts-

stunden. Er kommt im Flur direkt auf mich zu. Erst ein paar Meter vorher hebt er den Kopf und sieht mich. Er erstarrt regelrecht. Mein Herz schlägt schneller, aber dann bemerke ich den kalten, gekränkten Ausdruck in seinen Augen. Feindseligkeit liegt darin, und Enttäuschung. Er macht kehrt und verschwindet, und mit ihm meine Freundschaft mit Emma.

Ich finde nie heraus, was passiert ist, und sage mir, dass alle gleich sind. Die Menschen sind einfach so. Man kann niemandem trauen, darf ihnen nichts glauben, weil sie einen auf kurz oder lang sowieso im Stich lassen.

Aber als ich mich jetzt sehe, wie ich mit gesenktem Kopf dastehe und mir all diese schrecklichen Worte durch den Kopf gehen, erkenne ich, dass ich mich geirrt habe. Sie waren nette, anständige Menschen. Menschen, die es wert gewesen wären, ein Risiko einzugehen. Ich erkenne, dass ich, wäre ich Adam hinterhergelaufen und hätte ihn zur Rede gestellt, die Wahrheit erfahren hätte: Adam auf dem Rückweg von der Bibliothek. Der Wagen, der langsam am Straßenrand entlangfährt, das Fenster, das heruntergelassen wird. Adam, der stehen bleibt. Sein offenes, freundliches Gesicht, als er sich dem Fahrer zuwendet. Sein Mund, der sich öffnet, um ihn zu begrüßen, doch statt die Worte auszusprechen, ist er gezwungen, sich übelste Beschimpfungen und Drohungen anzuhören, ehe der Wagen davonfährt.

Der Wagen meines Vaters.

12

Grace kommt nach Hause, wenn auch nur kurz. Sie ist ein Wirbelwind, so fröhlich, sie lacht so viel. Trotz des unaufhörlichen Nieselregens gehen wir reiten, ich auf Zappa, sie auf Oz. Ihre Wangen sind gerötet, und ihre Augen leuchten, nachdem wir in vollem Galopp durch den Wald gepresst sind. Unweigerlich kommt die Sprache auf Rosie.

»Glaubst du, sie finden den Täter jemals, Mum?«

»Das weiß ich nicht, Grace. Ich hoffe es, denn derjenige muss dafür bestraft werden.«

Aber es geht nicht nur darum. Im Lauf der Zeit verblasst das Entsetzen, und das Ereignis droht in Vergessenheit zu geraten. Neal und Jo, wir alle, das ganze Dorf, die mit Rosies Tod zu kämpfen haben, verdienen es, die Wahrheit zu erfahren.

Als wir zu der Lichtung gelangen, wo Rosies Leiche gefunden wurde, bemerke ich einen Mann. Er steht mit dem Rücken zu uns, so dass ich sein Gesicht nicht erkennen kann. Neal kann es nicht sein, dafür ist der Mann zu groß. Als wir näher kommen, sehe ich, dass er jünger ist und sichtlich erschüttert. Er hat die Arme vor der Brust verschränkt, und seine Schultern beben.

»Was ist hier los?«, fragt Grace. »Wer ist das?«

»Psst. Komm, starr ihn nicht so an.«

Wir reiten vorbei, doch als ich über die Schulter schaue, dreht er sich um. Sein Gesicht ist rot und verquollen vom

Weinen. Unwillkürlich hole ich Luft. Nicht etwa, weil es unangenehm wäre, Zeuge zu werden, wie dieser Mann von seinem Kummer übermannt wird, sondern weil ich ihn kenne.

»Das war Jos Gärtner«, sage ich zu Grace, als wir außer Hörweite sind, »früherer Gärtner, genauer gesagt. Er heißt Alex.«

»Und was macht er hier?«

Ich zucke die Achseln. »Vermutlich will er Rosie nur die letzte Ehre erweisen.«

Allerdings sah es nach weit mehr aus.

»Mum, sie ist schon länger tot. So was tun die Leute doch am Anfang, aber nicht über zwei Monate danach.«

»Nicht unbedingt.« Ich zögere. »Nicht wenn ... Glaubst du, zwischen den beiden könnte etwas gewesen sein?«

»Rosie hätte sich nie mit jemandem wie ihm eingelassen. Außerdem ist er viel zu alt«, wiegelt Grace bestimmt ab.

»Für so was gibt es keine Regeln, Grace. Sie könnten genauso gut enge Freunde gewesen sein. Außerdem war er vielleicht schon öfter hier. Oder wollte bloß sichergehen, dass er allein ist.«

Als Grace wieder fährt, ist der Schmerz nicht mehr ganz so schlimm. Er gleicht eher einem blauen Fleck und nicht mehr einer offenen Wunde, denn bis Weihnachten sind es nur noch ein paar Wochen. Außerdem bin ich mit den Gedanken woanders.

Am nächsten Tag mache ich mich auf die Suche nach Alex. Als ich bei Dans Gärtnerei vorfahre, regnet es in Strömen, und es ist eiskalt, so dass sich die Tropfen wie feine Nadelstiche auf der Haut anfühlen.

»Du kannst ohne uns offenbar nicht leben, was?«, scherzt Dan.

»Hi, Dan! Ich wollte noch ein paar von deinen Tulpenzwiebeln mitnehmen. Sofern du noch welche hast.«

»Weil du's bist. Ich gehe gleich nachsehen.«

Dan verschwindet. Seit meinem letzten Besuch haben sich die Pflanzenbestände sichtlich gelichtet. Als ich nach verborgenen Schätzen Ausschau halte, laufe ich Alex in die Arme.

»Oh, hallo.«

Er wendet den Blick ab. »Hi.«

Erst jetzt wird mir bewusst, dass ich das Ganze nicht richtig durchdacht habe. Wie soll ich ihn auf unsere Begegnung im Wald ansprechen oder nach Rosie fragen, ohne wie eine neugierige Klatschbase zu wirken, die es zwar gut meint, letzten Endes aber nur ihre Nase in anderer Leute Angelegenheiten steckt? Was ich in Wahrheit ja auch tue.

»Ich kannte Rosie auch«, sage ich. »Sie hat gern Zeit mit meinen Pferden verbracht.«

Schweigend hört er mir zu, während ich ihm klarzumachen versuche, dass ich eine Freundin bin. Schließlich sieht er mich an. »Sie hat mir erzählt, dass Sie immer nett zu ihr waren. Bei Ihnen hat sie sich sicher gefühlt.«

Sicher. Eine seltsame Wortwahl.

Mit schmerzerfülltem Blick fährt er fort. »Das hätten Sie mir neulich schon sagen müssen.«

»Ich weiß. Aber ich wusste nicht, dass Sie mehr als nur der Gärtner der Familie waren.« Forschend betrachte ich sein Gesicht, bemerke, wie sein Kiefer sich anspannt. »Ich habe Sie im Wald gesehen, als ich neulich dort reiten war. Mit meiner Tochter.«

Unbehaglich tritt er von einem Fuß auf den anderen.

»Sie und Rosie ...« Ich zögere, wähle meine Worte mit Bedacht.

Er ballt die Fäuste und blickt zum Himmel. Als er mich wieder ansieht, sind seine Augen tränenerfüllt. »Ja, wir waren zusammen. Lange wusste keiner etwas davon. Dann hat Joanna Verdacht geschöpft, und nun ja, sagen wir mal so – sie ging keinerlei Risiko ein. Allein die Vorstellung, ihre Tochter könnte mit der Aushilfe … Nun ja, mehr brauche ich wohl nicht zu sagen, oder?«

Seine Stimme ist erfüllt von Bitterkeit, und obwohl ich Jos Meinung nicht teile, verstehe ich, was es für sie bedeutete. Jeder lebt nun mal in seiner Welt, und in Jos Welt hat jeder seinen Platz, ihre Putzkraft, ihr Gärtner und die Lehrer ihrer Töchter. Sie alle sind anständige Menschen, die sie braucht, aber eben zu ihren Bedingungen.

Kurz schießt mir die Frage durch den Kopf, warum sie mir nichts davon erzählt hat.

»Es tut mir so leid,« behutsam berühre ich seinen Arm, »dass Sie sie verloren haben. Und dass man Sie so behandelt hat.«

Er ringt sichtlich um Fassung. »Ich habe sie geliebt. Und ich ertrage es nicht, was mit ihr geschehen ist. Was für ein Ungeheuer muss man sein, um einem anderen Menschen so etwas anzutun? Jemandem wie ihr …«

»Haben Sie mit der Polizei gesprochen?«

»Sie haben mich befragt, gleich nachdem man sie gefunden hat. Sie wollten wissen, wie lange ich für die Andersons gearbeitet habe, solche Dinge.«

»Also wussten sie Bescheid? Über Sie und Rosie?«

Alex versteift sich. »Ich habe nichts Falsches getan. Es gab keinen Grund, weshalb sie es erfahren sollten. Außerdem wäre es nicht gut.«

»Was meinen Sie damit?«

Er zögert und fährt wütend fort: »Wollen Sie das wirklich wissen? Leute wie diese verdammten Andersons schieben am liebsten den anderen die Schuld in die Schuhe, Menschen wie mir. Weil sie ja so viel besser sind als ich. Zumindest glauben sie das ...« Er schüttelt den Kopf. »Aber die Wahrheit ist, das Neal ein echter Kotzbrocken ist. Rosie hat ihn gehasst, solange sie denken konnte. Er ist ein Kontrollfreak der schlimmsten Sorte, Kate. Sie würden nicht glauben, was für Geschichten sie mir erzählt hat. Es würde mich nicht wundern, wenn er etwas damit zu tun hätte.«

Seine Worte schockieren mich. Und dann fällt mir wieder ein, was Jo mir erzählt hat. Dass er und Neal sich nicht verstanden hätten. »Das sind ziemlich schwere Anschuldigungen, Alex. Wie um alles in der Welt kommen Sie darauf?«

»Rosie hatte Streit mit ihrem Vater. Am Tag, bevor sie verschwunden ist. Er wollte verhindern, dass sie das Haus verlässt und sich mit jemandem trifft. Sie schrie ihn an, sie hätte die Nase voll von ihm und der Art, wie er sie behandeln würde, und wenn er nicht damit aufhören würde, würde sie ausziehen und nie wieder ein Wort mit ihm reden. Daraufhin ist er komplett ausgeflippt.«

»Sie müssen all das der Polizei erzählen, Alex. Sie gehen der Sache auf den Grund. Aber alle Eltern liegen sich mal mit ihren Kindern in den Haaren, wenn sie im Teenageralter sind.« Ich denke an meine eigenen übertriebenen Beschützerinstinkte und Grace' Unabhängigkeitserklärungen und hitzigen Aufstände. »Das ist ganz normal. Im Eifer des Gefechts sagt mal schnell einmal etwas, das man nicht so meint.«

»Das stimmt, aber Rosie hat nie die Nerven verloren. Nie. Sie hat mir erzählt, sie hätte sich noch kein einziges Mal gegen ihn durchgesetzt. Es sei denn, er hätte es aus irgendwelchen kranken Gründen gewollt. Er kontrolliert diese Familie, Kate. Sie alle, sogar seine Frau, jeden einzelnen Muckser, den sie von sich geben. Sie dürfen ohne seine Erlaubnis noch nicht mal atmen. Der Mann ist ein Psychopath.«

Ich kann ihm immer noch nicht recht glauben. »Streit ist eins, Alex, aber dass Neal ein Mörder sein soll ...«

Die Heftigkeit seines Ausbruchs und seine Vorwürfe machen mich fassungslos. Ich war so oft bei den Andersons, aber kein einziges Mal ist mir etwas aufgefallen. Erst dann dämmert mir, dass er so aufgebracht ist, weil das Mädchen, das er geliebt hat, tot ist. Das sieht jeder. Und ebenso wie die Andersons braucht auch er um jeden Preis jemanden, den er dafür verantwortlich machen kann.

»Ich behalte den Kerl im Auge«, erklärt Alex. »Das ist mein voller Ernst.«

»Sind Sie sicher, dass Sie sich nicht täuschen? Neal ist ein bemerkenswerter Mann.« In dem Moment registriere ich, dass das Jos Worte sind, die mir mühelos über die Lippen kommen. »Er macht sich große Sorgen um seine Frau und würde alles für seine Familie tun.«

»Genau. Alles. Absolut alles.«

Rosie

Florida ist riesig. Die Strände sind kilometerlang und der Himmel endlos und gleichzeitig so nah, dass man glaubt, man bräuchte bloß die Hand auszustrecken, um ihn zu berühren.

So einen Urlaub macht man nur einmal im Leben, sagt Mummy. Wir werden ihn für immer in Erinnerung behalten, weil er so viel schöner ist als all die anderen Urlaube. Nicht jeder darf erster Klasse fliegen, erklärt sie uns, als wir beim Einsteigen nach links und nicht wie sonst nach rechts abbiegen. Ich lächle die Stewardessen an und sage »Danke«, allerdings bekomme ich nicht mit, wie sie hinter meinem Rücken vielsagende Blicke tauschen, als mein Vater einsteigt, ebenso wenig wie ihr Getuschel über dieses Arschloch von Fernsehreporter, der ein Upgrade eingefordert hat und Nein als Antwort nicht akzeptieren wollte.

Der Flug ist wunderbar, ein Traum, purer Luxus, den ich in vollen Zügen genieße, bis die Maschine zur Landung ansetzt und uns unserem Abenteuer näherbringt.

Mein und Dellas Zimmer hat zwei breite Betten und bietet einen Ausblick auf den Cocoa Beach. Wir besuchen das Space Center und Disney World, gehen in Einkaufszentren shoppen und essen in neonbeleuchteten Restaurants, in denen das Leben tobt. Della und ich mieten uns Wellenbretter, die uns im Affenzahn auf gewaltigen Wellen an den Strand spülen.

Und während meine Haut immer dunkler und mein Haar noch blonder wird, spüre ich, wie sich meine Stimmung allmählich hebt. Meine Mutter ist bildschön, mein Vater attraktiv, meine kleine

Schwester überglücklich, und ein paar Tage lang können wir einfach wir sein, fernab vom Alltag und unseren Problemen.

Wir sehen meinem Vater beim Wasserskilaufen zu, was er natürlich perfekt beherrscht. Danach plaudert er mit dem Bootspiloten, einem Typen namens Ed. Er zwinkert mir zu und drückt meinem Vater eine Visitenkarte in die Hand, die er flüchtig ansieht, ehe er sie in seiner Hosentasche verschwinden lässt.

Unser Urlaub ist wie ein Monitor im Krankenhaus, auf dem zuerst die Ausschläge eines Herzinfarkts aufgezeichnet werden, bevor sie zur Nulllinie ersterben. Genau das passiert am Ende der ersten Ferienwoche. Aber erst jetzt erkenne ich, wie sich der Wandel bereits im Vorfeld abgezeichnet hat: Mein Vater, ständig mit einem Drink in der Hand, seine Ruhelosigkeit und Langeweile, weil er nicht daran gewöhnt ist, so viel Zeit mit seiner Familie am Stück zu verbringen, seine Sucht nach dem Kitzel, der Gefahr. Der Traum ist ausgeträumt.

Zum Glück dreht jemand den Monitor weg, so dass ich ihn nicht zu sehen brauche, sondern nur meine Eltern, wie sie sich abends in Schale werfen – meine Mutter in einem neuen schwarzen Abendkleid, frisch vom Hotelfriseur und mit toffeefarbener Bräune, mein Vater elegant im Dinnerjacket.

Della und ich winken ihnen hinterher und können es kaum erwarten, uns einen Film im Pay-TV anzuschauen und beim Roomservice Abendessen zu bestellen, wofür wir fast eine Stunde brauchen, weil wir uns ewig nicht entscheiden können.

Als wir mit unseren Riesenpizzen auf dem Balkon sitzen und auf die Atlantikwellen blicken, in denen wir am Nachmittag gespielt haben, sehe ich das teure Restaurant vor mir, wo meine Eltern jetzt sitzen, den teuren Wein, den mein Vater bestellt, nicht weil er etwa ein Liebhaber guter Tropfen wäre, sondern weil er nun mal angeben muss. Nach dem Essen geht er zum Whiskey über. Ich sehe das Casino im Obergeschoss, wo er rücksichtslos die Urlaubskasse verspielt, im felsenfesten Glauben, dass man Verluste wettma-

chen kann, indem man so lange weiterspielt, bis die nächste Glückssträhne kommt, selbst wenn man dadurch das Bankkonto plündert.

Ich sehe meine Mutter, die ihn zu überreden versucht, endlich aufzuhören, ehe sie resigniert in ein Taxi steigt, das sie nicht bezahlen kann, und die Kosten plus Extragebühr stattdessen auf die Hotelrechnung setzen lässt. Ich sehe ihren besorgten Blick, als sie sich fragt, woher sie das Geld für die Rechnung und all die anderen Kosten nehmen sollen, die bis zur Abreise in einer Woche noch anfallen.

In den frühen Morgenstunden kehrt er ins Hotel zurück, mit zerknittertem Hemd voller Lippenstiftspuren und nach Whiskey stinkend. Er fällt ins Bett, wo meine Mutter sich stundenlang hin und her geworfen hat, während er in den totenähnlichen Schlaf der Gerechten fällt.

Meine Mutter, frisch geduscht und makellos geschminkt, kommt in unser Zimmer und zieht die Vorhänge zurück.

»*Los, lasst uns frühstücken gehen, Mädels, und danach gehen wir an den Strand. Daddy kann so lange ausschlafen.*«

»*Dürfen wir uns Boards ausleihen?*«*, fragt Della.*

»*Natürlich.*« *Sie sieht uns an und schafft es unter Aufbietung all ihrer Kräfte, ein Lächeln auf ihr Gesicht zu zaubern, obwohl ihr Ehemann sie betrügt und sie krank vor Sorge ist.*

»*Die Sonne scheint, Mädels. Schon wieder ein perfekter Tag.*«

Und der Tag ist tatsächlich perfekt – weil wir nur zu dritt sind. Wir erleben Daddys Kater nicht mit, die Tabletten, die er schluckt, um halbwegs auf die Beine zu kommen, und all die hektischen Anrufe, um schnell ein paar Aktien zu verkaufen und wieder liquide zu sein. Am späten Nachmittag gesellt er sich zu uns, legt Mum die Hand auf die Schulter und verkündet, dass wir heute Abend schön essen gehen werden.

Wir bemerken weder ihr angstvolles Gesicht, noch ahnen wir, dass sie ein flaues Gefühl im Magen hat, hören nicht, wie sie ihn fragt, als sie allein sind: »*Neal, wovon, um alles in der Welt, sollen wir das bezahlen?*«

Er beantwortet die Frage nicht, schüttelt nur den Kopf und lacht, ein grausames, freudloses Lachen.

Sie fragt ihn noch einmal, später, nach dem Essen, das sie vor Sorge kaum angerührt hat.

Diesmal lacht er nicht, sondern holt aus und schlägt sie ins Gesicht. Er trinkt noch mehr Whiskey, während sie ins Badezimmer taumelt und sich dabei den Kopf an der Tür stößt.

Am nächsten Tag ist es mein Vater, der uns weckt und die Vorhänge zurückzieht.

»Ihr könnt euch beim Zimmerservice Frühstück bestellen, und später gehen wir an den Pool.«

Della und ich streiten, was wir nehmen sollen, und entscheiden uns schließlich für Erdbeeren, Croissants und heiße Schokolade, dann ziehen wir unsere Badeanzüge an.

Im Aufzug unterhält sich mein Vater mit einer Familie. Er spricht mit einem aufgesetzten amerikanischen Akzent, der Della immer zum Kichern bringt. Dann gehen die Türen auf, und wir treten hinaus in den Sonnenschein, unter diesem endlosen blauen Himmel, in eine Welt, die sich nicht mit unserer vergleichen lässt. Die Luft hier riecht völlig anders.

Ich blicke nicht nach oben, wo Mummy im Zimmer sitzt und vor Schmerz zusammenzuckt, als sie vorsichtig ihr Make-up aufträgt. Sie schlüpft in weite Kleider mit langen Ärmeln, unter denen der Sonnenbrand, aber auch die blauen Flecken nicht zu erkennen sind. Und sie trägt die Sonnenbrille, hinter der niemand ihre Tränen sieht.

13

Alex geht mir nicht mehr aus dem Kopf. Ich habe mir immer vorgestellt, dass Rosies Beziehung zu ihrem Freund von Wärme, starken Armen und liebevollen Blicken geprägt ist, und nicht von unverhohlener Feindseligkeit und Verbitterung.

»Tut mir leid, aber ich kann ihn einfach nicht leiden.« Laura und ich sitzen bei Rachael in der Küche. Trotz des hohen Anteils männlicher Familienmitglieder ist keineswegs garantiert, dass sie pünktlich ein Mittagessen auf den Tisch bringt, aber wir haben Glück, denn sie serviert uns eine selbst gekochte Suppe, knuspriges Brot und ein großzügiges Stück Käse.

»Wieso denn nicht?«, fragt Rachael und schöpft die Suppe in die Schalen.

»Genau. Wieso nicht, Kate?« Lauras Neugier scheint geweckt zu sein.

»Er war schrecklich wütend, was ich auch verstehe. Aber da war noch etwas anderes ... eine Aggressivität. Ich kann mir ihn und Rosie beim besten Willen nicht als Paar vorstellen. Er scheint eine enorme Wut in sich zu haben und macht den Eindruck, als könnte er ziemlich unangenehm werden, wenn man ihn reizt. Beschwören kann ich es natürlich nicht ... es ist nur so ein Gefühl.«

Ich rudere zurück, will nicht, dass mein subjektiver Eindruck die Fakten verfälscht. »Eigentlich hätte ich ihn gern nach der Halskette gefragt, habe mich aber nicht getraut.«

»Vielleicht nächstes Mal«, sagt Rachael fröhlich und stellt die Suppenschalen vor uns auf den Tisch.

»Ehrlich gesagt bin ich nicht sonderlich scharf auf ein nächstes Mal. Und vor Neal hat er mich auch gewarnt.«

»Was?« Zwei Augenpaare richten sich auf mich.

»Ja. Er meinte, Rosie hätte ihn gehasst. Ihr hättet ihn hören sollen. Er kann Neal nicht ausstehen.«

»Weiß die Polizei davon? Von ihm und Rosie, meine ich?« Laura klingt ein wenig besorgt.

»Ich denke schon. Ich habe ihm erklärt, dass es vermutlich besser ist, wenn sie es von ihm selbst und nicht von anderen erfahren.« Aber sicher bin ich nicht. Alex wirkte nicht gerade überzeugt, und kurz danach war unser Gespräch zu Ende.

»Schwer zu sagen, wem man glaubt«, meint Laura. »Die nettesten Leute haben manchmal die schlimmsten Geheimnisse.«

Rachael und ich schauen sie an.

»Seht mich nicht so entsetzt an. Ihr wisst doch selbst, dass das so ist. Wir alle lassen uns vom ersten Eindruck leiten, aber häufig genug liegen wir komplett daneben.«

Doch egal, wie häufig ich Alex' Worte im Geiste immer wieder durchgehe, kann ich mein Unbehagen nicht abschütteln. Natürlich hat alles zwei Seiten. Ein paar Tage danach treffe ich Laura wieder. Da sich die Ermittlungen noch länger hinziehen werden, ist sie in eines von Rachaels und Adams Ferienhäuschen in der Nähe der Farm gezogen.

»Zauberhaft ist es hier.« Ich liebe dieses kleine Steinhäuschen mit der herrlichen Aussicht, das oft viel zu lange leer steht.

»Ich auch, aber der Garten macht mir ein bisschen Sorgen«, erwidert Laura. »Wenn die Pflanzen erst mal anfangen zu wachsen, kriege ich vermutlich die Tür nicht mehr auf.«

»Bis zum Frühling passiert nichts. Bis dahin sollte der Fall bestimmt gelöst und du wieder zu Hause sein.«

»Ja, vermutlich. Komm, ich zeige dir alles. Es ist wirklich niedlich.«

Nachdem sie mich durch die fünf Zimmer geführt hat, macht sie Tee, den wir im Wohnzimmer vor dem Kamin trinken.

»Ich muss dich etwas fragen.« Besorgnis schwingt in ihrer Stimme mit.

Ich höre Angus' Stimme: *Du hast dich viel zu sehr in diese Geschichte hineinziehen lassen.*

Ich denke an Alex' unverhohlene Wut.

Und an Rosie, deren Stimme durch den Sturm hallt, als sie meinen Namen ruft.

»Nachdem du mit Alex gesprochen hast, war ich bei den Andersons. Neal weiß, weshalb ich hier bin, und ich habe ihm gesagt, dass ich gern helfen würde, Licht ins Dunkel zu bringen und Rosies Fall aufzuklären. Ich war nicht sicher, wie er reagieren würde, aber sie haben mich hereingebeten. Wir haben uns unterhalten. Darüber, wie isoliert sie sich als Familie gefühlt haben und wie frustrierend es war, dass es keinerlei Tathinweise gab. Sie war tieftraurig. Neal auch, aber er war trotzdem charmant. Die beiden machen einen völlig normalen Eindruck auf mich. Wie eine Familie, die zusammenhält. Oder irre ich mich? Übersehe ich etwas?«

»Nein, ich denke nicht. Ich glaube, Alex ist wütend und unsachlich, weil die Andersons ihn nicht mit offenen Armen empfangen haben. Und natürlich auch wegen seines Verlusts.«

»Ich habe auch mit Joanna allein gesprochen. Sie hält offenbar große Stücke auf Neal. Ein bemerkenswerter Mann, so hat sie ihn genannt. Was meinst du dazu?«

Ich schüttle den Kopf. »Genau dasselbe sagt sie zu mir auch immer.«

»Ah, okay. Nun ja, ein Durchschnittstyp ist er jedenfalls nicht, was? Ich habe mich auch mit Delphine unterhalten. Ein merkwürdiges Mädchen, findest du nicht auch? Es ist mir nicht gelungen herauszufinden, was in ihr vorgeht. Ich habe sie mehrmals nach ihrer Familie gefragt, und sie sagte immer nur, wie froh sie sei, so liebevolle Eltern zu haben.«

»Mit mir hat sie kaum ein Wort gewechselt.«

»Das war so ziemlich das Einzige, was ich aus ihr herausbekommen habe. Daher ...« Sie trinkt einen großen Schluck Tee. »Das Problem ist Folgendes: Joanna hat erzählt, eine Woche vor ihrem Verschwinden hätte Rosie ihr gesagt, dass mit Alex Schluss sei. Es hätte Ärger deswegen gegeben. Nichts Ernstes, nur hätte Alex sich ein bisschen zu sehr reingehängt. Offenbar war er bei den Andersons, aber Joanna hat sich wohl geweigert, ihn ins Haus zu lassen, weil Rosie ihn nicht mehr sehen wollte. Das wollte er nicht akzeptieren, wurde wütend und drohte ihr. Aber irgendwann ging er doch, und das war's dann.«

Ich runzle die Stirn. »Ich wünschte, sie hätte es mir gesagt. Jetzt, nachdem ich ihm begegnet bin, klingt das durchaus plausibel für mich. Allerdings hat er mir etwas völlig anderes erzählt. Ihm zufolge hatten Rosie und Neal Streit, und Rosie hat gedroht, von zu Hause auszuziehen.«

Laura schüttelt den Kopf. »Wem soll man glauben? Natürlich bedeutet das nicht zwangsläufig, dass er auch der Mörder ist. Außerdem hat er ein Alibi. Er kann es nicht getan haben. Also bin ich zu den Nachbarn gegangen.«

»Die kenne ich noch nicht mal«, sage ich.

»Es war ganz interessant. Sie würden die Andersons kaum kennen, meinten sie, bloß vom Sehen. Aber eines Morgens, wenige Tage vor Rosies Verschwinden, hätten sie laute Stimmen gehört. Ein Mann und eine Frau, die sich angeschrien haben. Sie dachten, es sei Joanna. Der Mann brüllte irgendetwas, dass er sie sehen wolle, einen Namen hat er aber nicht genannt. Und die Frau hat zurückgeschrien.«

War es Neal? Oder Alex? Spielt das überhaupt eine Rolle?

»Neal war weg.« Laura scheint meine Gedanken gelesen zu haben. »Was die Frage aufwirft, ob es Alex war, was halbwegs plausibel wäre. Und ich stimme dir zu. Auch ich finde es seltsam, dass Joanna dir nichts davon erzählt hat.«

Aber inzwischen kenne ich Joanna ein wenig besser, daher ist es nicht allzu ungewöhnlich. »Ich weiß, wie sie tickt. Für sie war die Vorstellung, ihre Tochter könnte mit dem Gärtner zusammen sein, absolut indiskutabel. Alex hat dasselbe gesagt. Jo fand, er sei ihrer nicht würdig. Außerdem hat sie mich im Grunde nicht angelogen. Als ich mit ihr geredet habe, war es längst vorbei zwischen den beiden.«

Mir fällt die Halskette wieder ein. »Aber einen Punkt gibt es noch. Wenn Alex ihr tatsächlich diese Kette geschenkt hat, hätte Rosie sie wohl kaum getragen, nachdem sie sich getrennt hatten.«

Nachdenklich blickt Laura mich an. »Du meinst die Kette, die sie am Abend ihres Verschwindens trug? Sie wurde nie gefunden.«

»Genauso wenig wie die Mordwaffe.« Was nur schwer zu glauben ist, nachdem die Polizei praktisch das ganze Dorf abgesucht hat und sämtliche Bewohner die Augen offen halten.

Unsere Blicke begegnen sich. »Das ist alles sehr merkwürdig, findest du nicht auch?«

Seit Jos Ausbruch bin ich ihr nur flüchtig auf der Straße begegnet. Nicht dass ich es ihr übelnehmen würde, aber Angus' Worte stimmen mich nachdenklich: *Keiner von uns kann nachvollziehen, wie sie sich wirklich fühlt.*

Das ist mir klar. Trotzdem will ich nicht als Mahnung herhalten müssen, dass meine Tochter noch am Leben ist. Aber wenn sie meine Freundschaft möchte, werde ich sie mit offenen Armen empfangen.

Als hätte sie meine Gedanken gelesen, ruft sie mich an diesem Abend zerknirscht an.

»Kate, es tut mir leid, dass ich mich so lange nicht gemeldet habe. Ich war unmöglich zu dir. Es war ein fürchterlicher Tag, eine fürchterliche Zeit. Kannst du mir verzeihen?«

»Oh, Jo, da gibt es nichts zu verzeihen.« Was sie mir auch immer an den Kopf geworfen hat, es muss sie all ihre Kraft kosten, sich jeden Morgen aufzuraffen und den Tag zu überstehen.

»Doch, Kate. Du warst so nett zu mir, und ich habe mich gehen lassen. Es tut mir aufrichtig leid«, sagt sie kleinlaut.

Neals Worte über Schuldgefühle kommen mir wieder in den Sinn. Und meine eigenen, wenn auch noch so irrationalen Gewissensbisse, weil ich sie mit ihrem Kummer allein gelassen habe, sind so groß, dass ich ihr alles verzeihe.

Es ist Jos Idee, sich auf neutralem Boden zu verabreden. Also verabreden wir uns im Green Man, einem Pub am Rand des Dorfes.

»Wie schön, dass wir uns treffen, Kate. Du siehst gut aus.« Strahlend und mit ungewohnter Herzlichkeit umarmt sie mich.

»Hi! Du auch!«

Ihre Überschwänglichkeit erstaunt mich ebenso wie die Tatsache, dass sie blendend aussieht. Sie wirkt jünger, ist sehr schlank und ihr Haar länger. Nachdem sie wochenlang am Boden zerstört war, scheint es nun endlich wieder aufwärtszugehen. Wenn man sie sieht, würde man nie im Leben darauf kommen, was sie durchgemacht hat.

»Ich wollte mich unbedingt bei dir bedanken, Kate, aus tiefstem Herzen, für deine Freundschaft. Ohne dich ...«

»Ist schon gut, Jo. Das habe ich doch gern getan. Ehrlich.« Es macht mich ein wenig verlegen, weil es nicht der Grund ist, weshalb ich hier bin. Ich gehe voran an die Bar, wo wir uns etwas zum Mittagessen bestellen. Jo besteht darauf, die Rechnung zu übernehmen. Danach setzen wir uns an einen Tisch am Fenster.

»Als du letztes Mal bei mir warst, als ich dich so angeschrien habe, war mir auf einmal alles zu viel. Es tut mir so leid, dass du das abbekommen hast«, platzt Jo heraus, kaum dass wir uns hingesetzt haben.

»Ist schon gut«, beteuere ich. »Ich verstehe das doch.« Ich hole tief Luft. »Ich habe von dem Ärger mit Alex gehört. Es muss so ziemlich das Letzte gewesen sein, was du gebraucht hast.«

Ihre Augen weiten sich, dann schüttelt sie den Kopf. »Ich habe versucht, nicht darüber nachzudenken. Vermutlich redet längst das ganze Dorf darüber.«

Ich erwidere nichts darauf. »Ich weiß ja, dass die Leute gern klatschen«, fährt sie fort, »aber es war nichts Ernstes. Nur eine Schwärmerei. Du weißt doch, wie Teenager sind. Heute dieser, morgen jener. Rosanna war längst über ihn hinweg und hat sich auf die Uni vorbereitet …«

Eine einzelne Träne rollt ihr über die Wange. Ich berühre ihren Arm. Sie ringt sich ein Lächeln ab, aber ich bemerke die Traurigkeit in ihren Augen.

»Es gibt keine Entschuldigung dafür, wie ich mich dir gegenüber benommen habe«, sagt sie leise. »Aber ich hatte solche Angst, Kate. Es war, als hätte ich auf einmal die Kontrolle über alles verloren.« Sie hält inne. »Ich habe weder dir noch sonst jemandem erzählt, dass ich letztes Jahr schwer krank war. Ich habe wohl Probleme damit, mit allem klarzukommen. Ich habe zu viel getrunken, und am Ende bin ich in einer Entzugsklinik gelandet. Inzwischen geht es mir besser.

Ich trinke nicht mehr, zumindest nicht mehr so viel wie damals, aber nach Rosanna … Nun ja, Neal hat es dir ja erzählt, oder? Dass ich eine Weile weg war. Ich konnte einfach nicht mehr klar denken. Ich habe diese Tabletten genommen, nur damit ich irgendwie weitermachen kann. Aber jetzt nehme ich sie nicht mehr. Zumindest im Moment nicht.«

Das habe ich mir beinahe gedacht, und in gewisser Weise erklärte es ihre tonlose Stimme und die scheinbare Gefühllosigkeit, mit der sie über Delphine gesprochen hat.

»Das muss alles sehr schwer für dich sein, Jo. Aber bestimmt geht es dir jetzt schon ein bisschen besser, nachdem du sie abgesetzt hast.«

Sie seufzt. »Ja, mehr oder weniger. Durch sie wird der Schmerz gedämpft. Er verliert an Schärfe, und das Unerträgliche wird ein wenig erträglicher, aber sobald man sie absetzt, wird es anstrengend. Der Schmerz ist immer noch da, und man muss sich ihm stellen. Von allein geht er nicht weg.«

»Vor mir brauchst du ihn nicht zu verstecken«, sage ich und frage mich, was ihren Ausbruch damals ausgelöst hat. »Oder dich dafür zu entschuldigen. Du hast jedes Recht, wütend oder gekränkt oder sonst etwas zu sein. Du darfst mich auch anschreien. Okay?«

Sie blickt auf ihre glatten, schmalen Hände, die kaum merklich zittern. »Zu Hause ist es wesentlich schwieriger. In der Klinik war es einfach, weil ich all die Leute um mich hatte, die mich verstanden. Jeder von ihnen hat ein traumatisches Erlebnis hinter sich, aber jetzt bin ich wieder allein und muss die Finger davon lassen …«

»Du bist nicht allein, Jo. Du hast mich. Und Neal.«

Sie nickt. »Das weiß ich.«

Wir essen – besser gesagt, ich esse, wohingegen Jo meint, ihr Essen sei nicht besonders lecker, aber ich solle mir keine Gedanken machen, sie hätte ohnehin keinen großen Hunger.

»Wie geht es eigentlich Delphine?«, frage ich schließlich. »Sie muss dich schrecklich vermisst haben.«

Jos Miene verändert sich. »Sie war so lange bei einer Schulfreundin. Du erinnerst dich bestimmt daran, dass ich gesagt habe, sie sei ein sehr starkes Mädchen, oder? Na ja, inzwischen bin ich mir da nicht mehr so sicher. Ich sollte mit ihr reden, oder? Ich war ihr keine große Hilfe.«

Ich bin sehr erleichtert über ihre Einschätzung, denn würde Grace ihre Gefühle so unter den Teppich kehren und sich vollkommen in sich zurückziehen, würde ich mir gewaltige Sorgen um sie machen, obwohl sie ein gutes Stück älter und reifer ist als Delphine.

»Du solltest dir deswegen keine Vorwürfe machen, aber trotzdem wachsam bleiben. Es ist eine enorme Last für so ein junges Mädchen.«

»Ich weiß. Und du hast vollkommen recht. Aber jeder hat seine eigene Art, damit umzugehen. Und Delphine verhält sich immer so. Wenn ihr etwas zu viel wird, zieht sie sich in sich selbst zurück. Vermutlich ist dir schon aufgefallen, dass ich genau dasselbe tue.«

Das ist wahr. Ich habe häufig beobachtet, wie verschlossen Jo ist, allein mit ihren Gedanken, niemand kommt dann an sie heran.

»Und Neal?«

Ihre Züge erhellen sich. »Oh, ihm geht es gut, sogar sehr gut. Ich habe völlig vergessen zu erzählen, dass er für eine Auszeichnung nominiert wurde und am Freitag zu einer Gala eingeladen ist, bei der auch ganz viele Stars erwartet werden. Sogar ein Vertreter des Königshauses, wenn man den Gerüchten glauben darf. Jedenfalls verbringen wir das Wochenende in London, mit 5-Sterne-Luxushotel und allen Schikanen. Ich kann es kaum erwarten!«

»Wow, das ist ja Wahnsinn! Ich liebe London in der Vorweihnachtszeit ... durch die Geschäfte zu bummeln, und alles ist so schön erleuchtet. Was wirst du anziehen?«

Sie sieht sich kurz um, dann beugt sie sich mit verschwörerischer Miene vor. »Ich habe mir extra ein Kleid schneidern lassen«, flüstert sie. »Es hat ein Vermögen gekostet, aber das ist es mir wert. Es ist grün, schmal, aber nicht zu eng geschnitten, aus einem fließenden Stoff.« Ihre Augen leuchten. »Sie würde wollen, dass wir feiern.«

Ich habe eine Idee. »Wieso kommt Delphine nicht so lange zu uns?«

Ein eigentümlicher Ausdruck tritt in Jos Augen, als hätte sie gar nicht richtig zugehört. »Danke, aber sie übernachtet bei ihrer Freundin«, sagt sie.

Ich war immer der Ansicht, eine Freundschaft bestehe nicht nur darin, dass man sich Dinge anvertraut, sondern auch, dass manches unausgesprochen bleibt, weil der andere sich selbst einen Reim darauf machen kann. Wie innig ist unser Verhältnis eigentlich? Natürlich unterstütze ich Jo, doch gleichzeitig enthalte ich ihr wichtige Details vor, wie Grace' Kurzbesuch zu Hause, meine Begegnung mit Alex und meine Gespräche mit Laura über Rosie. Diese Dinge, von denen ich zum Teil noch nicht einmal Angus erzählt habe, kann ich ihr nicht sagen.

Wir trinken noch einen Kaffee, bevor wir aufbrechen.

»Ich wünsche dir und Neal ein wunderschönes Wochenende. Du hast es dir wirklich verdient.« Ich gebe Jo einen Kuss auf die Wange.

»Danke. Wir werden es genießen! Und komm doch bald mal vorbei, dann erzähle ich dir alles.«

Ich nicke. Ich sehe mich bereits auf ihrem nagelneuen Sofa sitzen, wo ich ein klein wenig neidisch ihrer Schilderung lausche: Jo in ihrem neuen Abendkleid, mit der Prominenz auf Du und Du. Immer lächelnd und doch stets mit den Gedanken bei ihrer Tochter und daran, nicht rückfällig zu werden und die Finger von den Tabletten zu lassen. Unwillkürlich sehe ich einen strahlenden Stern vor mir, der alle mit seiner Leuchtkraft blendet und ein letztes Mal aufblitzt, ehe er unwiederbringlich implodiert.

Meine Gedanken wandern zu Jo, als ich am Freitagabend gegen sieben am Dorfladen vorbeikomme und eine schlanke Gestalt auf dem Bürgersteig bemerke. In dem Moment, als ich an ihr vorbeifahre, tritt sie auf die Straße. Ich steige voll auf die Bremse und komme glücklicherweise gerade noch rechtzeitig zum Stehen.
    Ich springe aus dem Wagen, um diesem Idioten ordentlich die Meinung zu geigen. Und bleibe abrupt stehen, als ich erkenne, wer vor mir steht.

Rosie

Es ist ein nebliger Herbsttag, und Rauchschwaden von verbrennenden Blättern hängen in der Luft. Ich bin aufgeregt, weil Mummy mit mir und Della zuerst shoppen und anschließend Mittag essen gehen will.

Wir fahren in ein riesiges Einkaufszentrum, wo es nach Popcorn und Kaffee aus dem Starbucks duftet. Im Hintergrund läuft Musik, und alles ist wunderschön erleuchtet, ich komme mir vor, als wäre ich in einer Märchenwelt. Als wir an den Läden vorbeigehen, stelle ich mir vor, ich würde hier wohnen, jeden Tag andere Sachen anziehen, all die Schuhe anprobieren, Pizza und Marshmallows essen und in den breiten, weichen Betten in den Schaufenstern schlafen.

Wir gehen in den Disney-Laden, wo Mummy Della eine Minnie-Mouse-Figur kauft, als Ersatz für die, die mein Vater ihr weggenommen hat, als er wütend auf sie war. Dann gehen wir ins Kino. Sie kauft uns ein Eis, und wir sitzen in tiefen Sesseln, die dieselbe Farbe haben wie Blut.

Danach müssen wir für Daddy Geburtstagsgeschenke kaufen. Etwas ganz Besonderes, das wir gemeinsam aussuchen. Das macht ihn bestimmt glücklich, meint sie. Es wäre doch toll, wenn wir ihm einen besonders schönen Geburtstag bescheren würden. Wir besorgen die Geschenke, die wir zu Hause hübsch einpacken, mit großen bunten Schleifen.

Mummy kocht ein ausgefallenes Abendessen, das sie sich schon ewig im Voraus überlegt hat. Sie sagt Della und mir, welche Kleider wir anziehen sollen, und bläut uns ein, dass wir ihn auf keinen Fall ärgern dürfen. Ausgerechnet an diesem Tag kriege ich einen Brief wegen des Skilagers von der Schule mit nach Hause. Ich weiß noch, dass ich unbedingt mitfahren wollte und es kaum erwarten konnte, Mummy davon zu erzählen. Aber noch bevor ich ihn ihr zeigen kann, kommt sie die Treppe herauf in unsere Zimmer.

»Los, zieht euch um«, flüstert sie. »Dann kommt runter, damit wir Daddy die Geschenke überreichen können. Das Dinner wird superlecker! Und bitte, Mädchen, zeigt euch von eurer besten Seite.«

Mir ist klar, was das bedeutet: keine Scherze und nur sprechen, wenn wir ausdrücklich dazu aufgefordert werden. Mein Mut sinkt, denn wenn ich ihr nicht vom Skilager erzähle und mich morgen in die Liste eintrage, sind alle Plätze weg. Trotzdem tue ich, was sie verlangt. Ich schlüpfe in das marineblaue Trägerkleid und die Spitzenbluse, die sie für mich herausgesucht hat, obwohl sie weiß, dass ich beides nicht gern trage. Später, bei der nächsten Gelegenheit, werde ich sie fragen.

Della kommt herein.

»Du siehst so hübsch aus«, sage ich zu ihr. Sie trägt dasselbe Kleid wie ich, nur in Rosa und mit kleinen Schmetterlingen drauf. »Soll ich dir die Haare machen?«

Della nickt und setzt sich auf mein Bett. Ich bürste ihr die Knoten aus dem Haar und binde es mit einem silbernen Haarband zu einem Zopf zusammen. Dann gehen wir nach unten und setzen uns leise aufs Sofa.

Mein Vater sitzt mit der Zeitung in seinem Sessel gegenüber und sieht nicht auf. Neben ihm steht ein Glas Whiskey.

»Mädels?«, sagt Mummy. »Wolltet ihr nicht etwas sagen?«

Ich schaue Della an. Was meint Mummy?

»Los …« Ein sorgenvoller Ausdruck tritt auf ihr Gesicht. »A-lles Gu-te …«

»Alles Gute zum Geburtstag, Daddy«, sagt Della, und ich mache ebenfalls den Mund auf. »Alles Gute zum Geburtstag.«

Nun sieht er tatsächlich auf und mustert uns.

»Danke«, sagt er leise.

»Möchtest du jetzt gern deine Geschenke aufmachen, Schatz?«, fragt Mummy, wobei mir auffällt, wie sorgfältig auch sie sich zurechtgemacht hat. Sie trägt eines ihrer Cocktailkleider, ihre goldene Halskette und Brillantohrringe und duftet nach Parfum.

»Oh ja, bitte«, ruft er mit dieser aufgesetzt fröhlichen Stimme, so wie jedes Jahr. »Ich liebe Geschenke!«

Ich sitze da, beobachte, wie Della ihm die pelzbesetzten Handschuhe überreicht, die sie für ihn ausgesucht hat, und warte nur darauf, dass er sich darüber lustig macht, was er sich jedoch erstaunlicherweise verkneift. Dann macht er die Karte auf, die sie mit liebevollen Zeichnungen verziert hat. »Danke, Delphine. Wie nett.«

Als Nächstes bin ich dran. Von mir bekommt er einen Weltatlas, weil er doch so viel reist. Vielleicht entdeckt er ja noch viele andere Länder, die er bereisen kann, alle ganz weit weg. Er sieht mich verwirrt an. »Komisches Geschenk«, bemerkt er. »Wofür soll der sein? Gehört die Karte dazu?«

Als er den Umschlag öffnet, reißt er eine Ecke der Karte ab, die er kaum eines Blickes würdigt. »Kaputt«, sagt er. »Na ja, egal ...« Er zerknüllt sie und lässt sie auf den Boden fallen.

Mir bleibt nichts anderes übrig, als meine Kränkung hinunterzuschlucken. Ich hasse diesen Geburtstag, hasse es, dieses lächerliche Kleid tragen, dieses ganze lächerliche Theater spielen zu müssen – nur damit er glücklich ist, wie Mummy es ausdrückt.

Dann öffnet er Mummys Geschenke – große, aufwändig verpackte, mit Schleifen verzierte Päckchen –, während sie angespannt danebensitzt.

»Sehr gut, Joanna«, sagt er schließlich, umgeben von einem ganzen Stapel neuer Kleider. »Gut gemacht. Ich glaube, jetzt möchte ich zu Abend essen.«

Mummy läuft in die Küche und holt die Flasche Wein, die sie vorgewärmt hat. Er gießt etwas in ein Glas, lässt die dunkelrote Flüssigkeit kreisen und schnuppert daran.

»Mmm, nicht übel«, bemerkt er.

Nachdem wir gegessen haben – Della und ich wortlos, Mummy überfürsorglich, Daddy halbwegs zufrieden –, stehe ich auf, um den Tisch abzuräumen.

»Ziemlich überstürzt, was?«, sagt er scharf, obwohl ich immer den Tisch nach dem Essen abräume. »Man könnte glatt glauben, dass du etwas von mir willst.« Er schenkt sich noch ein Glas Wein ein.

Ich spüre, wie meine Wangen glühen. »Nein«, antworte ich und schüttle den Kopf. »Das stimmt nicht.«

Er hebt eine Braue und wirft mir einen wissenden Blick zu. Mein Blick fällt auf die Arbeitsplatte in der Küche, wo der Brief liegt, den ich Mummy zeigen wollte.

»Lüg mich nicht an.« Er schlägt mit der Faust auf den Tisch.

»Sie will nichts von dir.« Mummy tritt neben ihn. »Oder, Rosanna?«

»Ich wollte dir den Geburtstag nicht verderben«, sage ich.

»Tja, hast du aber.« Seine andere Faust landet auf dem Tisch.

Doch statt mich anzuschreien, kneift er die Augen zusammen und sieht mich an. »Heute ist mein Geburtstag, und meine Tochter lügt mich an«, sagt er mit leiser, eisiger Stimme. »Wunderbar, nicht?«

Ich schweige, denn wenn ich ihn jetzt frage, ob ich ins Skilager mitfahren darf, ist es sowieso verkehrt, und wenn ich ihn um Entschuldigung bitte, ist auch das nicht richtig. Ich sehe einen Blutstropfen auf Dellas Unterlippe.

So liefen die Geburtstage bei uns zu Hause ab. Immer nach demselben Schema. Hasserfüllte Scharaden und grausame Gemeinheiten in hübschen Kleidern zwischen teuren Geschenken.

14

Ich springe aus dem Wagen.

»O Gott, Jo! Ich hätte dich beinahe überfahren.«

Obwohl ich sie am Arm festhalte, hat sie Mühe, aufzustehen. Ihr Knöchel knickt um, und als sie mich schief anlächelt, merke ich, dass sie stockbetrunken ist.

»Ich dachte, du bist in London! Komm, ich fahre dich nach Hause.«

Ich helfe ihr in den Wagen, und bald zeigt sich das wahre Ausmaß ihrer Trunkenheit, als die Ausdünstungen nach Alkohol den Innenraum füllen.

»Mir geht's gut, Kate. Ehrlich. Bestens. Mir geht's prima ...«, nuschelt sie.

»Das kann man wohl kaum behaupten.« Ich kurble das Fenster herunter, heilfroh über den Schwall kalter, feuchter Luft, der hereinströmt. »Hast du deinen Hausschlüssel?«

Umständlich kramt sie in ihrer Handtasche, und als ich in die Einfahrt biege, hat sie sie immer noch nicht gefunden. Es scheint niemand zu Hause zu sein. Schließlich nehme ich ihr die Tasche aus der Hand.

»Hier.« Ich ziehe die Schlüssel heraus. »Komm, ich bringe dich rein.«

Ich schließe die Tür auf und fummle im Dunkeln nach dem Lichtschalter, während Jo um ein Haar erneut stolpert.

»Ich mache uns Kaffee«, sage ich.

»Ein Drink wäre mir lieber.« Sie lässt sich aufs Sofa plumpsen. Im Schein der Wohnzimmerbeleuchtung fällt mir auf, dass ihr Gesicht fleckig und ihre Augen blutunterlaufen sind. Sie reißt die Arme hoch. »Ja, genau, das ist es! Wodka, Kate. Um ein bisschen locker zu werden. Los, geben wir uns die Kante ...«

»Jo, du hast genug getrunken. Wieso bleibst du nicht einfach hier sitzen? Leg die Beine hoch, während ich Wasser aufsetze.«

Als ich in die Küche gehe, höre ich sie etwas murmeln, Neal könne es nicht leiden, wenn man die Füße aufs Sofa lege. Neal, Neal, Neal. Verstohlen schnappe ich die leere Wodkaflasche und werfe sie in den Mülleimer, dann fülle ich den Wasserkessel und setze ihn auf.

Ich nehme neben ihr auf dem Sofa Platz. »Was ist passiert, Jo? Wieso bist du nicht in London?«

Mit einem Mal fällt ihr Gesicht in sich zusammen. Das trunkene Lächeln verblasst, und ihre Mundwinkel sacken nach unten. Sie sieht aus, als hätte ihr jemand eine schallende Ohrfeige verpasst.

»O mein Gott ...« Wie in Zeitlupe wandert ihre Hand zum Mund, aus dem ein schmerzerfülltes Stöhnen dringt, während sie verworren blinzelt. »Er will mich nicht dabeihaben«, murmelt sie undeutlich und so leise, dass ich sie kaum verstehe. Als ich sie bitte, es zu wiederholen, sieht sie mich an, als hätte ich von ihr verlangt, sich das Herz herauszureißen.

Danach sitzt sie da, den Kopf in die Hände gestützt, und wiegt sich leise wimmernd vor und zurück. Ich bringe ihr einen Kaffee, den sie jedoch nicht anrührt. Nach einer Weile lässt sie sich aufs Sofa sinken und schließt die Augen. Sekunden später schläft sie. Ich schiebe ihr zwei der bildschönen, handbestickten Kissen unter den Kopf und mache mich auf die Suche nach einer Decke. Da ich im Wohnzimmer nicht fündig werde, gehe ich nach oben.

Es ist das erste Mal, dass ich weiter als bis ins Wohnzimmer vordringe. Im oberen Stockwerk ist es wie in einem 5-Sterne-Hotel: helle, hochflorige Teppichböden, neue Möbel, alles makellos, blitzsauber und bis ins letzte Detail durchdesignt, als würden die Räume von einem Hollywoodstar bezogen werden. Schließlich finde ich ein Prachtexemplar von einer Decke aus butterweichem cremefarbenem Kaschmir. Ich nehme sie mit nach unten und decke Jo behutsam zu. Auf Zehenspitzen schleiche ich hinaus.

Mir ist klar, dass sie mich am nächsten Tag nicht sehen will. Ich warte bis neun Uhr, um ihr Gelegenheit zu geben, ihren Rausch auszuschlafen, ehe ich hinüberfahre und mehrmals läute. Als niemand aufmacht, hebe ich den Briefschlitzdeckel an. »Jo? Ich will gar nicht reinkommen, sondern nur wissen, ob alles in Ordnung ist.«

Erst nachdem ich weitere zehn Minuten gewartet und geklingelt habe, macht sie die Tür auf und lässt mich herein.

»Wie geht es dir? Alles in Ordnung?«, frage ich und schließe die Tür hinter mir.

Sie schüttelt den Kopf. »Nein, ich glaube nicht.«

Sie sieht fürchterlich aus. Ich nehme ihren Arm und bugsiere sie zum Sofa, auf dem sie offenbar bis vor wenigen Minuten noch gelegen hat. Erst jetzt fallen mir die grünen Seidenfetzen auf, die auf dem Boden verstreut liegen.

Ihr schönes neues Kleid.

»Jo ...«

Sie schlägt die Hände vors Gesicht. »Ich war so eine Idiotin. Eine Riesenidiotin.«

»Aber nein, du bist keine Idiotin, Jo. Du hast nichts Falsches getan.«

Sie sucht nach den richtigen Worten; oder nimmt all ihren Mut zusammen, um sie laut auszusprechen.

»Neal sieht das anders«, flüstert sie.

Ich kann nicht glauben, dass er schon wieder auf sie losgegangen ist. »Was ist los, Süße?«

»… hässlich«, murmelt sie. »… alt. Peinlich …« Ich habe Mühe, die Worte zu verstehen.

Dann scheint sie sich zu sammeln und hebt den Kopf. »Er wollte nicht, dass ich ihn nach London begleite, weil er sich mit jemand anderem getroffen hat, Kate. Er hat eine Affäre.«

»Das kann doch nicht sein!« Das ist unfassbar. Sie ist labiler, als ich dachte. Die beiden mögen ihre Höhen und Tiefen haben, aber eine Affäre? Niemals. »Das kann ich mir nicht vorstellen.« Ich schüttle den Kopf. »Vielleicht hast du etwas missverstanden, Jo.«

»Ach, Kate.« Sie sieht mich traurig an. »Ich dachte, du hättest es längst gemerkt. Sag nicht, du bist auch so eine.«

»Was meinst du?«

»Dass auch du die Vorstellung nicht erträgst, dass Neal und ich vielleicht doch nicht das liebevolle Ehepaar sind, stimmt's? Es wäre zu brutal, zu unfair, wenn wir nach Rosanna nun auch noch uns verlieren würden …«

Entsetzt schnappe ich nach Luft. Genau das habe ich gedacht, genau wie alle anderen im Dorf. *Wenigstens weiß der eine, wie der andere sich gerade fühlt, was er denkt,* habe ich mir all die Wochen und Monate gesagt. *Immerhin spendet ihnen der gemeinsame Verlust ein klein wenig Trost; ihn allein aushalten zu müssen wäre unerträglich.*

»Du willst, dass alles perfekt ist«, fährt sie fort und blickt auf den Garten hinaus.

Diesmal irrt sie sich. »Glaub mir, Jo, von Perfektion bin ich weit entfernt. Ich lege Gärten an, beschäftige mich mit Dingen, die wachsen und sich in all ihrer Unvollkommenheit entwickeln dürfen, die sie erst wunderschön macht. Ich denke nur, dass es Neal und dir besser ginge, wenn ihr zusammen wärt, nach allem, was ihr durchgemacht habt, das ist alles.«

»Du verstehst nicht.« Sie ringt die Hände, dann steht sie auf. »Niemand versteht es, Kate«, stößt sie hervor. »Es ist nicht das erste Mal, und ich muss damit leben, weil ich ihn nicht verlassen kann.«

Ich verbringe den Großteil des Wochenendes damit, sie wieder aufzurichten. Die ganze Zeit frage ich mich, was ich ihr glauben und was ich aufgrund ihrer labilen Verfassung als Hirngespinst abtun soll. Und je mehr ich erfahre, umso klarer wird mir, dass ich keine Ahnung habe, wer Jo Anderson überhaupt ist.

Angus ist vorsichtiger als ich. »Pass auf, was du tust, Kate. Ich weiß, dass du dir Sorgen um sie machst, aber in Jos Welt dreht sich alles nur um Jo. Was ist mit Delphine? Denkt sie auch mal an sie?«

»Delphine geht es gut. Sie übernachtet zum Glück bei einer Freundin. Neal ist ein elender Dreckskerl. Wenn ich dir nur die Hälfte dessen erzählen würde, was ich ...«

»Wieso bleibt sie dann bei ihm? Niemand zwingt sie dazu. Die Frau ist nicht dumm, Kate. Kein Mensch bleibt bei seinem Partner, wenn er einen so schlecht behandelt.«

»Ich weiß«, erwidere ich matt. »Aber wahrscheinlich ist es anders, wenn man ein gemeinsames Kind verloren hat, oder? Dann gelten andere Regeln. Und du bist nicht gerade mitfühlend, Angus. Gott, wenn all das uns passiert wäre ... wenn wir Grace ...«

Wortlos nimmt er mich in die Arme, hält mich fest und legt das Kinn auf meinen Kopf.

»Bald ist sie zu Hause.«

»Noch zwei Wochen.«

Es sind noch zwei Wochen bis zum Beginn der Weihnachtsferien. Dann können wir dekorieren, die Geschenke verpacken, kochen und backen, die letzten Notkäufe erledigen, weil man immer irgendetwas vergessen hat.

Plötzlich fehlt sie mir sehr.

Am Sonntagmorgen bin ich bei Jo und räume die Küche auf, während sie oben ein Bad nimmt, als Neal unerwartet nach Hause kommt.

»Kate?« Er sieht mich überrascht an. »Was machen Sie denn hier? Ist mit Jo alles in Ordnung?«

»Nein, eher nicht«, erwidere ich kühl. »Aber das ist auch kein Wunder, oder? Sie hatte sich so auf das Wochenende gefreut.«

Neal stellt seine Tasche ab. »Moment mal ... was genau wollen Sie mir damit sagen?«

Fassungslos starre ich ihn an. Seine Dreistigkeit verschlägt mir die Sprache.

Dann nickt er. »Verstehe«, sagt er leise. »Sie hat Ihnen erzählt, es sei meine Schuld.«

Ich runzle die Stirn. Eigentlich bin ich nicht streitlustig, aber nach diesem Wochenende kann ich nicht einfach sagen, dass alles in Ordnung ist.

»Sie hat mir nur erzählt, was Sie ihr an den Kopf geworfen haben, Neal.«

Er tritt ans Fenster und blickt hinaus. Als er sich umdreht, fällt mir auf, dass auch er völlig erschöpft wirkt.

»Aber hat sie Ihnen auch die ganze Wahrheit erzählt? Dass sie am Freitag, als wir losfahren wollten, sturzbetrunken war? So sehr, dass sie noch nicht mal in der Lage war, geradeaus zu gehen. Sie hätte nie im Leben an dem Galadinner teilnehmen können. Ehrlich, Kate, sie war in einem Zustand, in dem sie nirgendwo hingehen konnte.«

»Sie hat gesagt, Sie hätten sie als hässlich beschimpft. Und peinlich. Gott, Neal, sie ist so labil ...«

Er macht kehrt, durchquert langsam das Zimmer und schließt die Dielentür. Dann dreht er sich zu mir um. »Ich habe sie tatsächlich beschimpft, das stimmt, und ihr gesagt, dass ich sie peinlich finde. Eigentlich sollte es mein großer Abend werden. Unser Abend. Der Abend, an dem ich Anerkennung für all die Arbeit bekomme, die wir geleistet haben. Ich wollte meine wunderschöne Frau an meiner Seite haben. Und was tut sie? Lässt sich volllaufen und ruiniert alles.« Er ballt die Fäuste. »Ja. Sie ist so verdammt labil, dass es schlimmer nicht mehr geht. Aber glauben Sie mir, Kate ...« Er hält inne und holt Luft. Als er mich ansieht, ist seine Wut verraucht.

»Ich liebe sie. Und ich würde alles Menschenmögliche tun, um ihr zu helfen.«

Er wirkt so aufrichtig. So absolut überzeugend. Ich entschuldige mich wortreich, murmle etwas von zwei Seiten der Medaille, dass ich mich um Jo sorge. Zutiefst beschämt trete ich den Rückzug an.

Die Unterhaltung geht mir nicht mehr aus dem Kopf, und ich berichte Angus und Laura davon.

»Wenn einem zwei Menschen, die sich lieben, zwei völlig unterschiedliche Versionen von ein- und derselben Geschichte erzählen, wie soll man herausfinden, welche die richtige ist?«

»Durch Bauchgefühl«, antwortet Angus und blättert seine Zeitung um.

»Die Wahrheit liegt meistens irgendwo dazwischen«, sagt Laura.

»Vermutlich ist es ganz einfach«, meint Angus.

»Das Problem ist, dass die Wahrheit des einen häufig die

Lüge des anderen ist. Aber es gibt kleine verräterische Anzeichen, die die meisten allerdings übersehen«, fährt Laura fort. »Zum Beispiel die Körpersprache. Und Blickkontakt. Man muss schon ein erfahrener und skrupelloser Schwindler sein, um jemandem in die Augen blicken und knallhart lügen zu können.«

»Wir alle sagen Dinge«, wirft Angus ein, »die nicht hundertprozentig der Wahrheit entsprechen. Das ist nun mal unser Naturell.«

»Natürlich spielt auch der Grund für die Lüge eine wichtige Rolle«, sagt Laura. »Wenn jemand nicht gerade ein pathologischer Lügner ist, gibt es Gründe dafür, die Wahrheit zu verdrehen.«

Rosie

Es gibt immer zwei Lager – die Guten und die Bösen. Die Schönen und die Hässlichen. Gewinner und Verlierer. Die Andersons stehen niemals auf der Verliererseite. Und sie sind stets perfekt. Drunter geht es nicht.

Genau deshalb bin ich so gern bei Kate mit ihren alten Jeans und geflickten Reithosen, den staubigen Stiefeln und ausgeleierten T-Shirts. Und auch die Pferde merken es – es zählt nur, wie man innen drin ist.

Wussten Sie, dass Pferde spüren, wenn man innerlich angespannt ist, sich unwohl fühlt oder schlechte Laune hat? Sie interessiert es nicht, wie alt die Klamotten sind, die man trägt, und registrieren, was einen in Wahrheit ärgert. Und wenn man es schafft, all die Ängste und Sorgen aus dem Bewusstsein zu verbannen und es stattdessen mit Liebe zu füllen, spürt das Pferd das.

Als ich zwölf bin, gehe ich mit Mummy shoppen, neue Kleider für den neuen Körper, den ich gar nicht mag – auf einmal habe ich Brüste und Kurven und fühle mich gehemmt. Am liebsten würde ich mich in Jeans, Rockstar-Shirts und knappen Shorts verstecken, um nicht aufzufallen, so wie all die anderen Mädchen, aber Mummy erlaubt es nicht.

»Das äußere Erscheinungsbild ist das A und O, Rosanna«, erklärt sie mir. »Die ersten Sekunden sind entscheidend, wenn man mit jemandem spricht. Sie bestimmen darüber, was andere von uns denken. Ob man zu dieser Sorte Mensch gehört …« Sie sieht zu einem Grüppchen Mädchen hinüber. Sie sind laut, haben viel zu enge Klei-

der an, die ihre Pölsterchen betonen, tragen Extensions und viel zu viel Make-up. »... oder ob man so ist wie wir.«

Mein Blick schweift zu den Mädchen, dann zu Mummy, wie immer makellos gekleidet in hellem, sorgsam gebügeltem Leinenoutfit, das weiche Haar perfekt frisiert. Ich betrachte meine hellrosa Jeans. Plappernd schlendern die Mädchen Arm in Arm durchs Einkaufszentrum und schütten sich vor Lachen über irgendeinen Blödsinn aus, vertrauen einander Geheimnisse an. Mummy ist zwar topgepflegt, aber sie lächelt nicht. Und da weiß ich, was ich lieber möchte.

Im Lauf der Zeit gelingt es mir, ein paar Sachen zu bunkern, von denen niemand weiß: ein schwarzes, bauchfreies Shirt, Jeans-Shorts – flippige Klamotten, in denen ich mich wohlfühle. Natürlich kann ich sie nur anziehen, wenn meine Eltern nicht da sind, aber am liebsten würde ich dieses Gefühl bewahren, nachdem ich sie wieder ausgezogen habe. Obwohl ich mit Bedacht vorgehe und regelmäßig die Verstecke wechsle, findet Mummy sie und nimmt sie mir weg. Sie seien hässlich und billig, sagt sie. So etwas würden nur Schlampen tragen. Sie speit das Wort förmlich aus.

Und damit nicht genug.

Ich bin vierzehn. Della und ich sitzen am Esstisch. Jeden Sonntag gibt es Braten, komme, was wolle. Aber als mir Mummy heute meinen Teller hinstellt, traue ich meinen Augen kaum. Im ersten Moment denke ich, es sei ein Missverständnis, weil außer einer Scheibe Fleisch und ein bisschen Gemüse praktisch nichts darauf liegt.

Schweigend fange ich an zu essen und freue mich schon auf den Nachtisch, weil ich einen Bärenhunger habe. Aber ich bekomme keinen. Ich spüre den Blick meines Vaters, als ich den Mund aufmache und etwas sagen will.

Della ist ebenfalls verwirrt. »Wieso isst Rosie nichts?«

»Nenn sie nicht so!«, schnauzt mein Vater sie an.

»Manchmal ist es besser, weniger zu essen«, meint Mummy. »Rosanna muss abnehmen.«

Ihre Worte sind wie ein Schlag ins Gesicht. Ich habe mich nie als fett betrachtet. Ich blicke auf meine Hände, die immer noch kindlich sind. Meine Mutter greift nach der Wasserkaraffe. Ihre Hand schließt sich um den Henkel, wobei sich die Haut über den Sehnen und Knochen spannt. Nichts als harte Kanten und Linien. Von Weichheit keine Spur.

An diesem Tag fällt mir zum ersten Mal auf, dass sie so gut wie nichts isst.

Bin ich hässlich?, frage ich mich automatisch.

Je weniger ich zu essen bekomme und je knochiger mein Körper wird, umso nervöser werde ich – wie ein gespanntes Drahtseil, das eines Tages unweigerlich zerreißen wird. Und je mehr Gewicht ich verliere, umso mehr Gewicht bekommt die Frage, die mir unablässig im Kopf herumgeht: Bin ich fett? Und sind die weichen Konturen, die ich im Spiegel sehe, nicht eher unerwünschte groteske Ausbeulungen, die weggehungert werden müssen?

Wenn ich mich jetzt sehe, erkenne ich nur einen makellosen, schlanken Teenagerkörper – ein Mädchen, das noch die Reste kindlicher Unschuld besitzt und sich unter dem ständigen Streben nach Perfektion formen lässt. In all den Wochen, in denen Mummy weg war, um »Freunde« zu besuchen, war sie in Wahrheit immer bei ein- und derselben Person: bei dem Schönheitschirurgen, der unablässig an ihr herumgeschnippelt hat, um die perfekte Frau unter der vermeintlich nicht perfekten Fassade freizulegen.

Meine chirurgisch verschönerte Mutter, eine Frau jenseits jeder natürlichen Schönheit, hat es sich zur Lebensaufgabe gemacht, Perfektion zu erlangen. Sie besitzt für sie einen so hohen Stellenwert, dass sie ihren Anspruch nahtlos auf ihre Töchter überträgt.

Aber selbst jetzt kann ich nicht nachvollziehen, warum sie das getan hat. Denn je perfekter sie wird, umso mehr leiden ihre Seele und ihr Geist, verkümmern und vertrocknen wie das Laub im Wald, verdorren bis zur Unkenntlichkeit.

15

Dezember

Nach Rosies Tod scheint Weihnachten viel zu schnell näherzurücken, und ich fasse Jo förmlich mit Samthandschuhen an. Ich hatte schon immer eine besondere Schwäche für die Vorweihnachtszeit, schmücke liebevoll das ganze Haus, lade Freunde ein, suche Geschenke für meine Familie aus und verwöhne sie nach Strich und Faden. Und in diesem Jahr ganz besonders. Da es das erste Weihnachtsfest seit Grace' Auszug und Rosies Tod immer noch allzu präsent ist, erscheint mir die Zeit noch kostbarer als sonst.

»Ach, wir haben dieses Jahr einen unechten«, sagt Jo, als ich anbiete, einen Baum für sie mitzubringen. »Die echten machen so viel Dreck. Unserer sieht täuschend echt aus – wenn man es nicht weiß, käme man nie darauf.«

Wüsste ich nicht, dass Jo einen Sauberkeitsfimmel hat, hätte ich ihre Bemerkung womöglich als abfällig empfunden. Auch wenn es absurd scheinen mag, kann ich mir nicht vorstellen, dass es im Haus statt nach Pinienharz nach Plastik riecht und ich nicht nach Monaten noch vereinzelte Nadeln in den Ritzen finde. All das würde mir zu sehr fehlen.

»Ihr müsst rüberkommen. Nur auf ein Gläschen oder so«, sage ich aus einem Impuls heraus. Erst später wird mir bewusst, dass es angesichts der Ereignisse womöglich ein Fehler gewesen sein könnte. »Bringt ruhig Delphine mit, wenn sie mag.«

Ein paar Tage danach ruft Laura an. Auch wenn das ganze Haus in den warmen Schimmer von Weihnachtsbeleuchtung und brennenden Kerzen getaucht ist, scheint sich eine tiefe Dunkelheit über mich zu legen.

»Ich will dich gar nicht lange aufhalten«, sagt sie. »Ich weiß ja, dass du viel zu tun hast, aber ich dachte, du solltest Bescheid wissen. Die Polizei hat Alex festgenommen und zur Befragung aufs Revier gebracht.«

»O Gott.« Plötzlich habe ich so weiche Knie, dass ich mich hinsetzen muss. »Bist du sicher?«

»Ja. Offenbar hat der Freund, der ihm ein Alibi verschafft hat, auf einmal einen Rückzieher gemacht. Es sieht so aus, als hätten sie beide gelogen. Kate? Bist du noch da?«

Meine Gedanken schweifen zu Alex im Gartencenter und zu dem Gespräch auf der Lichtung, als er voller Verbitterung und Wut schwere Vorwürfe gegen Neal erhoben hat; Anschuldigungen, in denen eine unterschwellige Drohung mitschwang.

»Kate?«

»Entschuldige, ich musste nur gerade an etwas denken. Ich kann nicht glauben, dass Rosie sich mit jemandem eingelassen haben soll, der zu einer solchen Tat fähig ist.«

»Nun ja, immerhin haben sie ihn geschnappt. Ist dir klar, was das bedeutet? Es wird einen Prozess geben, aber zumindest ihr könnt jetzt alle in Ruhe weiterleben.«

Damit wird uns nicht nur eine Last von den Schultern genommen, sondern die Gewissheit ist eine echte Wohltat – nur nicht für Jo, Neal und Delphine.

»Da ist noch etwas anderes«, fährt Laura ernst fort. »Alex wurde vor ein paar Jahren wegen schwerer Körperverletzung festgenommen. Er hat einen Typen verprügelt, der seiner damaligen Freundin nachgestellt hat.«

»Und das war nicht bloß eine harmlose Teenie-Schlägerei?«, frage ich. »So was kommt doch laufend vor. Jungs, die einem Rivalen eins auf die Nase geben ...«

»Nein, in diesem Fall nicht«, sagt sie leise. »Alex hat ihn halb totgeprügelt, so dass er ins künstliche Koma versetzt werden musste.«

An diesem Abend findet unsere kleine Party statt. Das ganze Haus duftet nach Zimt, den Angus in den Glühwein gegeben hat. Es ist mollig warm, und Nadeln fallen bereits von unserem Weihnachtsbaum, obwohl ich ihn erst am Nachmittag aufgestellt habe. Der Kamin ist mit Efeu und Lärchenzweigen aus dem Garten geschmückt, und überall brennen Kerzen. So ist es immer bei uns an Weihnachten – ein bisschen chaotisch und unaufgeräumt, aber behaglich.

Normalerweise trage ich bei solchen Gelegenheiten eine saubere Jeans und mein Samt-Chiffon-Oberteil, einen Hauch mehr Make-up als sonst und vielleicht Nagellack – festlich, aber nicht übertrieben, doch da ich weiß, dass Jo sich bestimmt in Schale geworfen hat, gebe ich mir ein bisschen mehr Mühe.

»Ein Kleid?«, fragt Angus entsetzt. Er ist irritiert, weil ich gegen unseren Dresscode verstoßen habe. »Ich dachte, wir trinken nur was zusammen, ganz locker.«

»Tun wir auch«, beruhige ich ihn. »Aber es spricht doch nichts dagegen, sich ausnahmsweise mal ein bisschen hübsch zu machen, oder?«

Mein verwirrter Ehemann schüttelt den Kopf und sieht an sich hinunter, als überlege er, ob er nun seine üblichen Freizeithosen gegen einen Anzug eintauschen muss.

»Du bist perfekt, wie du bist«, sage ich.

Ich wünschte, Grace wäre hier, aber sie kommt erst morgen, außerdem hätte sie bestimmt etwas vorgehabt. Wir haben Rachael und Alan eingeladen und unsere Nachbarn, Ella und David, beide sensible Künstlertypen mit einem großen Herzen und tiefem Mitgefühl für Jo und Neal, auch wenn sie als kinderloses Paar nicht wirklich nachvollziehen können, was ein solcher Verlust für Eltern bedeutet. David ist Architekt, Ella malt Bilder, und obwohl wir in einer völlig anderen Welt leben als sie, verstehen wir uns sehr gut. Sie kommen etwas früher. Ella lässt sich von mir ein paar Tipps für ihren Garten geben, während David Angus zu dem Wintergarten berät, den er sich sehnlichst wünscht, wenngleich wir ihn uns nicht leisten können.

»Solange Kate ihre Pferde hat, kriegen wir das nicht hin«, erklärt mein armer, geplagter Ehemann wehmütig. »Hast du eine Ahnung, was die Viecher fressen? Und was die Ausstattung kostet?«

Ehe David sein Mitleid bekunden kann, treffen die Andersons ein.

Ich habe Ella, die die beiden nicht kennt, bereits darauf vorbereitet, dass Jo wahrscheinlich wie ein Filmstar aussehen wird und, sofern sie in Form ist, nach allen Regeln der Kunst ihren Ehemann anflirten wird. Ella ist das egal, außerdem haben die beiden Künstler ihre eigenen Vorstellungen von einem Dresscode. Aber als Jo und Neal hereinkommen, traue ich meine Augen kaum.

Jo trägt knallenge Skinny-Jeans und ein weites Top, aus denen ihre Arme und Beine wie Streichhölzer ragen, und hat ihr Haar mädchenhaft-nachlässig hochgesteckt. Bei ihrem Anblick wird sofort klar, dass ich völlig overdressed für meine eigene Party bin.

Neal schüttelt Angus die Hand und begrüßt mich mit einem Kuss auf die Wange. Scheinbar sind meine Vorwürfe von neulich vergessen, und er verströmt eine freundliche Jovialitiät, mit der er unsere Nachbarn im Nu für sich einnimmt. Wenig später plaudern die drei angeregt, während Angus für die Getränke sorgt.

Jo gesellt sich zu mir. Ich lege die Arme um sie und drücke sie an mich. »Hi. Wo ist Delphine?«

»Sie ist zu Hause geblieben, weil sie sich nicht besonders fühlt«, sagt sie. »Die arme Kleine. Hoffentlich ist sie bis Weihnachten wieder auf dem Posten.«

»Verstehe«, erwidere ich. Das ist das Maximum an Mütterlichkeit, das ich bislang bei ihr erlebt habe.

Wenig später treffen Rachael und Alan ein.

Die Andersons blasen förmlich zur Charme-Offensive, verhalten sich, als würde nur das Hier und Jetzt für sie zählen. Wenn man sie so sieht, käme man nie auf die Idee, welche Tragödie sich in ihrem Leben vor wenigen Wochen erst ereignet hat. Neal nimmt Davids Visitenkarte entgegen und verspricht, sie einem Kollegen weiterzugeben, der händeringend nach einem guten Architekten sucht, während Jo verkündet, sie müsse sich unbedingt Ellas Arbeiten ansehen, weil sie schon seit einer Ewigkeit »mal etwas anderes« haben wolle. Natürlich kommt die Sprache unweigerlich auf den renommierten Preis, für den Neal nominiert wurde, doch er gibt sich bescheiden.

»Ich fühle mich sehr geehrt«, sagt er nur, »aber habt ihr eine Ahnung, wie viele heimliche Helden es da draußen gibt? Sie sind diejenigen, die diesen Preis eigentlich verdienen, weil sie viel, viel mehr tun als wir.«

Ich schaue zu Jo hinüber, die den Worten ihres Mannes lauscht, ohne eine Miene zu verziehen.

Eigentlich hatte ich mich innerlich auf einen eher trübseligen Abend gefasst gemacht. Immerhin liegt Rosies Tod erst wenige Wochen zurück, und Alex wurde festgenommen, deshalb habe ich den Kreis bewusst überschaubar gehalten. Aber der Abend verläuft erstaunlich entspannt und harmonisch. Wir trinken ein bisschen zu viel, sagen ein oder zwei Dinge, die wir morgen früh vielleicht bereuen, und Rachaels Lachen schallt durchs ganze Haus. Erst spät brechen die sechs auf, verabschieden sich wie alte Freunde und wünschen einander von Herzen und gut gelaunt frohe Weihnachten. Angus und ich blicken ihnen hinterher, Atemwölkchen steigen in die Luft, als sie mit knirschenden Schritten die Einfahrt entlanggehen.

»Ich hatte mir den Abend ganz anders vorgestellt«, bemerkt Angus kopfschüttelnd und legt den Arm um mich. »Nach allem, was du erzählt hast, hatte ich mich eher auf hitzige Debatten oder emotionale Dramen eingestellt, aber die beiden scheinen sehr nette Leute zu sein, oder?«

Ich schiebe meine Hand unter seinen Pulli. »Ja, trotzdem tun sie mir so unendlich leid. Es ist ihr erstes Weihnachten ohne Rosie … Es wird sehr schwer für sie werden.« Ich stelle mich auf die Zehenspitzen und küsse ihn. »Danke.«

Überrascht sieht er mich an. »Wofür?«

»Für dein Verständnis. Dafür, dass du mich daran hinderst, mich allzu tief hineinziehen zu lassen. Und dafür, dass du immer für mich da bist.«

Rosie

Erst jetzt, da es mir gelingt, all die Abgründe und die Geheimnisse zu erkennen, tritt das Muster zutage: die vielen verlorenen Jobs und gebrochenen Herzen, hier und da von meiner Mutter kaschiert, in dem Versuch, den Anschein von Perfektion zu erwecken. Mit Brillanten verzierter Stacheldraht, mit Sternenstaub bedeckter Rost, denn genau das sind wir Andersons hinter der Fassade von Pomp und Glitzer.

Wieder eine neue Stadt, wieder ein neues Haus, eine neue Schule. Aber diesmal ist es anders. Irgendwie fühle ich mich heimisch. Nicht wegen des protzigen Palasts, in den wir ziehen, und auch nicht wegen der Schule. Sie ist ganz in Ordnung, aber ich war in der Vergangenheit auf viel zu vielen Schulen, um mich beeindrucken zu lassen.

Nein, es ist etwas Subtileres. Etwas liegt in der Luft, schwimmt im Fluss hinter den hohen Binsen. Die Kanadagänse, die sich hier versammeln, wissen, was ich meine, ebenso wie die Schwalben, die jeden Sommer herkommen, und der Wind. Stehe ich an der Schwelle zu etwas Größerem? Oder ist es nur eine Vorahnung?

Plötzlich werde ich von Ängsten heimgesucht. Anfangs nur flüchtig, dann wie in diesen Träumen, in denen man vor jemandem davonläuft, der einem so dicht auf den Fersen ist, dass man sein Keuchen bereits im Nacken spürt und genau weiß, dass der Verfolger erst von dir ablassen wird, wenn er dich erwischt hat. Beim Aufwachen hat man immer noch den Geschmack der Angst auf der Zunge.

Das Problem ist nur, dass die Angst nicht weggeht, wenn ich die Augen aufschlage und die vertrauten Geräusche wahrnehme. Selbst in Alex' Gegenwart weiß ich, dass ich mich keineswegs in Sicherheit befinde, sondern dass sich die Angst in mein Leben geschlichen hat und nun wie eine Zeitbombe tickt. Unwillkürlich warte ich darauf, dass das Ticken endet, wohl wissend, dass dann die Explosion folgt.

Ich will dieses Leben nicht. Vielmehr wünsche ich mir einen winzigen Teil von Grace' Leben, so wie man sich eine Karte für ein Artic-Monkeys-Konzert oder den neuen Kapuzenpulli von Abercrombie & Fitch wünscht oder dass einen dieser nette Junge aus der Schule fragt, ob man mit ihm ausgehen will. Ich male mir aus, wie ich den Pulli überstreife, wie ich für einen Tag Grace, Kates Tochter, bin. Grace ist cool, witzig und hübsch. Ein Schmetterling, der zwischen seinen Freunden und seinem netten, angenehmen Leben hin und her flattert.

Ich dagegen bin die Motte, die die Flamme zu spät bemerkt und zusehen muss, wie ihre Flügel verbrennen und ihr Körper stirbt. All das war im Kleingedruckten meines Lebensplans längst festgeschrieben, und egal, was passierte, wo ich war, es gab nie eine Alternative.

16

Kurz bevor Grace kommt, hänge ich im Haus noch Eukalyptusblätter vom Baum aus dem Garten auf, schneide einen frischen Pinienzweig und etwas Efeu ab, deren herrlicher Duft sich mit dem Geruch nach Kaminfeuer mischt. Ich will, dass alles perfekt aussieht. Grace liebt Weihnachten ebenso sehr wie ich. Schließlich stürmt sie herein. Ihr langes Haar fliegt, ihre Augen funkeln vor Aufregung.

»Mum!« Sie wirft sich in meine Arme, wie früher als kleines Mädchen. Ich drücke sie an mich.

»Du hast mir so gefehlt …« Gierig sauge ich den zitronigen Duft ihres Shampoos in meine Lungen.

»Du mir auch.« Sie löst sich von mir. »Ich fasse es nicht, dass der Typ, den wir im Wald gesehen haben, Rosies Mörder ist.«

Ich nicke. »Geht mir genauso.«

»Es ist so traurig, nicht?« Tränen stehen in ihren Augen, als die alten, noch immer nicht vollends verheilten Wunden zum Vorschein kommen.

Wieder nicke ich, auch für sie und ihre Freunde müssen die letzten Monate sehr schwer gewesen sein. Bestimmt plagten sie Sorgen und Ängste, weil sie sich mitverantwortlich fühlten. Und auch wenn der Schmerz im Lauf der Zeit etwas nachgelassen hat, ist er erst merklich abgeklungen, seit der Mörder endlich hinter Schloss und Riegel sitzt.

»Es wird ein wunderschönes Weihnachten«, sage ich sanft, und ihre Augen beginnen wieder zu leuchten.

»Ich habe Geschenke dabei, die unter den Baum müssen. Und wir müssen ihn dringend schmücken. Machen wir das gleich heute?«

»Der Baum ist schon geschmückt, Grace ...« Einen Moment lang verblasst ihr Lächeln. »Aber die Karten habe ich noch nicht geschrieben. Ich dachte, du willst sie dir bestimmt erst ansehen.«

Grace strahlt.

Wir gehen hinaus, um Angus zu helfen, ihre Sachen hereinzutragen. Während er das frisch gelieferte Kaminholz stapelt, verzieren wir den Kuchen. Vor uns liegt ein ganzer Monat, ehe sie zurück an die Uni muss – ein Monat, in dem unsere Familie wieder vollzählig ist. Ein seltenes Gefühl tiefen Friedens und der Dankbarkeit ergreift mich, dass ich Weihnachten mit meinem Mann und meiner Tochter feiere, die sicher zurückgekehrt ist. Mehr könnte ich mir im Augenblick nicht wünschen.

Und ich hoffe, dass wir jetzt, da Alex in Untersuchungshaft sitzt, endlich unser ruhiges Leben fortsetzen können. Doch erneut wird meine Welt erschüttert, und das flüchtige Gefühl von Geborgen- und Sicherheit findet ein jähes Ende, als Laura anruft und mir erzählt, dass Alex aus der Untersuchungshaft entlassen wurde, während die Ermittlungen weiterlaufen. Es scheint keine ausreichenden Beweise gegen ihn zu geben.

Rosie

Vertrauen ist ein zerbrechliches Gut, Hoffnung hingegen vollkommen bedeutungslos. Und wie ich bereits sagte – die Enttäuschung zerfrisst einen von innen, und man hört auf, an andere Menschen zu glauben. Diese Erfahrung macht nun auch Della, nachdem ich nicht länger an ihrer Seite sein kann.

Zwischen den einzelnen Bildern finde ich mich plötzlich zu Hause wieder. Es ist dasselbe Haus, aber trotzdem sieht es anders aus. Es ist in eine nie zuvor gekannte Dunkelheit gehüllt und verströmt eine beängstigende Bedrohlichkeit. Der Apfelbaum steht an der verkehrten Stelle. Alex hat gesagt, Bäume bräuchten Licht und viel Platz, um wachsen und ihre Wurzeln ausbreiten zu können, und sollten nicht mit anderen Pflanzen zusammengepfercht sein.

Seit meinem letzten Besuch wurde auch Della aus ihrem alten Leben gerissen und kopfüber in ein neues katapultiert. Ich sehe sie in ihrem Zimmer sitzen. Sie schreibt etwas auf und ist so vertieft, dass sie nicht merkt, wie die Matratze leicht nachgibt, als ich mich neben sie setze, ebenso wenig wie die federleichte Berührung meiner Hand auf ihrem Haar.

Eigentlich ist das Zimmer wunderschön – groß, hell, mit einem geschnitzten Holzbett und einem rosafarbenen Bezug, der jedoch nicht mehr ihrem Alter entspricht. Der flauschige Teppich und die dazu passenden Vorhänge sind blitzsauber, sorgsam ausgewählt. Alles ist perfekt. Aber nicht ganz. Am Spiegel klemmt ein Foto von mir, das in diesem Sommer aufgenommen wurde. Als sie es sich anschaut, erkenne ich unser beider Gesichter.

Es ist still. Das Zimmer wirkt leblos, überall lauern Schatten und Traurigkeit. Auf einmal fällt mir auf, dass auf dem Boden Papierschnipsel herumliegen, Della zerreißt eine weitere Seite und lässt die Fetzen wie Schneeflocken auf den Boden fallen.

»Kate.« Ich flüstere den Namen, der wie eine akustische Welle in Dellas Kopf eindringt. »Kate kann dir helfen, Della. Sie ist nett. Ihr kannst du vertrauen. Du musst zu Kate gehen …«

Ich bin nicht sicher, ob sie mich hören kann. Sie schreibt weiter. Langsam bringt sie ihre Gedanken in kleinen, präzisen Buchstaben zu Papier. Dann schreibt sie schneller. Ich spähe über ihre Schulter und entdecke, dass der Brief an mich gerichtet ist.

Liebe Rosie,
bist du da? Ich wünschte, du könntest mich hören. Ich habe solche Angst. Passiert mir genau dasselbe wie dir? Hast du das gemeint, als du sagtest, du wüsstest, was geschehen wird? Ich spüre es nämlich auch. Wenn keiner kommt und etwas dagegen tut, werde ich genauso sterben und …

Eine Träne fällt auf das Blatt und lässt die Buchstaben verschwimmen. Sie schreibt weiter, drückt zornig die Spitze ihres Stifts aufs Papier, ehe sie auch diese Seite zerreißt und die Fetzen zu Boden rieseln lässt. Ich blase und wedle, in der Hoffnung, dass sie merkt, wie einige die Richtung ändern und in kleinen Wirbeln wieder nach oben getragen werden.

Einen Moment bin ich wieder in diesem Zimmer, bei dem Baby, das so schreit. Ich stehe wieder an ihrem Bettchen und flüstere: »Es ist alles gut, Della, du bist nicht allein.«

Ich trete vor meine Schwester, greife nach ihren Händen, streichle ihr Gesicht und wische ihr die Tränen ab. Könnte sie doch bloß meine Umarmung spüren und wüsste, dass ich sie liebe, dass es mir gut geht und es auch ihr gut gehen wird.

Dann geschieht das Wunder. Sie schaut auf, blickt mir direkt ins Gesicht, das nur wenige Zentimeter von ihrem entfernt ist.

Sie holt tief Luft, und einen Augenblick lang glaube ich beinahe, dass sie mich tatsächlich sieht.

17

Dieses Weihnachtsfest verläuft ein klein wenig anders als sonst. Vielleicht liegt es daran, was der Pfarrer bei der Mitternachtsmesse über Familie und Angehörige sagt, oder daran, dass plötzlich alle mehr Zeit füreinander haben. Vieles läuft genauso ab wie früher – zu viel Essen, zu viel Glühwein, Familienidylle, nur dass die Stimmung nicht ganz so ausgelassen ist wie sonst. Wenige Tage später feiern wir bei Rachael und Alan mit geradezu trotziger Zügellosigkeit ins neue Jahr. Schließlich geht Angus wieder zur Arbeit, ich fahre Grace nach Bristol, und dann bin ich zum ersten Mal seit fast einem Monat allein.

In gewisser Weise freue ich mich über die Ruhe und darauf, dass ich wieder ungeniert meinem eigenen Rhythmus folgen kann und lediglich für Angus und mich zu kochen brauche, wenn er abends nach Hause kommt. Dann fällt er ins Bett, steht früh auf und fährt ins Büro. Es ist still. Zu still.

Und noch bevor ich Gelegenheit habe, mich daran zu gewöhnen, ändert sich wieder alles.

»Sie wollen, dass ich für eine Weile nach York gehe«, verkündet Angus. Es ist wieder einmal spät geworden. Dunkle Ringe liegen unter seinen Augen, und er wirkt müde und ausgezehrt. »Der Zweigstellenleiter hat einfach hingeschmissen. Die stecken echt in der Klemme, Kate.«

»Und für wie lange?« Ich weiß ja, dass er mehr Arbeit hat als sonst, aber nicht, dass es so schlimm ist.

Er zuckt die Achseln und gähnt laut. »Sie können es noch nicht genau sagen. Wahrscheinlich für ein paar Wochen, vielleicht auch länger. Aber an den Wochenenden komme ich nach Hause.«

»Kann nicht jemand anderes gehen?« Die Aussicht auf eine Fernbeziehung behagt mir gar nicht. Viele Leute sind gezwungen, so zu leben, aber mit Ausnahme von ein paar Tagen waren Angus und ich noch nie voneinander getrennt.

Er zögert. »Es könnte ein ziemlicher Karriereschub für mich sein, Kate. Außerdem gibt es sonst keinen, der es übernehmen könnte.«

Innerhalb kürzester Zeit ist er fort. Ich fühle mich völlig verloren und vermisse ihn mehr, als ich mir jemals hätte vorstellen können. Deshalb gehe ich zu Rachael hinüber.

»Du hast keine Ahnung, was für ein Glück du hast!« Eine Portion ihrer nüchternen Sachlichkeit ist jetzt genau das Richtige. »Sieh dir mal diesen Schweinestall hier an, Kate. Nein, streich das. Selbst Schweine sind reinlicher als meine Sippschaft.«

Wir wissen beide, dass das eine Lüge ist. Wäschberge liegen herum, Briefe von der Schule, die Reste des Frühstücks kleben auf der Arbeitsplatte, aber in Wahrheit ist es das übliche Familienchaos, das in meiner eigenen Küche inzwischen vollständig fehlt.

»Laura hält Alex immer noch für den Täter«, sagt sie und wirft einen Blick über die Schulter, als fürchte sie, er komme jeden Moment zur Tür herein. »Verbrechen aus Leidenschaft. Alex will Rosie zurückgewinnen, sie erklärt sich bereit, sich mit ihm zu treffen, und als sie nicht mitspielt, verliert er die Beherrschung.« Sie zuckt die Achseln. »Klingt plausibel, finde ich. Sie haben nur keine Beweise dafür.«

»Wie sollen sie ihm das jemals nachweisen?«

»Mittels Spuren, vermute ich. Also müssen wir wieder abwarten, stimmt's? Versprich mir, Kate, denn ich weiß genau, dass du auf kurz oder lang wieder in diese Gärtnerei fährst, dass du dich diesmal von ihm fernhältst, okay? Kaffee?« Sie durchsucht die Spülmaschine. »Sobald ich zwei Becher finde ...«

Während sie mit dem Geschirr herumklappert, blicke ich zufällig zu dem angeschalteten kleinen Küchenfernseher hinüber und bin verblüfft, als ich ein bekanntes Gesicht entdecke.

»Rachael! Schnell! Sieh nur!«

Sie hält inne und dreht sich um, und ich stelle den Ton lauter. Diesmal ist es kein Appell wegen seiner verschwundenen Tochter, sondern eine sachliche, trotzdem zutiefst aufrüttelnde Schilderung darüber, wie man in einem Kriegsgebiet überlebt.

Ungläubig lausche ich seiner Stimme. Weder sein Tonfall noch seine Miene lassen auch nur ansatzweise ahnen, welchen tragischen Verlust er vor kurzem erlitten hat.

»Wahnsinn«, sagt Rachael, als er endet. »Wenn man ihn so sieht, würde man nie im Leben darauf kommen, oder?«

Allmählich merke ich wieder, wie tröstlich normale Alltagsdinge sein können – ein schönes Buch lesen, eine Fernsehsendung ansehen, bei der Angus sofort wegschalten würde, meinen Schreibtisch aufräumen. Und Zeit für all diese Dinge zu haben, ohne ständig auf die Uhr schauen und schon die nächste Mahlzeit planen zu müssen, fühlt sich wie ein Geschenk an. Als es regnet, mache ich mich an den Frühjahrsputz, und als die Sonne wieder zum Vorschein kommt, ziehe ich mir die Gummistiefel an und stürze mich auf den Gemüsegarten, jäte Unkraut und verteile Kompost auf den Beeten, um das Erdreich auf die ersten Pflanzen vorzubereiten. Gleichzeitig muss ich mich um meine Kunden und deren Gärten und die Pferde kümmern. Und so geht das Leben seinen Gang.

An einem Samstag laufe ich Laura auf dem Wochenmarkt in die Arme. Sie hat die Feiertage zu Hause in New York verbracht, ist aber vor ein paar Tagen zurückgekehrt, um weiter an Rosies Fall zu arbeiten, obwohl die Beweislage auch nach fast fünf Monaten immer noch dünn und die Fortschritte, zumindest auf den ersten Blick, reichlich überschaubar sind.

»Ob Rachael wohl etwas dagegen hat, wenn ich ein paar Blumen pflanze, was meinst du?«, fragt sie und beäugt die Töpfe mit den knospenden Narzissen und Hyazinthen.

»Die Zwiebeln sind schon gepflanzt«, antworte ich, weil ich weiß, dass Rachael links und rechts von der Haustür welche gesetzt hat, die bereits austreiben. »Aber wir haben erst Ende Januar. Warte noch einen Monat, dann bekommst du deine Blumen.«

Falls der Mörder bis dahin immer noch auf freiem Fuß und sie noch hier ist.

Wir schlendern zum Parkplatz. »Ich denke die ganze Zeit, dass es doch irgendwo einen Beweis geben muss. Jemand *muss* etwas wissen und schweigt einfach«, sagt sie seufzend.

»Du glaubst immer noch, dass es Alex war, stimmt's?«

Laura nickt. »Du musst zugeben, dass einiges darauf hindeutet.«

Ich runzle die Stirn. »Aber falls er es war, muss es jemand mitbekommen haben, und dann würde er es der Polizei sagen. Vor allem, wenn man bedenkt, dass das Opfer ein unschuldiger Teenager war.«

»Glaub mir, Kate, es gibt massenhaft Leute, die den Mund nie im Leben aufmachen würden. Stell dir nur mal vor, Angus hätte etwas Schreckliches getan, und du wärst die Einzige, die darüber Bescheid weiß.«

Ich starre sie an, als hätte sie den Verstand verloren. »Tut mir leid, aber das ist völlig ausgeschlossen. Nicht Angus.«

»Okay, er ist vielleicht kein gutes Beispiel.« Sie zögert. »Fest steht allerdings, dass Menschen, die über einen langen Zeitraum Gewalt ausgesetzt waren, irgendwann die Sensibilität dafür verlieren. Das Schockierende wird im Lauf der Zeit weniger schockierend. Und natürlich findet man immer Ausreden, wenn man nur will. ›Er kann nichts dafür, sein Onkel hat ihn als Kind missbraucht‹ oder ›Ihre Mutter hat sie regelmäßig halb zu Tode geprügelt und dann eingesperrt‹.«

Ich erschaudere.

»Du würdest dich wundern«, fährt Laura fort, »womit die Leute sich arrangieren. Das Problem ist, dass es für viele, vor allem für die besonders Wehrlosen, leichter ist, alles so zu lassen, wie es ist, auch wenn sie noch so brutal behandelt werden, als etwas zu ändern oder einfach zu gehen, so wie du und ich es tun würden. Am Ende ist es immer nur eine Frage des kleineren Übels.«

»Aber die wahrscheinlichste Erklärung ist doch wohl, dass Rosie von einem Wildfremden angegriffen und getötet wurde.«

»Möglich«, sagt Laura nachdenklich. »Trotzdem bleibt die Frage, weshalb sie so weit vom Weg entfernt getötet wurde, und man hat keine Kampfspuren gefunden.«

Das kann nur eines bedeuten.

Diesen Punkt habe ich bislang nie ernsthaft in Betracht gezogen, und allein die Vorstellung jagt mir einen Schauder über den Rücken. Wenn Laura recht hat, muss Rosie ihren Mörder gekannt haben. Womit wir wieder am Anfang wären.

Bei Alex.

»Laura hat heute etwas erwähnt, das mir zu denken gibt«, sagte ich zu Angus, als wir nach dem Abendessen bei einer

Flasche Wein vor dem Kamin sitzen. »Rosie wurde ja ein Stück vom Weg entfernt gefunden, und sie glaubt, dass sie ihren Mörder gekannt haben muss.«

»Bestimmt ist die Polizei dran.« Angus lässt sich aufs Sofa fallen, schlüpft aus den Schuhen und legt die Beine auf den Couchtisch. »Wie mir dieses Kaminfeuer gefehlt hat.«

»Mmm.« Trotzdem geht mir der Gedanke nicht mehr aus dem Kopf, dass Rosie ihren Mörder gekannt haben könnte. All das deutet mehr und mehr auf Alex als Täter hin.

»Ich habe ganz vergessen zu erzählen, dass wir jetzt, wo Ally und Nick auch da sind, gemeinsam eine Wohnung beziehen«, sagt Angus.

»Wie bitte?« Ich stutze.

»Ich werde mir mit Ally und Nick eine riesige Luxuswohnung teilen.«

»Teilen?«, wiederhole ich, während ich in mich hineinhorche und herauszufinden versuche, welches Gefühl seine Ankündigung in mir auslöst.

Er nickt. »Die Wohnung ist riesig. Sie würde dir gefallen. Toller Ausblick auf die Stadt.«

»Klingt gut«, sage ich, obwohl ich das ganz und gar nicht finde. Ally ist jung und weltgewandt und sehr ehrgeizig. Dagegen gibt es grundsätzlich nichts einzuwenden, nur habe ich mitbekommen, wie sie Angus ansieht und sich in seiner Gegenwart gibt. Und auch wenn er es vermutlich noch nicht einmal bemerkt hat, traue ich ihr nicht über den Weg.

»Ich kann es kaum erwarten, bis du mich endlich besuchen kommst«, fügt er gutgelaunt hinzu.

Laura bittet mich, weiter die Ohren offenzuhalten. Aber als ich Alex das nächste Mal beim Einkaufen in der Gärtnerei sehe, bleibe ich auf Abstand. Es ärgert mich, dass er bei der Arbeit ist, obwohl er doch nach wie vor als Verdächtiger gilt, und wechsle kein Wort mit ihm. Wenn ich ganz ehrlich sein soll, ist sogar er derjenige, der mir aus dem Weg geht.

Als Nächstes besuche ich Jo.

Ich weiß nicht, ob es daran liegt, dass das neue Jahr angefangen und sie das Weihnachtsfest überstanden hat, oder an den übermenschlichen Kräften, die in ihr zu schlummern scheinen, jedenfalls wirkt sie gelassener, so als hätte sie eine Seite umgeschlagen und ein neues Lebenskapitel begonnen.

»Ich muss mehr aus mir machen«, erklärt sie. »Ich sollte mein Potenzial nicht einfach verkümmern lassen, oder? Deshalb habe ich mich zu einem Kurs angemeldet.«

Ja, sie hat völlig recht, und ihr Leben zu vergeuden macht Rosie auch nicht wieder lebendig. Das Leben ist viel zu kurz und unvorhersehbar. Trotzdem finde ich es zu früh, schließlich läuft ihr Mörder immer noch frei herum. Ich hoffe nur, dass Jo sich nicht zu schnell zu viel zumutet.

»Das ist toll, Jo, ehrlich. Hast du schon etwas Konkretes im Auge?«

Bekümmert schaut sie mich an. »Ja, ich habe mich für einen IT-Kurs eingeschrieben. Sieh mich nicht so an! Ich rede nur ungern darüber, weil es beschämend ist, aber ich stehe mit Computern auf Kriegsfuß. Abgesehen von ein paar Schreibarbeiten für Neal hatte ich nie damit zu tun. Es ist ein Vollzeitkurs mit Unterbringung. Er dauert eine ganze Woche und kann um eine Woche verlängert werden. Den Rest lerne ich dann von zu Hause aus. Was denkst du?«

Ich denke an Delphine, die schon wieder ohne ihre Mutter auskommen muss.

Sie spürt, dass ich zögere. »Ich weiß, was du denkst. Natürlich hätte ich auch einen Kurs in der Nähe aussuchen können, aber ich ... ich brauche das einfach, Kate. Einen Tapetenwechsel. Zur Abwechslung mal an etwas völlig anderes denken.«

Um Verständnis heischend blickt sie mich an.

»Klingt doch perfekt.« Ich schiebe meine Befürchtungen beiseite, weil ich einsehe, dass sie keine andere Wahl hat. »Und wenn du dann Expertin bist, kannst du mir etwas beibringen!«

Ein Lächeln erscheint auf ihrem Gesicht, das jedoch nach ein paar Momenten verblasst und der gewohnten tiefen, niederschmetternden Traurigkeit weicht.

»Du kannst ruhig ehrlich sein, Kate. Findest du es schlimm, dass ich das tue? Jetzt? So kurz nach …« Ihre Stimme versagt.

»Jo, natürlich nicht …« Ich berühre ihren Arm. »Außerdem steht es weder mir noch sonst jemandem zu, dir zu sagen, was richtig ist. Und selbst wenn es nur dazu dient, dass du eine Zeit lang an etwas anderes denkst, ist es völlig in Ordnung.«

»Es ist so schwer, eine Entscheidung zu treffen«, erwidert sie leise. »Jeder sagt einem, was man zu tun und zu lassen hat, bis man am liebsten nur noch laut schreien würde. Und wenn ich noch länger in diesem Haus bleibe, werde ich irgendwann verrückt.« Ein Anflug von Panik schwingt in ihrer Stimme mit. »Ich kämpfe, Kate. Dieser Kurs hilft mir, eine weitere grauenvolle Woche zu überstehen und auf andere Gedanken zu kommen. Es mag noch zu früh sein, aber ich muss es trotzdem versuchen.«

Sie holt tief Luft, und ich spüre, wie sich mein Herz zusammenzieht.

»Sag mir einfach, wenn ich dir helfen soll. Brauchst du Unterstützung bei Delphine? Oder sonst bei etwas … Das tust du doch, oder?«

»Danke, Kate«, antwortet sie, »aber wir kriegen das hin.

Neal nimmt sich eine kleine Auszeit.« Einen Moment lang wirkt sie verängstigt. »Es wird auch allmählich Zeit. Er braucht eine Pause ... nach, du weißt schon, allem ...«

»Ich bin froh, Jo. Vielleicht tut es euch gut. Und sag ihm Bescheid, ja? Wegen nächster Woche? Er braucht nur zu fragen ...«

Ich bin so mit meiner Arbeit beschäftigt, dass ich Jo und mein Angebot völlig vergesse, bis Neal eines Vormittags an der Hintertür steht. Ich spreche gerade mit einer neuen Kundin am Telefon, der ich behutsam beizubringen versuche, was das Beste für ihren Garten wäre. Ich bedeute ihm, hereinzukommen.

»Zwei Minuten«, forme ich lautlos mit den Lippen und kritzle weiter, während er mit vor der Brust gekreuzten Armen am Fenster steht.

»Entschuldige«, sage ich, als ich aufgelegt habe. »Das war eine Kundin, die ich schon seit Tagen an die Strippe zu bekommen versucht habe. Wie geht es dir?«

»Gut. Ich hatte ja keine Ahnung, dass du so beschäftigt bist. Es ist nichts Dringendes, ich kann auch wieder ...«

»Nein! Trink doch einen Kaffee mit mir. Ist alles in Ordnung?« Ich setze den Kessel auf und hole Tassen aus dem Schrank, während ich die ganze Zeit Neals bohrenden Blick in meinen Rücken spüre.

Ich höre, wie er einen Stuhl heranzieht und sich setzt. »Danke, ich laviere mich so durch, könnte man sagen.«

»Milch und Zucker?«

»Nur Milch. Ich bin nicht sicher, ob meine Wohltätigkeitsarbeit tatsächlich so eine gute Idee ist.« Er klingt nicht gerade begeistert.

»Meinst du das Waisenhaus?«

»Ich trete gerade ein bisschen kürzer.« Er hält inne. »Ich

weiß nicht, was sie dir erzählt hat, Kate, aber im Moment kann ich Joanna kaum noch allein lassen.«

Ich sauge scharf den Atem ein. »Ich dachte, es ginge ihr besser. Vor allem jetzt, wo sie den Kurs macht.«

»Meinst du? Ich weiß nicht recht. Vielleicht stimmt es ja, trotzdem finde ich das Timing nicht besonders passend. Wir müssen doch auch an Delphine denken.«

»Ich dachte, es würde ihr helfen, wenn du zu Hause bist.«

Er sieht mich mit zusammengekniffenen Augen an – es ist ein sehr direkter Blick, der mich aus irgendeinem Grund verunsichert. »Wahrscheinlich hältst du mich für altmodisch, aber ich habe hunderte Waisen gesehen, Kate, die die schlimmsten Gräuel erlebt haben. Ihre Häuser wurden zerstört, ihre Herzen gebrochen, ihre Familien ausgelöscht. Egal, ob sie drei, neun oder fünfzehn Jahre alt sind. Es spielt keine Rolle, weil sie absolut nichts mehr haben. Du solltest sie hören, Kate. Sie rufen nach ihren Müttern. Immer nur nach ihren Müttern.«

Er senkt den Blick. »Aber du hast recht, was Delphine angeht. Es ist nicht dasselbe.«

»Ich finde es unglaublich, was du vollbringst, Neal.« Ich, die so gut wie keinen Fuß aus ihrer eigenen, sehr kleinen Welt setzt, bin zutiefst beeindruckt, wie selbstlos er sich dem Krieg und der Armut entgegenstellt und dabei sein eigenes Leben im Interesse der Menschheit aufs Spiel setzt.

»Eigentlich sollte ich viel mehr tun«, sagt er. »Ganz ehrlich – wenn Joanna und Delphine nicht wären, würde ich sofort gehen und diesem Projekt mein Leben widmen.«

Er klingt, als würde er es ernst meinen, jedes einzelne Wort. Ich stelle die Becher auf den Tisch und setze mich.

»Danke«, sagt er. »Außerdem bin ich ein miserabler Koch.«

»Wieso kommt ihr beide nicht zum Abendessen rüber? Ich

koche neuerdings sowieso nur für mich allein, zumindest während der Woche.«

»So?«

»Ja, Angus arbeitet zur Zeit in York. Von Montag bis Freitag. Deshalb seid ihr beide mir mehr als willkommen.«

Forschend sieht er mich an. »Und er hätte nichts dagegen?«

»Angus?«, frage ich ungläubig, als ich begreife, was er damit andeutet – dass ich ihn soeben zum Abendessen eingeladen habe, obwohl mein Ehemann nicht zu Hause ist. »Natürlich nicht.«

Neal schenkt mir sein typisch strahlendes, herzliches Lächeln. »Wenn das so ist, danke. Darüber würden wir uns beide freuen.«

Der Einfachheit halber gare ich ein Hühnchen im Ofen, mit Kartoffeln und Kräutern aus dem Garten, und gebe für die letzte Stunde noch Gemüse dazu. Dann schenke ich mir ein Glas Wein ein, räume die Küche auf und decke den Tisch für drei. Ich habe mich nicht extra in Schale geworfen, sondern lediglich frisch gewaschene Jeans angezogen, einen Hauch Make-up aufgelegt und mir Parfum hinters Ohr getupft, weil es ja nur ein kleines Abendessen für Freunde in meiner Küche ist.

Als ich die Tür aufmache, stelle ich erstaunt fest, dass Neal allein gekommen ist.

»Delphine ist beschäftigt«, sagt er. »Das habe ich völlig vergessen. Aber wir können es auch gern verschieben, wenn dir das lieber ist. Ich würde es verstehen.«

»Natürlich nicht, komm rein. Ich habe schon alles fertig«, rufe ich eine Spur zu enthusiastisch, um zu kaschieren, dass er den Nagel auf den Kopf getroffen hat. Offen gestanden fühle ich mich ein bisschen überrumpelt, dass wir nur zu zweit sind. Ich kann zwar nicht genau sagen, weshalb, aber für mein Empfinden fühlt sich das Ganze eine Spur zu intim an. Mit einem Mal bin ich mir auch nicht mehr sicher, was Angus dazu sagen würde, oder Jo. Doch dann gewinnt meine gewohnte Vernunft die Oberhand. Du liebe Güte, ist doch bloß ein Abendessen. Außerdem ist Angus nach York gegangen, oder? Und ich weiß zufällig, dass auch er nicht jeden Tag allein zu Abend isst.

»Cool. Dann mache ich die hier mal auf.« Er holt eine Flasche Wein heraus. »Du magst doch roten, oder?«

»Rot ist prima, danke.«

Während ich in der Schublade nach einem Korkenzieher krame, breitet sich eine verlegene Stille aus. War es naiv von mir, ihn einzuladen? Aber das habe ich doch gar nicht getan, sage ich mir, die Einladung galt ja für ihn und seine Tochter.

»Und was macht Delphine?«, frage ich.

»Sie ist bei einer Freundin«, antwortet er knapp. »Ich kenne allerdings ihren Namen nicht. Da ich so selten zu Hause bin, habe ich all diese Dinge immer Jo überlassen.«

»Du bist genauso schlimm wie Angus.« Ich nehme ihm das Glas aus der Hand, das er mir hinhält.

Seine Augen funkeln. »Wir Männer, was? Ich weiß, wir sind alle gleich. Prost.« Er stößt mit mir an.

»Prost. Na ja, eigentlich seid ihr gar nicht so übel«, erwidere ich leichthin und trinke eilig einen großen Schluck. Seine Gegenwart bringt mich leicht aus dem Konzept. »Wollen wir essen?«

»Gute Idee. Es riecht übrigens fantastisch. Du würdest lieber nicht sehen wollen, was ich in der Küche so fabriziere. Und du musst mir alles von deiner Tochter erzählen.«

»Grace? Ach, der geht's gut. Sie ist ganz begeistert von ihrem Studium. Natürlich vermisse ich sie sehr …« Ich gebe eine Portion Hühnchen auf Neals Teller.

»Ist schon okay« sagt er leise. »Ich habe gefragt, und es ist nichts Schlimmes daran, über sie zu sprechen. Sie ist deine Tochter. Du solltest von ihr erzählen.«

»Du weißt, wieso ich es vermeide?« Ich frage mich, wieso ich *ihm* all das sagen kann, Jo dagegen nicht. »Allein wenn ich nur ihren Namen erwähne, habe ich ein schlechtes Gewissen.«

Er schüttelt den Kopf. »Das brauchst du nicht«, sagt er sanft. »Es ist doch nicht deine Schuld, dass Rosanna gestorben ist. Genauso wenig wie unsere. Und das Leben geht weiter. Das muss es, Kate. Ich muss daran glauben. Es ist das Einzige, das mich aufrecht hält.«

»Die Ungewissheit muss dich doch in den Wahnsinn treiben«, sage ich leise.

Es dauert einen Moment, ehe er antwortet. »Ja.«

Wir essen schweigend. Als ich ihn über den Tisch hinweg anblicke, spüre ich eine Art Verbindung, empfinde echtes Mitgefühl für ihn, weil er so tapfer ist. Er hat niemanden, der ihn unterstützt.

Als hätte er meine Gedanken gelesen, legt er sein Besteck beiseite. Mein Herz beginnt zu hämmern. Mit einem Mal berühren sich unsere Hände.

»Wie machst du das?«

»Was? Deine Hand berühren? Ganz einfach, Kate. Ich strecke meine Hand aus und lege sie auf deine und …«

Sein Tonfall ist unbeschwert, seine Stimme hypnotisch, seine kräftigen und warmen Finger umschließen meine. Wie kann sich eine Berührung so anfühlen?

Was tue ich hier eigentlich?

»Das hatte ich nicht beabsichtigt.« Ich will meine Hand wegziehen, doch es ist, als würde eine unsichtbare Kraft es verhindern. Meine Fingerspitzen kribbeln, mein Puls rast, und in meinem Magen flattert es. Ich versuche, mich zu konzentrieren, die Signale zu ignorieren. »Zu überleben und stark zu bleiben, nach allem, was passiert ist, meine ich.«

Er seufzt. »Oh, das. Manchmal, Kate, hat man einfach keine andere Wahl.«

Als ich nicht auf seine neckische Bemerkung reagiere, macht er dicht. Er löst seine Hand von meiner, steht auf und bietet mir an, beim Aufräumen zu helfen. Dann sieht er auf seine Uhr.

»Danke, aber das schaffe ich schon«, sage ich. »Das ist kaum der Rede wert.«

Sein Blick schweift durch die Küche, und ein paar Sekunden lang betrachte ich sie aus seiner Perspektive – klein und unaufgeräumt statt makellos sauber, Holz anstelle von schimmerndem Chrom. Im Spülbecken stapelt sich das schmutzige Geschirr, auf der Arbeitsplatte liegen noch die Zutaten herum. Doch dann rufe ich mich zur Ordnung. Dies ist mein Zuhause, und ich liebe jeden unaufgeräumten Zentimeter davon.

»Es war ein sehr schönes Essen«, sagt er.

»Entschuldige, ich hätte ein Dessert vorbereiten sollen, aber wenn du möchtest, kann ich gern Kaffee machen«, sage ich, wenn auch halbherzig.

Wieder breitet sich Stille aus, erfüllt von unausgesprochenen Worten. »Es ist wohl das Beste, wenn ich jetzt gehe«, sagt er. »Danke für den Abend, Kate.«

Er tritt einen Schritt auf mich zu, und ich spüre, wie mein verräterisches Herz kurz aussetzt.

»Ach, nicht der Rede wert. Das habe ich gern getan.«

Ich sage nicht: »Das müssen wir dringend bald wiederholen«, denn die körperliche Anziehung, die er auf mich ausübt, ist zu stark, als dass ich auch nur einen Ton herauszubringe. Und bevor ich ihn daran hindern kann, beugt er sich vor und legt die Lippen auf meinen Mund.

Rosie

Ich sehe den Typen mit den blauen Augen und den ausgeleierten Jeans in unserem Garten. Er kennt sich mit den Jahreszeiten aus und weiß, wie er Leuten wie meinen Eltern, bei denen es hauptsächlich darum geht, dass alles toll aussieht, die richtigen Pflanzen verkaufen muss. Leuten, die nach Bewunderung lechzen, weil sie das größte Haus und den eindrucksvollsten Garten haben.

Fühle ich mich anfangs bloß so zu ihm hingezogen, weil ich weiß, dass meine Eltern schon bei der Vorstellung ausrasten würden, dass ihre Tochter ihn berührt, küsst und mit ihm schläft? Oder bedeuten seine sanfte Freundlichkeit, seine Sensibilität und sein Einfühlungsvermögen, dass auch er so so unvermeidlich ist wie die Tatsache, dass auf den Tag der Abend folgt? Ich weiß es nicht.

Alex zeigt mir die ersten Triebe, die aus der Erde sprießen. Sie umhüllt die Natur, sagt er. All diese knorrigen braunen kleinen Dinger stecken in der Erde, wo sie unter den richtigen Bedingungen in Ruhe zu etwas Wunderschönem heranwachsen, zuerst die Blätter, jedes in seiner eigenen Grünschattierung, gefolgt von einem Schneeglöckchen oder einer süß duftenden Narzisse oder den dicken Tulpen, die wachsen und stetig ihre Farbe verändern, selbst wenn man sie abschneidet. Aber, sagt er, das Potenzial sei trotzdem stets vorhanden, selbst wenn man es nicht sehen könne.

Eigentlich sind seine Erklärungen ganz einfach und nachvollziehbar – nicht die hübsche, aber vergängliche Blüte bedarf der sorgsamen Pflege, sondern das, was im Verborgenen liegt. Es ist genauso wie bei den Menschen: Das Innere ist tausend Mal schöner als das, was das Skalpell eines Chirurgen jemals zutage fördern könnte.

Er bringt mir bei, dass Schönheit nicht zwangsläufig mit Perfektion einhergehen muss, zeigt mir die Unvollkommenheit der Blütenblätter, die zuerst abfallen, dann verwelken und sich verfärben, bis nur noch die winzigen Samenkörner für die Vögel übrig sind. Er zeigt mir von Flechten bedeckte Baumrinde, satte, zerbröselnde Erde und eine Rose mit unterschiedlich gefärbten Blüten – alles wunderschön auf eine ganz eigene, nicht auf den ersten Blick erkennbare Art.

Es beginnt mit Blicken, dann streifen sich unsere Schultern, unsere Finger berühren sich flüchtig, als ich ihm einen Kaffeebecher reiche. Und eines Tages stellt er den Becher beiseite, streicht mir eine Haarsträhne aus dem Gesicht und küsst mich.

Seine Berührung ist so verführerisch wie der erste Duft von Geißblatt oder die Wärme der Sonnenstrahlen nach einem langen Winter. Ich kann nicht sagen, wie ich all die Jahre ohne ihn leben konnte, wie leer ich war bis zu jenem Moment, als seine Hände die meinen berühren und ich seinen erdigen frischen Geruch einatme. Zum ersten Mal fühle ich mich wirklich lebendig.

Von dem Augenblick an, als ich mich verliebe und am liebsten den ganzen Tag nur tanzen und singen würde, gibt es kein Zurück mehr. Plötzlich ist alles anders, so beflügelnd, und ich kann atmen, sprechen, ich lebe. Hat die Liebe grundsätzlich diese Wirkung auf Menschen, oder liegt es an der stillen Kraft der Bäume ringsum, der unendlichen Stärke des Windes, während in der Erde die zartesten Pflänzchen gedeihen?

Alex entführt mich in eine völlig neue Welt – von den höchsten Höhen hinab auf eine Erde, die sich vor unseren Füßen ausbreitet. Er macht mich auf die Wolken aufmerksam, die einen Sturm ankündigen, auf das Schlagen der Wellen, als wir am Lagerfeuer am Strand sitzen. Er hat den Arm um mich gelegt, und mein Kopf lehnt an seiner Schulter, während wir zum Himmel hinaufschauen und beobachten, wie das Blau einem pfirsichfarbenen Rosa weicht, ehe die Sterne in der Finsternis erscheinen.

Zwischen diesen Begegnungen stehlen wir uns immer wieder Momente, unendlich kostbar, weil sie so schnell wieder vergehen.

Ich bin übervorsichtig, verwische jede Spur mit sorgsam platzierten Lügen, damit uns niemand auf die Schliche kommt. Doch eines Tages kehrt meine Mutter unerwartet nach Hause zurück, weil ihr Termin im Friseursalon storniert wurde. Ich höre weder ihren Wagen, den sie auf der Straße geparkt hat, noch bekomme ich mit, wie sie leise die Tür aufmacht, auf Zehenspitzen das Wohnzimmer durchquert und ans Küchenfenster tritt.

Wieso starrt sie mich so entsetzt an? Weil seine Arme mich umschlingen? Oder weil sie etwas auf unseren Gesichtern gesehen hat, das sie selbst niemals empfunden hat und niemals empfinden wird?

Es ist nicht länger wichtig, was meine Eltern denken. Diese Art der Liebe kann nicht falsch sein. Aber ich weiß auch, dass es nicht immer so ist. Dass es Menschen gibt, wie meine Eltern, bei denen es besser gewesen wäre, wenn sie Fremde geblieben oder sich nie begegnet wären.

18

Der Vorfall mit Neal verfolgt mich, auch wenn es nur ein Kuss war und ich ihn weggeschoben habe. Ich male mir aus, wie Angus leicht angesäuselt in einer Bar sitzt und bewundernd eine namenlose hübsche Frau betrachtet und harmlos mit ihr flirtet. Harmlos, daran gibt es keinen Zweifel für mich. Ergebnis des »Wie sehr trauen Sie Ihrem Mann?«-Tests? Angus besteht ihn mit Bravour. Ich vertraue ihm zu hundert Prozent. Und er vertraut mir.

Mehrmals habe ich bereits den Hörer in der Hand, um Rachael anzurufen, aber dann hält mich doch etwas davon ab. Ist es fair, sie da mit hineinzuziehen? Oder schäme ich mich zu sehr?

Nur ein Kuss. Das hat Neal gesagt, bevor er gegangen ist.

Alles seine Schuld. Es tue ihm so leid.

Der springende Punkt ist allerdings, dass ich ihm schon viel früher hätte Einhalt gebieten können, da ich gespürt habe, was gleich geschehen würde. Aber ich habe es geschehen lassen, deshalb trägt nur einer die Schuld: Ich.

Ich versuche, mich abzulenken, und mache einen Ausritt auf Zappa, der immer noch hier ist, weil seine Besitzerin ihn nicht zurückhaben will, sich aber auch nicht durchringen kann, ihn zu verkaufen. Er ist unruhig und unkonzentriert, spürt trotz Decke die Kälte und ist genauso wenig begeistert von den Gedanken, die mir durch den Kopf gehen, wie ich.

Erst als ich auf ein Feld reite und ihn losgaloppieren lasse, gelingt es mir, den Kopf freizubekommen. Ich höre den peitschenden Wind und das Hämmern der Hufe. Der Schlamm spritzt in alle Richtungen.

Wieder zu Hause – ich habe geduscht und mache mir mit noch feuchten Haaren etwas zum Mittagessen –, taucht Neal plötzlich auf.

»Du solltest wieder gehen«, sage ich. Meine Wangen sind rot. Ich kann mich nicht überwinden, ihm in die Augen zu blicken. »Bitte. Ich liebe Angus. Ich will das alles nicht.«

Aber er steht nur wortlos da. Nach einer Weile riskiere ich einen Blick auf sein Gesicht, zögere, bevor ich ihm in die Augen sehe, die mich magisch anzuziehen scheinen.

»Kate?« Wie kann so viel Bedeutung in einem einzigen Wort, in vier Buchstaben, liegen?

Fangen so Affären an? Mehr ist nicht notwendig? Nur jemand, der eine Grenze überschreitet, den anderen überredet, etwas zu riskieren, sich jenem Rausch der Gefühle hinzugeben, den man längst vergessen hat, weil er abflaut, wenn man so lange verheiratet ist wie wir?

Stille. Minuten, die sich wie Stunden anfühlen, verstreichen, ehe ich mich unter Aufbietung meiner gesamten Willenskraft abwende und warte, bis die Tür hinter ihm ins Schloss fällt. Ich höre den Kies unter seinen Schuhen knirschen, zähle die Sekunden, bis er das Ende der Einfahrt erreicht hat. Dann drehe ich mich wieder um und erhasche noch einen letzten Blick auf seinen Rücken.

Ich lasse mich auf den Boden sinken. So sehr ich ihn will – und ich könnte ohne weiteres meinem Verlangen nachgeben –, ich werde es nicht tun.

Auf einmal schwappt mir von allen Seiten eine regelrechte Woge des Mitgefühls entgegen, die ich nicht verdiene. Es ist fast, als gliche meine Scham einem Trauerflor am Ärmel oder einer Narbe, die ich aus einer blutigen Schlacht davongetragen habe.

»Angus fehlt mir«, gebe ich als Erklärung an, wenn mich jemand auf meine Blässe anspricht. *Elende Lügnerin* hallt eine höhnische Stimme in meinem Kopf wider, weil ich nicht nur eine Frau bin, die um ein Haar ihren Mann hintergangen hätte, sondern auch eine Betrügerin.

Angus ruft an und verkündet, dass er am Wochenende nicht nach Hause kommen wird, beinahe so, als wäre die Wolke meiner Gewissensbisse bis nach York gezogen.

»Es tut mir leid, Kate, aber ich hatte völlig vergessen, dass am Samstag dieses Essen stattfindet. Hätten wir es früher gewusst, hättest du herkommen können.«

»Aber nächstes Wochenende bist du doch wieder zu Hause, oder?« Ich bin enttäuscht, aber auch erleichtert.

An diesem Wochenende kommt auch Jo nach Hause. Und meine Gewissensbisse werden noch schlimmer, als mir ihre Worte wieder in den Sinn kommen. *Er hat eine Affäre ... Es ist nicht das erste Mal, und ich muss damit leben.*

Plötzlich komme ich mir unglaublich blöd vor. Ich war leichte Beute, habe mich geschmeichelt gefühlt und zugelassen, dass er mich umgarnt. Ich kann ihr unmöglich sagen, dass ihr Mann mich angemacht hat, obwohl ich ihn keineswegs dazu ermutigt habe, sondern er nur seine übliche Nummer abgezogen hat. Unwillkürlich läuft unser Abendessen noch einmal vor meinem inneren Auge ab.

Wir beide am Tisch, unsere Hände ineinander verschlungen.
Oder habe ich ihn etwa doch ermutigt?
Seine Lippen auf meinem Mund.
Sieht er es so?
Aber ich habe ihm Einhalt geboten. Es ist nichts passiert.

»Wie lief dein Kurs?«, frage ich Jo.

»Wunderbar«, antwortet sie. Mir fällt auf, dass sie müde aussieht. »Ich habe interessante Leute kennengelernt. Und, du meine Güte, so viele Technikfreaks, nicht zu fassen!«

»Ja, ja, so ist diese Branche nun mal«, gebe ich leichthin zurück, als wäre ich die große Expertin.

»Das nächste Kursmodul erarbeiten wir uns von zu Hause aus«, fährt sie fort. »Aber es hat gutgetan, mal eine Weile wegzukommen, auch wenn es nur ein paar Tage waren.« Ein wehmütiger Ausdruck erscheint auf ihrem Gesicht. »Kate? Hast du nie das Bedürfnis, auszubrechen?«

»Ich? Eigentlich nicht. Aber im März fahre ich zu Angus und tausche die Gummistiefel gegen die Highheels ein.«

Sie mustert mich, als versuche sie, sich mich in hohen Schuhen vorzustellen, und gelangt zu dem Schluss, dass es völlig absurd aussähe.

»Auch ich trage nicht nur Reithosen und Stiefel«, füge ich hinzu, was sie mit einem mitfühlenden Blick quittiert.

»Vermisst du ihn?«

»Na ja ... ja.« Ein leichtes Beben erfasst meine Stimme.

Sie lächelt traurig. »Du bist nicht allein, Kate. Ich bin immer für dich da.«

Dass sie trotz ihrer eigenen Probleme immer noch Zeit für die meinen findet, rührt mich so sehr, dass ich keinen Ton herausbringe.

Doch nach dieser kurzen Unterredung taucht sie wieder einmal ab. Normalerweise wäre es an mir, nach ihr zu sehen, aber da Neal immer noch zu Hause ist, halte ich mich wohlweislich fern von ihr.

Rosie

Als Nächstes sehe ich einen Tag vor mir, den ich am liebsten vergessen würde.

Mein zwölfter Geburtstag war mein Hunde-Geburtstag, der Tag, an dem ich Hope verloren habe. Und nun wird Della zwölf.

In der Woche davor war Mummy mit mir shoppen, um neue Sachen für sie zu kaufen. Teure Kleider. Teure Hautcremes. Unterwäsche. Sie hält die Sachen vor mich hin und schüttelt den Kopf. Nein, dieses Kleid oder diese Jeans könne man nur mit einer ganz bestimmten Figur tragen, obwohl ich inzwischen viel dünner bin und mir angewöhnt habe, den Finger in den Hals zu stecken, falls ich ausnahmsweise einmal eine richtige Mahlzeit zu mir genommen habe. Aber heute geht es nicht um mich, sondern um Della.

So sehnlich ich mir einen Hund gewünscht habe, träumt sie von einer Kamera. Ich erinnere meine Mutter daran.

»Eigentlich will sie doch gar keine«, wiegelt sie ab, »sie bildet es sich bloß ein. Was will deine Schwester mit einer Kamera anfangen?«

»Aber sie wünscht sich tatsächlich eine«, beharre ich. Della hat mir eine digitale Spiegelreflexkamera mit Zoomfunktion gezeigt. Sie würde gern Portraits aufnehmen, Alltagsszenen und Menschen, im Reportagestil, so dass die Abgelichteten es gar nicht mitbekommen.

»Ich werde mit eurem Vater reden«, sagt Mum nur und rafft einen weiteren Stapel Klamotten zusammen, die noch nach Plastikverpackung riechen.

Obwohl den ganzen Tag die Sonne scheint, ist Dellas Geburtstag nicht wie meiner – er ist tausendmal schlimmer.

Als sie ihre Geschenke aufmacht und die Kamera auspackt, leuchtet ihr Gesicht vor Glück. Und ich freue mich irgendwie, aber gleichzeitig bin ich wütend. Wenn sie bekommt, was sie sich gewünscht hat, wieso durfte ich dann Hope nicht haben?

Dann macht sie die Kartons mit den Kleidern auf, und erst jetzt fällt mir auf, dass sie alle beinahe Puppengröße haben und viel zu klein für Della sind. Sie sieht uns verwirrt an.

»Danke«, sagt sie höflich und greift nach ihrer Kamera.

»Probier sie an«, befiehlt mein Vater und reißt ihr die Kamera aus der Hand. »Los, deine Mutter hat so viel Geld ausgegeben. Ich will wissen, wie du darin aussiehst.«

Ihr Blick schweift zu mir. Sie hat bemerkt, wie winzig die Kleider sind, außerdem kennt sie seinen Tonfall. Ich weiß, dass sie Angst vor ihm hat.

»Ich komme mit.« Ich springe auf und helfe ihr, die blöden Kleider einzusammeln.

»Setz dich hin, Rosanna«, befiehlt er. »Du bleibst hier.«

Meine Mutter sieht besorgt aus. Plötzlich bin ich wütend auf sie, dass auch sie Teil dieses grausamen Schauspiels ist und zulässt, dass mein Vater uns terrorisiert. Kurz überlege ich aufzustehen, aber dann rastet er nur vollends aus. Am liebsten würde ich ihm ins Gesicht schreien, dass Väter ihre Töchter lieben sollten. Am liebsten würde ich abhauen, aber das geht nicht, weil Della dann allein wäre.

Mit hängenden Schultern kommt sie die Treppe herunter. Sie trägt eines der Kleider, aber der Saum ist viel zu kurz, und an den Ärmeln schneidet der Stoff in ihre Haut.

»Aha.« Mein Vater steht auf. »Kopf hoch, Delphine. Was ist los mit dir?«

»Ich kriege es nicht zu«, flüstert Delphine.

Er tritt zu ihr, dreht sie grob herum und zerrt abrupt den Reiß-

verschluss hoch. Zwei Sekunden später hat er die Kamera in der Hand.

»Lächeln!«, befiehlt er laut. »Posieren, Delphine, los, komm schon. Du bist jetzt kein kleines Mädchen mehr. Das ist ein Frauenkleid, also benimm dich gefälligst wie eine Frau!«

Allein vom Zusehen wird mir übel. Mitzubekommen, wie er unsere Angst spürt und sich überlegt, wo er heute die Grenze ziehen wird; eine Grenze, die sich nahezu täglich verschiebt. Wie kann es einem Menschen Spaß bereiten, die eigene Tochter in eine Wurstpelle aus Stoff zu zwängen, so dass die Wülste noch deutlicher hervortreten?

Vorsichtig geht Della auf und ab, während Vater die Kamera auf sie richtet und knipst. Plötzlich ertönt ein Ratschen. Dieser Augenblick brennt sich unauslöschlich in mein Gedächtnis ein: Della, starr vor Entsetzen, mit schamesroten Wangen, die zwischen den klaffenden Stoffhälften hervorquellende Haut, und das grausame Gelächter meines Vaters.

Später gehen wir essen, sagt er. Um sechs. Ich helfe Della, die verhassten Kleider wegzuräumen, lösche die Bilder von der Kamera, wobei ich mir wünsche, die Bilder in ihrem Kopf würden sich ebenso leicht verbannen lassen. Wir finden ein Oberteil, das zumindest halbwegs passt. Um sechs gehen wir nach unten. Mein Vater sitzt vor dem Fernseher. Von meiner Mutter ist weit und breit nichts zu sehen. Um sieben schenkt er sich einen Whiskey ein.

»Gehen wir nicht essen?«, frage ich.

»Essen?«, wiederholt er mit gespieltem Erstaunen.

»Ja, zu Delphines Geburtstag. Du sagtest doch vorhin, dass du uns ausführen willst.«

»Ich hab's mir anders überlegt«, sagt er ruhig. »Deine Mutter ist derselben Meinung. Ihr habt ja selbst gesehen, was mit dem Kleid passiert ist.«

Schluchzend läuft Della nach oben. Ich mustere ihn. Genießt er das? Was bringt es ihm, seine Tochter dermaßen zu demütigen?

»Das ist nicht fair«, sage ich leise. Meine Stimme zittert ganz leicht.

»Fair?«, wiederholt er mit dieser typisch frostigen Ruhe. »Ich werde dir sagen, was nicht fair ist, Rosanna – fette, hässliche Kinder, die nicht tun, was man ihnen sagt. Die nicht zu schätzen wissen, was sie haben. Die sich nicht anstrengen und niemals etwas aus ihrem Leben machen, weil sie zu faul und zu dumm sind.«

Ich schnappe nach Luft, und ein brennender Schmerz bohrt sich in mein Herz, doch so schnell er gekommen ist, verebbt er auch wieder und weicht der gewohnten Betäubung.

»So etwas darfst du nicht sagen«, presse ich hervor. Es ist mir egal, was er gleich mit mir anstellen wird. Schlimmer kann es ohnehin kaum noch werden. »Nicht zu Delphine. Das verdient sie nicht.«

Er steht auf. Ich wappne mich für die nächste Wortsalve, aber offenbar habe ich nicht mitbekommen, dass sich die Grenze ein weiteres Mal verschoben hat. Er holt aus und schlägt zu.

Delphine

»Das braucht seine Zeit«, sagen alle.

»Irgendwann wird es leichter.«

»Eines Tages wirst du sie nicht mehr ganz so schmerzlich vermissen.«

»Wirst nicht mehr so traurig sein.«

»Du musst anfangen, das Leben wieder zu genießen. Daran ist nichts Schlechtes. Das Leben ist schön.«

Immer wenn dieser Spruch kommt, weiß ich, dass diejenigen nie einen geliebten Menschen verloren haben. Denn sonst würden sie mich verstehen.

Sie wüssten, dass man den geliebten Menschen immer vermissen wird.

Dass der Schmerz niemals aufhören wird.

Dass das Leben vorüber ist.

19

Februar

Die ersten Osterglocken sprießen, als Rachael und ich bei einer Tasse Kaffee zusammensitzen.

Jo ruft mich an, und wir führen ein, gelinde gesagt, kryptisches Gespräch, auf das ich mir beim besten Willen keinen Reim machen kann.

»Ich habe die Software, die du wolltest. Kann ich sie dir heute Vormittag vorbeibringen? Würde dir das passen?«

»Wovon redest du, Jo?« Ich habe keine Ahnung, was sie meint. Von einer Software höre ich zum ersten Mal.

»Perfekt«, zwitschert sie. »Ginge es um zwölf? Ich weiß ja, dass du sie so schnell wie möglich installiert haben wolltest.«

»Geht es dir gut, Jo?«

Sie geht nicht auf meine Frage ein. »Keine Angst, das sollte nicht allzu lange dauern. Bis später.«

»Sehr seltsam«, sage ich zu Rachael. »Das war Jo, aber ich habe keine Ahnung, wovon sie gesprochen hat.«

»Wen wundert's. Wäre eines meiner Kinder tot, und der Mörder würde immer noch frei herumlaufen …« Sie schüttelt den Kopf. »Ich würde den Verstand verlieren. Aber apropos Mörder …« Sie sieht mich erwartungsvoll an.

»Du meinst Alex? Wenn die Polizei nicht endlich ein paar handfeste Beweise findet, hat er wohl nichts mehr zu befürchten. Unglaublich, wie lange das alles dauert, nicht?«

Nachdenklich schlürft Rachael ihren Kaffee. »Manchmal frage ich mich, ob jemals wieder so etwas wie ein normaler Alltag einkehrt. Wo wir gerade über Normalität sprechen, wie geht es eigentlich Angus?«

»Ich denke, er ist ganz zufrieden. Ein bisschen zu zufrieden für meine Begriffe.« Ich frage mich, ob er in York allmählich Wurzeln schlägt.

»Ach«, wiegelt sie ab. »Die Kocherei und die viele Wäsche fehlen dir bestimmt nicht. Und falls ja, kannst du gerne was von mir abhaben.« Sie sieht auf die Uhr und runzelt die Stirn. »Oh, verdammt, das habe ich ja völlig vergessen.« Erschrocken springt sie auf. »Eigentlich sollte ich schon seit zehn Minuten in der Schule sein. Milos Lehrerin will mit mir reden, und dabei stehe ich mit der Frau ohnehin auf Kriegsfuß …«

Sie rennt zur Tür und bläst mir einen Kuss zu. »Entschuldige, wenn ich dich einfach sitzen lasse, und grüß Jo schön von mir.«

Kaum ist sie weg, taucht Jo auf, hinter ihr weht ein Schwall kalter Luft herein. Sie ist zu früh.

»Bitte entschuldige wegen vorhin, Kate. Neal hat zugehört. Das tut er neuerdings ständig.« Sie ist zappelig, kann kaum still sitzen.

»Ich verstehe nicht ganz, Jo. Weshalb darf er denn nicht wissen, dass du herkommst?«

»Weil er weiß, dass ich mit dir rede. Und er verbirgt etwas vor mir, Kate. Etwas, wovon keiner erfahren soll, nicht mal ich.«

O Gott. Mein Mund fühlt sich plötzlich trocken an. Hat sie herausgefunden, was um ein Haar zwischen uns geschehen wäre?

Angespannt fährt sie sich mit den Händen durchs Haar.

»Hast du kurz Zeit? Ich sage dir alles ... Gott, Kate. Es ist einfach zu viel. Ich kann nicht mehr klar denken ...«

»Ich mache uns einen Kaffee. Geht's, Jo?«

Statt einer Antwort starrt sie nur vor sich hin. Besorgt setze ich den Kessel auf, doch dann fährt sie fort: »Du erinnerst dich doch, dass ich dir erzählt habe, ich sei die absolute Flasche in Computerdingen. Bisher habe ich die Dinger kaum angefasst, aber seit dem Kurs ... Egal. Jedenfalls habe ich gestern ein Dokument gesucht, das ich gespeichert hatte, aber ...« Sie hält inne.

Ich stelle die Becher auf den Tisch und setze mich.

»Sprich weiter.«

Als sie den Becher nimmt, zittern ihre Hände so sehr, dass der Kaffee überschwappt. Sie stellt ihn wieder hin und sieht mich eindringlich an.

»Ich habe neulich Neals Laptop benutzt, ein uraltes Ding, von dem ich gar nicht wusste, dass wir es überhaupt haben. Ich habe ihn ganz unten in seinem Kleiderschrank gefunden ...« Wieder unterbricht sie sich. »Wie gesagt, ich wollte ein Dokument aufrufen, das ich gespeichert hatte, und bin dabei auf diese Files gestoßen, Kate«, sagt sie so leise, dass ich sie kaum verstehe.

»O Gott.« Wieder fährt sie sich mit der Hand durchs Haar. »Ich bin nicht sicher, ob ich das wirklich kann.«

»Jo ... Was ist denn? Sag es mir.«

Sie starrt auf einen Punkt neben mir und holt tief Luft.

»Sie sind grauenvoll, Kate. So etwas habe ich noch nie gesehen.«

Ich verspüre Übelkeit, als mir dämmert, worauf sie hinauswill.

»Er steht auf Pornografie, und zwar auf die der allerschlimmsten Sorte. Gewalttätiger Sex, Vergewaltigungen ... Sex, bei dem Menschen getötet werden.«

Ihre Stimme ist kaum mehr als ein Flüstern, und in ihren Augen flackern Angst und Entsetzen.

»Das ist noch nicht alles. Es gibt Links zu diversen Webseiten. Ich kann dir nicht sagen …« Sie schlägt die Hand vor den Mund. »Ich konnte sie gar nicht ansehen …«

Ihre Augen sind leblos, als wäre sie in Trance. »Neal hat sich immer um alles gekümmert.«

Mir gefriert das Blut in den Adern. Was will sie damit andeuten?

Ihr Gesicht ist kreidebleich. »Es ist alles da, Kate. Daten. Alles. Selbst eine Idiotin wie ich weiß, wann er die Dateien zuletzt geöffnet und sich die Fotos angesehen hat. All die Daten, Kate, sind von der Zeit *davor*.«

Ihre Augen sind weit aufgerissen.

»Was, wenn er sie getötet hat?«

Es herrscht eine lähmende Stille. Erschüttert blicke ich sie an.

Flüchtig denke ich an den Abend, als er hier war. Habe ich mit einem Mörder zu Abend gegessen? Hat dieselbe Hand, die meine Finger berührt hat, Rosie getötet? Dann setzt mein gesunder Menschenverstand wieder ein.

»Das ist doch lächerlich«, sage ich. »Neal ist doch kein Mörder. Und schon gar nicht der seiner eigenen Tochter.«

Schweigend starrt Jo mich an, und es läuft mir eiskalt den Rücken hinunter.

»Du kennst ihn nicht«, sagt sie schließlich. »Und das willst du lieber auch nicht. Bestimmt glaubst du mir kein Wort, niemand tut das … aber er hat eine andere Seite.« Die ganze Zeit ist ihr eindringlicher Blick auf mich geheftet, als flehe sie mich förmlich an, ihr zu glauben. »Er ist krank, Kate. Eine verkorkste, brutale, grausame Seite … was er dir auch immer erzählt haben mag, er steht darauf, mir wehzutun, mir zu sagen, wie hässlich ich bin. Nicht nur dieses eine Mal, als du es mitbekommen hast, sondern tausende Male. Es wäre besser für alle, wenn ich nicht mehr leben würde. Auch das hat er gesagt.«

Ein Schluchzen dringt aus ihrer Kehle.

»Ich habe mich so angestrengt, die Frau zu sein, die er sich wünscht. Seine Frau, Mutter zu sein, schön zu sein, damit er stolz auf mich ist. Aber es ist einfach nie genug.«

Tränen quellen aus ihren Augen. Tränen der Kränkung und der Resignation. Sie sackt in sich zusammen, als der letzte Rest Kampfgeist in ihr zu verpuffen scheint.

»Er war schon immer so, seit wir uns kennen. Anfangs war er einfach nur etwas brutaler als andere. Beim Sex, meine ich. Ich dachte, das sei normal, Kate. Dass ihn die Leidenschaft eben übermannt, weil er mich so liebt ... und dann konnte er wieder so liebevoll sein und mir all die wunderschönen Dinge kaufen ...« Sie zögert, offenbar werden schmerzliche Erinnerungen wach.

»Im Lauf der Jahre wurde es immer schlimmer. Ich wusste ja, dass er gewalttätig sein kann. Er schlägt mich, Kate ... Danach hasst er sich selbst dafür, aber er kann sich einfach nicht beherrschen.«

Entsetzt starre ich sie an, unfähig, den Blick abzuwenden, als sie langsam ihren üppigen, weichen Schal löst, unter dem ein frisches, leuchtend rot-violettes Mal zum Vorschein kommt. Unwillkürlich presse ich die Hand auf den Mund.

»Er würgt mich, Kate. Auch wenn ich ihn anbettle, es nicht zu tun. Beim Sex. Bis ich ohnmächtig werde. Es erregt ihn. So ein Mann ist er in Wahrheit.«

Sie spricht ganz langsam, so als wäre sie gar nicht bei sich, als würde sie über jemand anderen sprechen. Ich bin schockiert. Auch wenn ich gehört habe, dass Partner in gegenseitigem Einvernehmen derartige Praktiken anwenden. In

Jos Fall ist das Körperverletzung. Deshalb trägt sie ständig Schals, auch wenn es warm ist. Wie kann der von allen verehrte, renommierte, vielfach ausgezeichnete Neal Anderson so ein Ungeheuer sein?

»Beim letzten Mal hat er gesagt, er hätte sich schon überlegt, wo er mich verscharren wollte«, fährt sie fort. »Er hat gelacht, aber das war kein Scherz, Kate. Der Garten ist schließlich groß genug, oder? Er würde den Leuten einfach erzählen, seine verrückte Frau hätte ihn verlassen, und dann hätten sie alle Mitleid mit ihm. Alle glauben ihm, so ist das immer. Niemand würde je auf die Idee kommen ...«

Sie zittert und hat die Hände so fest ineinander verkrallt, dass ihre Knöchel weiß hervortreten.

»Ich habe mitbekommen, wie er Rosanna geschlagen hat. Keine Ahnung, was er sonst noch getan hat. Ich weiß, dass es falsch ist und ich schwach und erbärmlich bin, aber ich konnte ihn nicht danach fragen. Er hat sie terrorisiert, Kate. Sie durfte gar nichts, keine Freunde haben, sich nicht mit anderen treffen. Und wenn er wütend wurde ... ich weiß, dass du mir kein Wort glaubst, aber er ist ein böser Mensch, ganz ehrlich.«

Doch zugleich hallen Worte in meinem Kopf wider. Worte, die ich so oft aus ihrem Mund gehört habe. *Er ist ein bemerkenswerter Mann ... Bemerkenswert ...*

»Und seit wann geht das schon so, Jo?« Ich ertrage es nicht, zu hören, dass sie ihn so sehr braucht und ihm daher alles verzeiht.

Sie erwidert meinen Blick. »Seit Jahren.«

»Wie hast du das nur ausgehalten?«, frage ich fassungslos. »Und was ist mit den Mädchen?« Schlummert nicht in jeder Mutter der Instinkt, ihre Kinder, ihr höchstes Gut, zu beschützen?

Sie zögert. »Ich habe nicht erwartet, dass du es verstehen würdest, aber wenn man diese dunkle, gleichzeitig aber auch verletzliche Seite erst einmal gesehen hat, kann man nicht anders und will ihm helfen. Es ist nicht richtig, aber ich habe all die Jahre Ausreden für sein Verhalten gefunden. Er kann auch ein guter Mensch sein, das weißt du selbst. Denk nur an das Waisenhaus … Und ich war mir immer sicher, dass er mich braucht. Ich wusste es. Aber … ich hätte nie im Leben gedacht, dass er zu so etwas fähig wäre.«

Mit »so etwas« meint sie den Mord an Rosie. Ich bemühe mich nach Kräften, zu verstehen, wie dieser bemerkenswerte Mann plötzlich so ein Ungeheuer werden konnte. Wie jemand die Wahrheit so verdrehen kann, ohne dass es jemand mitbekommt. Wie Jo all die Jahre sich selbst und ihr gesamtes Umfeld getäuscht hat und sich erst nun, da sie die unmissverständlichen Beweise vor Augen hat, überwinden kann, der Wahrheit ins Auge zu blicken.

Plötzlich springt sie aufgebracht von ihrem Stuhl auf. »O Gott, was, wenn er weiß, dass ich ihn dabeihabe? Wenn er herkommt?«

Mein Herzschlag setzt kurz aus. »Das wird er nicht. Er weiß doch gar nicht, wo du hingefahren bist, Jo.«

Ihre Hände zittern.

»Wo ist er? Der Laptop, meine ich.«

»In meiner Tasche.«

Sie legt sie auf den Tisch und öffnet sie.

Was sie mir dann zeigt, werde ich bis an mein Lebensende nicht mehr vergessen.

»Was soll ich jetzt tun? Was soll ich nur tun?«, flüstert sie, während ich schockiert auf den Bildschirm starre.

»Ich habe nicht die leiseste Ahnung, Jo«, sage ich. Mein Verstand ist wie gelähmt, während ich versuche, mir einen Reim auf all das zu machen und zu einem anderen Ergebnis als der abscheulichen, schockierenden Realität zu gelangen, die sie mir gerade präsentiert hat. Doch ich kann es drehen und wenden, wie ich will – die Antwort bleibt stets dieselbe.

Rosie

Mein Vater ist ein begnadeter Schauspieler mit zahlreichen Gesichtern. Man könnte ihn auch als Lügner bezeichnen. Alle, die ihn kennenlernen, sehen nur seinen Charme, sein ansprechendes Äußeres. Sie sehen den attraktiven, berühmten Reporter, der ihnen aus dem Fernseher entgegenblickt, während er in Kriegsgebieten seine eigene Sicherheit aufs Spiel setzt. Grimmig, wenn er die Vorkommnisse dort schildert. Eindringlich, wenn er von seinem Waisenhausprojekt erzählt. Wütend, wenn er beschreibt, wie wenig Hilfe den armen Kindern zuteil wird. Sanft, wenn man ihn nach seiner eigenen Familie fragt.

Mein Vater ist eine lebende One-Man-Show. Neal Anderson – Die Geschichte seines Lebens *als Reportage. Immer das passende Gesicht zur Situation, ganz gleich, wie es in seinem Innern aussieht. Ganz gleich, in wie viele Flirts und schmutzige kleine Affären er sich stürzt. Wie brutal er seine Frau und andere Menschen behandelt, um sich damit einen Kick zu verschaffen. Wie sehr er seine unschuldigen Kinder kontrolliert, manipuliert und sie damit zerstört.*

Es ist nicht die Liebe, die ihn antörnt, sondern die Jagd – die heimlichen Blicke, die Ausreden, damit er endlich mit dieser Frau zusammen sein kann, das Risiko und schließlich die Erkenntnis, dass sie, genauso wie all die anderen, ihn unwiderstehlich findet.

Und danach kommt er nach Hause, ohne dass jemand ahnt, was er gerade getan hat. Er sieht eine schmutzige Kaffeetasse herumstehen und schleudert sie quer durch den Raum. Im einen Moment spricht er leise, im nächsten rastet er völlig aus, tobt und brüllt, weil seine Hemden nicht gebügelt sind oder jemand übersehen hat, dass der Rasen gemäht werden muss. Und die Bilder fallen auch nicht von allein von den Wänden und zerbersten – er reißt sie von den Haken und wirft sie zu Boden. Er macht verächtliche Bemerkungen über die Nachbarsfamilie, weil er ja so viel besser ist als sie, und wenn er ihnen das nächste Mal über den Weg läuft, ist er wieder ihr bester Freund.

Nachdem Neal Anderson sein ganzes Leben nur geschauspielert hat, weiß niemand mehr, wer er wirklich ist. Existiert hinter all den Fassaden überhaupt ein Mensch? Oder ist er gar nicht perfekt? Ist er so verabscheuungswürdig, so kaputt, hat sein wahres Ich so lange unter Verschluss gehalten, dass er längst nicht mehr existiert?

Aber im Grunde genommen spielt das keine Rolle, solange die Frauen ihn weiter umschwärmen. Solange er sein Gesicht überall zeigen kann. Das Gesicht, das die Leute von ihm erwarten. Das Gesicht, das sich nie vor Wut verzerrt.

Mein Vater ist ein bemerkenswerter Mann, wie meine Mutter immer sagt.

20

Ich bekomme zwar nicht mit, wie Neal verhaftet wird, nachdem Jo die Polizei eingeschaltet hat, aber im Dorf wird erzählt, er sei aufs Revier mitgenommen worden und werde dort für weitere Befragungen festgehalten. Außerdem habe man das Haus der Andersons ein weiteres Mal durchsucht und einen Laptop sichergestellt. Die Gerüchteküche brodelt.

»Er war ja schon immer irgendwie merkwürdig …«

»Die arme Jo … All die Jahre wusste sie nichts von seinen Machenschaften…«

»Aber wie kann das sein? So was bekommt man doch mit.«

»Bestimmt hatte sie so eine Ahnung …«

Das Geschwätz macht es nur noch schlimmer, und als Jo für ein paar Tage die Stadt verlässt, wird der Mord an Rosie ein weiteres Mal zur öffentlichen Angelegenheit. Ich muss an Delphine denken. Vermutlich hat Jo sie mitgenommen. Sie reagiert nicht auf meine Anrufe, und allmählich mache ich mir Sorgen um die beiden. Wie viel können sie noch ertragen?

Angus verschlägt es die Sprache, als ich ihm davon erzähle. »Großer Gott.« Er schüttelt den Kopf. »Der Kerl war bei uns zu Hause. Ich fand ihn sympathisch.«

Wir hinterfragen alle beide unsere Menschenkenntnis.

»Ich weiß, man würde nicht glauben, dass jemand zu so etwas fähig ist. Arme Jo …«

Angus seufzt. »Wie soll man so etwas jemals verkraften? Der eigene Mann ...«

Ich schlinge die Arme um seinen Hals und lehne mich an ihn, spüre den Schlag seines Herzens.

»Im Vergleich dazu wird alles so klein und unwichtig.«

Sein Kinn streift mein Haar, als er nickt. Dabei ahnt Angus nicht, dass ich versuche, den verhängnisvollen Abend mit Neal aus meinem Gedächtnis zu tilgen, nicht daran zu denken, wie seine Lippen meinen Mund berührt haben. Ich löse mich von ihm, weil ich es nicht länger aushalte.

»Ich mache uns eine Flasche Wein auf.«

Laura ist ebenfalls fassungslos. »Absolut unglaublich, oder?« Sie stellt zwei Becher Tee vor uns auf den Tisch. Mit ihren Boyfriend-Jeans, dem weiten Sweatshirt und ihrem Pferdeschwanz sieht sie eher wie eine Studentin und nicht wie eine erfolgreiche New Yorker Reporterin aus.

Sie sucht nach einem Stift und setzt sich wieder hin. »Auch wenn ich schon einiges mitbekommen habe, würde ich mir gern deine Version anhören.«

»Zuerst bekam ich diesen seltsamen Anruf von Jo wegen einer geheimnisvollen Software, die ich gar nicht bestellt hatte. Es stellte sich heraus, dass es nur ein Täuschungsmanöver war, um zu verhindern, dass Neal ihr hinterherfährt. Jedenfalls kam sie zu mir und erzählte, sie hätte seinen alten Laptop aus dem Schrank geholt und dabei diese Dokumente gefunden. Grauenvolle, gewalttätige Sex-Fotos, Links zu einschlägigen Websites ... «

Laura hält einen Moment inne. »Niemand kann sich vorstellen, was in Jo vorgeht. Aber jetzt glaubt sie, er hätte Rosie getötet.«

Ich nicke. »Ohne diesen IT-Kurs hätte sie all das nie gefunden. Bisher kannte sie sich in Computerdingen überhaupt nicht aus. Er würde immer noch frei herumlaufen, und wir hätten alle nicht die leiseste Ahnung.«

Am Ende ist das die Quintessenz – Jos Computerkurs und die Tatsache, dass sie rein zufällig über Dokumente auf einem Computer gestolpert ist, den sie eigentlich nicht benutzen sollte. Zufälle, in willkürlicher Abfolge vom Schicksal aneinandergereiht – ein erschreckender Gedanke.

»Fünf Monate wusste kein Mensch, was vorgefallen ist«, sagt Laura. »Und jetzt ist alles aufgeflogen. Hat sie sonst noch etwas gesagt?«

Kurz überlege ich, Neals Avancen zu erwähnen, entscheide mich dann aber dagegen und zucke die Achseln. »Nein. Wusstest du, dass er sie misshandelt hat?«

Laura nickt. Nicht zum ersten Mal frage ich mich, wo sie all ihre Informationen herhat. »Ich habe es gehört. Auch darauf wäre man nie gekommen, stimmt's? Ich meine, der Typ hat was, oder? So wie George Clooney, auf den ja auch alle Frauen ganz heiß sind. Wenn die wüssten ...«

»Aber was ist mit diesem Waisenhausprojekt?«, frage ich. »Das ergibt doch keinerlei Sinn.«

»Stimmt, andererseits ist es die perfekte Tarnung. Alles an ihm, die Fassade des Neal Anderson, ist akribisch konstruiert und verhehlt, wer er in Wirklichkeit ist. Soweit ich mitbekommen habe, hat er den Besitz von illegalem Fotomaterial gestanden und zugegeben, dass er seine Frau geschlagen und gewürgt und seine Kinder emotional misshandelt hat.«

Ich schüttle den Kopf. »Woher weißt du das alles?«

Laura legt den Finger auf die Lippen. »Wir haben alle unsere Geheimnisse. Mein Informant hat rein zufällig mit seinem Anwalt gesprochen – ein sündhaft teurer, nur zu deiner Information. Und keineswegs diskret. Weißt du, wo bei den Andersons das Geld herkommt?«

Ich runzle die Stirn. »Keine Ahnung. Sie scheinen jedenfalls eine ganze Menge zu haben, wenn man sich ihre Autos und das Haus so ansieht ... und Jo arbeitet noch nicht mal. Trotzdem waren die Mädchen auf derselben Schule wie Grace ... vermutlich leben sie von seinem Gehalt.«

»Kann sein. Neal leugnet den Mord nach wie vor, wusstest du das?«

Mir läuft ein Schauder über den Rücken. »Eigentlich ist das nicht weiter verwunderlich, oder? Für jemanden wie ihn, meine ich.«

»Wahrscheinlich. Wer weiß? Schließlich ist er ein sehr versierter Lügner. Ein Jammer, dass die Polizei die Tatwaffe bisher nicht gefunden hat. Hoffentlich kommt ein wenig Klarheit in die Angelegenheit, wenn sie den Laptop untersuchen.«

Zu unser aller Entsetzen wird Neal trotz Jos Aussage und der belastenden Dateien auf Kaution freigelassen.

»Ich verstehe das nicht.« Die Nachricht macht mich fassungslos.

»Es gibt ein Verfahren wegen Körperverletzung, aber die Beweise für eine Mordanklage reichen nicht aus«, erklärt Laura. »Damit können sie ihn nicht ewig festhalten.«

Plötzlich habe ich Angst um Jo, auch wenn seine Freilassung an eine Reihe von Auflagen geknüpft ist.

Jo ist immer noch weg und hat ihr Telefon ausgeschaltet. Schließlich, nach einer Woche, sehe ich, dass im Haus Licht brennt und ihr Wagen vor der Tür steht. Da ich in Eile bin, halte ich nicht an, sondern schreibe ihr nur eine SMS. Wie es sich wohl anfühlt, zu Hause zu sein, obwohl sie weiß, dass Neal wieder auf freiem Fuß ist? Ich fahre nach Hause, um die Pferde zu füttern, bevor es dunkel wird.

Als ich später an diesem Abend mit dem Abwasch beschäftigt bin, wird auf einmal ein Umschlag durch meinen Briefschlitz geschoben. Bestimmt stammt er von einem Nachbarn, doch als ich die Tür aufmache, ist weit und breit niemand zu sehen.

Neugierig reiße ich ihn auf.

Rosie

Bei der letzten Szene des Films überkommt mich Angst, eine regelrechte Woge, die über mich hinwegspült. Ihr Schwefelgestank verpestet die Luft.

Es ist der Abend, an dem ich aus Alex' Haus trete. Dort gibt es weder Spiegel noch missbilligende Blicke, nur Arme, die mich festhalten, und endlos viel Liebe. Poppy deckt mich. Unter den zentimeterdicken Make-up-Schichten, der frechen Klappe, den zu engen Klamotten, die meine Mutter so verabscheuungswürdig findet, und den vom Färben gelbstichigen Haaren verbirgt sich ein liebenswürdiger Mensch mit einem großen Herzen, hin und her gerissen zwischen pampigem Gehabe und tiefer Einsamkeit.

Es gibt durchaus einen Grund, warum ich allein losgegangen bin. Bei jedem Schritt spüre ich die Gewissheit, dass etwas passieren wird, wohin mich mein Weg führen wird, und ein Gefühl der Beklommenheit liegt wie eine Last auf meinen Schultern.

Es ist ein lauer Abend. Die Dunkelheit legt sich wie ein samtener Mantel um mich, und am Himmel funkeln die Sterne. Ich denke an Alex, betaste die Kette um meinen Hals, die er mir geschenkt hat. Ich spüre selbst dann seine Liebe, wenn er nicht bei mir ist oder wir uns streiten.

Als der Wagen am Straßenrand neben mir anhält, bin ich im ersten Moment verblüfft. Darauf war ich nicht gefasst. Eigentlich will ich nicht einsteigen, aber am Ende lasse ich mich durch die sorgsam gewählten Worte umstimmen. Wir könnten doch einen kleinen Spaziergang machen, ein bisschen reden. Es ist so ein wunderschö-

ner Abend. Der Mond scheint so hell durch die Bäume, dass sich ein Muster aus Licht und Schatten bildet.

Ganz schwach spüre ich die Unsicherheit, so als kräusle sich die Wasseroberfläche eines Teichs. Wir gehen ein Stück, reden. Hauptsächlich über die Vergangenheit, und ich soll bloß zuhören, mehr nicht.

Was für ein herrlicher Abend für einen Waldspaziergang ...

Wir gehen den Pfad entlang tief in den Wald hinein, wo die herabgefallenen Blätter ein weiches Bett geschaffen haben. Ringsum erheben sich die Bäume unter dem stillen, friedlichen Himmel.

Mit einem Mal werde ich von einer unsichtbaren Kraft nach hinten gerissen. Ich spüre das Knacken meines Schädels, die Luft, die aus meinen Lungen gepresst wird, harte Rindenstücke auf meiner Haut.

Ich blinzle gegen den Nebel an, der mich zu umhüllen scheint, spüre, wie ich fortgezogen und kurz darauf fallen gelassen werde. Ein Schrei hallt durch die Nacht. Ich will zurückweichen, doch der Himmel dreht sich über mir.

Unzählige Gedanken rauschen in Lichtgeschwindigkeit durch meinen Kopf. Dann begreife ich, dass ein mir vertrauter Mensch, dem ich bereitwillig hierher gefolgt bin, mir das antut.

Aber das ist unmöglich. Falsch. Das muss ein Missverständnis sein. Nein. Die Bäume scheinen vor meinem stummen Schrei zurückzuweichen. Ich darf das nicht zulassen. Ich muss all dem ein Ende bereiten.

Aber ich kann nicht.

Als meine Beine wie in Zeitlupe nachgeben, wird mir bewusst, dass ich schwer verletzt bin, dass ich falle. Ich höre meinen eigenen Schrei und verspüre einen scharfen, unsäglichen Schmerz, als mein Kopf in einem Lichtermeer explodiert. Die Zeit erstreckt sich in die Unendlichkeit und schnellt wieder zurück. Mein Blut, warm und klebrig, bedeckt meine Hände, ein unsichtbarer Fleck in der Finsternis.

Dann hört der Schmerz auf, und ich schwebe.

Und so endet es. Ich beobachte, wie mein Körper brutal und hinterhältig mit Hieben und Stichen traktiert und zerfetzt wird. Und die letzten hauchfeinen Fäden, die mich noch mit ihm verbunden haben, zerreißen, so dass ich ungehindert dem immer näher kommenden Licht entgegenstrebe, das ich erst jetzt bemerke. Seine Wärme durchdringt mich, seine strahlende Helligkeit tröstet mich, bedeutet mir, dass ich nie wieder Angst vor den Schatten zu haben brauche.

Kurz bevor es mich erreicht, hält es inne, ehe es sich neuerlich in Bewegung setzt. Doch nein, es ist grausam und entfernt sich mit einem Mal von mir, obwohl ich die Hände ausstrecke, rufe, flehe – bitte, bitte, komm zurück.

Bitte, lass mich hier nicht allein …

21

Ich halte einen kleinen weißen Fetzen in der Hand, der aussieht, als wäre er von einem Blatt Papier abgerissen worden.

Wenn du nur die Wahrheit kennen würdest.

Obwohl es schon spät ist, rufe ich Angus an, erwische aber nur seine Voicemail. Aus einem Impuls heraus versuche ich es bei Laura.

»Du musst den Brief der Polizei zeigen, Kate. Vielleicht besteht ein Zusammenhang.«

»Aber wieso hat jemand ihn ausgerechnet bei mir durch den Briefschlitz geworfen?«

»Vielleicht hat die Nachricht auch gar nichts zu bedeuten, und irgendein Idiot, der weiß, dass du mit Jo befreundet bist, macht ein wenig Wirbel.«

»Gibt es allen Ernstes Leute, die so etwas tun?«

»Ja, gibt es. Ich würde mich deswegen nicht verrückt machen.«

Am nächsten Tag rufe ich PC Beauman an, woraufhin jemand den Brief abholt. Dann fahre ich bei Jo vorbei. Eigentlich habe ich erwartet, dass sie immer noch mit Neals Entlassung aus der Untersuchungshaft zu kämpfen hat, stattdessen ist sie dabei, das ganze Haus auf den Kopf zu stellen. Und damit nicht genug – während ich da bin, wird ein nagelneues Bett aus Eiche geliefert.

»Ich gestalte das Haus um«, erklärt sie, nachdem sie mich herzlich begrüßt hat. Mit ihrem zu einem nachlässigen Zopf frisierten Haar und dem weiten Karohemd sieht sie fast wie eine Studentin aus. Sie wirkt verängstigt, aber gleichzeitig voll Energie. »Das verstehst du doch, oder, Kate? Dass ich ein neues Bett brauche.«

»Gott, ja, natürlich. Kann ich irgendwie helfen?«

»Du könntest die hier mit nach unten nehmen.« Sie deutet auf ein schickes Kofferset. »Da sind Neals Sachen drin. Ich ertrage es nicht, sie noch länger im Haus zu haben. Deshalb kommen sie in die Garage, zumindest vorläufig.« Sie seufzt. »Ich habe überlegt, ob wir umziehen sollen, und vielleicht tun wir das auch, andererseits sind wir ständig umgezogen, und ich bin es leid, Kate. Auf kurz oder lang hat Neal sich immer mit irgendwelchen Leuten angelegt, und ein Umzug war seine Art, Konflikte zu lösen. Ein neues Haus, neue Leute ... Aber jetzt kann ich mich ja einrichten, wie ich es will!«, meint sie hektisch, ihre Gedanken scheinen sich zu überschlagen.

»Wie geht es dir damit, dass sie ihn entlassen haben?«

»Nicht gut«, stößt sie hervor, während ihre Augen ruhelos hin und her schweifen. Ich merke, dass ihre Nerven zum Zerreißen gespannt sind. »Aber ich *muss* einfach darauf bauen, dass er nicht herkommt. Und falls doch, werden sie ihn festnehmen, das hat mir die Polizei bestätigt. Und das würde er auf keinen Fall wollen.«

»Ich wünschte, ich hätte geahnt, wie schlimm es um ihn steht«, sage ich. »Du hättest etwas sagen sollen, Jo.«

Sie zuckt die Achseln und schiebt die Ärmel hoch. »Ich hätte ihn verlassen sollen. Vor Jahren schon. Ich habe so viel Zeit vergeudet. Und wenn er erst einmal vor Gericht steht, werden alle wissen, wie er wirklich ist. Dass er seine eigene Tochter ermordet hat.« Ihre Stimme zittert leicht. Sie stopft eine Armvoll Bettwäsche in eine Mülltüte. »Ich will mit nichts in Berührung kommen, das er angefasst hat.« Sie hält inne. »Hier drüben, bitte«, sagt sie zu den Männern, die ihr neues Bett hereintragen.

»Da drüben, am Fenster. Danke. So ist es perfekt. O Gott, die Vorhänge.«

Sie reißt sie herunter und steckt sie ebenfalls in die Mülltüte.

»Ich habe ein paarmal versucht, dich zu erreichen. Wo hast du gesteckt?«, frage ich und halte ihr die Tüte auf.

»Es tut mir wahnsinnig leid, Kate, aber ich war so durcheinander, dass ich mein Ladegerät vergessen habe. Wir sind einfach losgefahren, bis wir eine Pension gefunden haben. Ich musste einfach weg.«

Als ich die Koffer nach unten trage, fallen mir die ebenfalls nagelneuen und farblich perfekt auf das Sofa abgestimmten Kissen auf. Auf dem Sofatisch liegen Therapie-Broschüren neben Farbtonkarten und Stoffmustern.

»Man glaubt kaum, wie sehr einem so etwas hilft«, sagt Jo, als sie hinter mir die Treppe herunterkommt. Sie scheint es zu genießen, Neal aus ihrem Leben zu eliminieren und dem Haus ihren eigenen Stempel aufzudrücken. Ich habe das Gefühl, dass er ihr nicht im Mindesten fehlt, und mache mir Sorgen um sie.

»Ich setze Wasser auf. Obwohl ... es ist schon sechs, also kann ich auch eine Flasche Wein aufmachen.«

Es ist erst halb sechs, aber wenn ein Glas Wein hilft, sie ein bisschen herunterzufahren, trinke ich gern eins. Sie wirkt regelrecht durchgedreht. Ich bin sicher, dass sie geradewegs auf einen Nervenzusammenbruch zusteuert.

»Es ist, als wäre er ihr völlig gleichgültig«, sage ich an diesem Abend am Telefon zu Angus. Ich habe Jo den Rest ihrer Weinflasche überlassen, wenn auch erst, nachdem sie mir versprochen hat, das Abendessen nicht zu vergessen. »Nach allem, was sie zusammen durchgemacht haben, scheint sie ihn einfach so aus ihrem Leben zu streichen. Das muss einen doch irgendwann einholen.«

»Wahrscheinlich ist sie bloß unendlich erleichtert«, sagt er. »Was verständlich ist. Und wenn die Anhörung vor Gericht erst einmal vorbei ist, wird es bestimmt einfacher für sie.« Er hält inne. »Versprich mir, dass du nichts an unserem Haus veränderst, solange ich weg bin. Bleibt es dabei, dass du in zwei Wochen herkommst?«

»Ich hoffe es«, antworte ich. »Du fehlst mir.«

»Du mir auch. Ich fände es schön, wenn du schon früher kämst«, fährt er betrübt fort, »aber leider muss ich dieses Wochenende arbeiten.«

»Ist schon okay. Ich sollte mich vielleicht auch mit etwas beschäftigen.« Was ich auch täte, wäre ich mit den Gedanken nicht ständig bei Jo.

»Wie geht's Rachael?«, fragt er, als er meine Unruhe spürt. »Wieso macht ihr keinen Mädelsabend?«

»Ich habe sie eine Weile nicht gesehen, weil sie mit den Jungs und der Arbeit viel um die Ohren hat.«

»Du könntest auch Grace besuchen«, schlägt er vor. »Ein kleiner Tapetenwechsel wäre genau das Richtige für dich.«

Ich weiß, was er mir damit sagen will. Es ist eine Mahnung, mich nicht allzu sehr in Jos Probleme hineinziehen zu lassen. Das ist nichts Neues. Trotzdem ist die Vorstellung, Grace wiederzusehen, zu verlockend.

Rosie

Sie können nicht wissen, dass die Luft schimmert. Dass der Nordwind lila mit einem Hauch indigoblau ist, wohingegen der Südwind die Farbe von Sonnenblumen besitzt und das Summen von Bienen und das Weinen der Engel mit sich trägt.

All das können Sie nicht wissen – auch nicht, wie es sich anfühlt, keine Phantomschmerzen zu haben, wie Amputationspatienten sie kennen. Wenn man stirbt, schwebt man keineswegs als körperloser Geist umher wie in Hollywoodfilmen. Aber das heißt nicht, dass ich nicht hier wäre, nicht existieren würde. Es gibt nur kein Wort, diesen Wesenszustand zu beschreiben.

Die Farben um mich herum ändern sich unablässig, Geräusche in der Ferne sind plötzlich messerscharf. Die Zeit dehnt sich, katapultiert mich von jener nicht enden wollenden Nacht geradewegs in das Auge des aufziehenden Sturms.

So chaotisch einem das Universum erscheinen mag, ergibt es einen Sinn. Jetzt wird mir alles klar, während silbrige Regentropfen wie flüssiges Metall auf den Waldboden niedergehen, und der Sturm, entstanden aus Hitze und hoher Luftfeuchtigkeit, zu einer mächtigen Meeresströmung wird und die Wolken auflädt, bis sie in tausend Lichtern explodieren.

An anderen Ende des Waldes bemerke ich etwas Weißes. Als es näherkommt, merke ich, dass der Sturm mir ein Pferd gesandt hat.

Ich erkenne Zappa auf den ersten Blick, seine kraftvollen, fließenden Bewegungen. Ich hätte eine Affinität zu Pferden, sagt Kate, und dass die Tiere die menschliche Seele lesen könnten. Bin ich das gerade? Eine Seele? Ich rufe ihn.

Hey! Hey, Junge! Zappa ...

Abrupt wirft er den Kopf nach hinten. Er hat mich also gehört. Mit einem Mal verspüre ich den verzweifelten Wunsch, dass auch Kate mich hört, die Wahrheit kennt, jemanden schickt, der mir hilft.

Kate ...

Ich rufe ihren Namen über den grollenden Donner hinweg, höre sein Echo, sehe, wie meine Stimme wellenartig durch die Luft getragen wird. Als ich es noch einmal versuche, registriere ich das Entsetzen auf ihrem Gesicht.

Kate, ich bin's. Rosie ... Hilf mir ... Bitte, hilf mir!

Einen Moment lang glaube ich, dass sie mich gehört hat. Aber selbst wenn nicht, hat Zappa meine Stimme wahrgenommen. Er prescht viel zu schnell vor, und Kate kann ihn nicht zügeln.

Ich muss etwas unternehmen, ihnen beiden helfen, aber mir fällt nur eine Lösung ein: Ich muss sie hierherführen, wo der Boden eben ist und sie von den Bäumen geschützt werden. Ich muss Zappa den Weg zeigen. Kate die Angst nehmen. Sie zu mir führen.

Ein sanfter Schimmer umgibt mich unter den Bäumen, anfangs ist er noch schwach, dann wird er immer heller.

Als hätte er meine Gedanken gelesen, macht Zappa kehrt und prescht mit zwei weit ausholenden Schritten den Abhang hinauf. Als er mich sieht, bleibt er abrupt stehen und blickt mich aus weit aufgerissenen Augen verblüfft an, und Kate wird aus dem Sattel gerissen.

Wie gebannt steht Zappa da und schnaubt.

Braver Junge, Zappa, brav. Alles in Ordnung, Zappa ...

Er versteht es nicht. Wie ist es möglich, dass er mich sehen kann? Aber es geht ihm gut. Ich blicke zu Kate hinüber, die reglos auf dem Boden liegt.

Auf einmal bin ich neben ihr, lausche ihren leisen Atemzügen, strecke die Hand aus und berühre ihre Wange, sanft wie der Flügel eines Schmetterlings.

Es ist gut, Kate. Alles ist gut. Ich kümmere mich um dich …

Aber ich bekomme nicht mit, was mit ihr passiert. Ich schwebe fort, obwohl ich noch versuche, mich an den Ästen festzuhalten, die durch meine Finger gleiten. Ich rufe. Ich will nicht gehen. Ich darf sie nicht verlassen.

Dann ist es wieder dunkel. Millionen Sterne leuchten, Millionen Stimmen rufen mich, einer von ihnen zu werden. Aber ich kann nicht. Noch nicht. Obwohl mein Körper leblos ist und der letzte Atemzug aus meinen Lungen gepresst wurde, mein Leben wie ein Film vorübergezogen ist und ich die Wahrheit über all jene jetzt kenne, von denen ich dachte, sie seien mir nahe. Ich muss gehen. Aber es gibt einen Grund, weshalb ich noch hier bin. Ich habe etwas verloren. Etwas, das ich finden muss.

Ein seltsam unheilvolles Gefühl ergreift Besitz von mir, noch mehr Bilder flammen auf – düsterer, schneller, bedrohlicher. Die Geschichte hinter meiner Geschichte. Den Teil, den keiner kennt.

22

Die Risse in Jos Fassade zeigen sich nur, wenn sie etwas aus dem Konzept bringt – zum Beispiel, als Delphine fragt, ob sie auf die Klassenfahrt nach Paris mitdarf, der Haufen unerwarteter Rechnungen oder der Anruf der Polizeipsychologin.

»Mir geht's gut, ich brauche nur ein bisschen Zeit für mich«, stößt sie schnippisch hervor, als ich mich nach ihrem Befinden erkundige. »Ich wünschte, die würden mich endlich in Ruhe lassen.«

All das zeigt nur, wie hilflos sie sich im Grunde genommen fühlt.

Sie bringt das Thema Geld nicht zur Sprache, und ich genauso wenig. Als das Haus fertig ist, die letzte Wand gestrichen, das letzte Möbelstück an seinen Platz gerückt ist, fällt ihre Euphorie in sich zusammen.

»Schön ist es geworden, Jo. Tolle Arbeit.«

»Danke. So ist es viel besser, oder nicht?«

Ich lasse den Blick über die in einem neutralen Ton gestrichenen Wände mit den nagelneuen Vorhängen und den etwas anders platzierten Möbeln schweifen. Alles ist eine Spur zu makellos, zu sauber, zu ordentlich. Dasselbe gilt für das obere Stockwerk – eher ein Motiv aus einem Hochglanz-Einrichtungsmagazin als das Zuhause einer Familie.

»Und jetzt?«, frage ich.

Sie blickt mich verwirrt an.

»Was ist denn mit deinem Kurs? Es lief doch ganz gut.«

»Ich weiß nicht so recht.« Sie klingt verunsichert. »Wegen der ganzen Sache mit Neal kann ich nicht so weit im Voraus planen.«

Obwohl sie alles daransetzt, es zu verbergen, entgeht mir die Veränderung nicht. Jedes Mal, wenn ich sie besuche, ist ihre Welt ein klein wenig mehr geschrumpft, bis sie restlos darin gefangen ist. Sie zeigt mir ihr neues Geschirr oder das neueste Hightech-Spielzeug, und irgendwann hat sie nichts mehr zu erzählen.

»Jo?«, sage ich eines Tages zu ihr, als wir weitgehend schweigend am Tisch sitzen. »Du bist nicht mehr du selbst. Was ist denn mit dir los?«

»Ich weiß auch nicht«, antwortet sie und sieht mich ausdruckslos an. »Ich dachte, wenn Neal erst mal weg und das Haus neu gestaltet ist, würde ich mich besser fühlen. Aber es ist nicht so, Kate. Im Gegenteil, ich fühle mich schrecklich. Und es wird mit jedem Tag schlimmer. Ich weiß nicht, was ich tun soll ...«

»Du hast so viel durchgemacht.« Ich habe Angst, sie könnte an der Schwelle zu einem neuerlichen Nervenzusammenbruch stehen. Ihre Haut unter den Make-up-Schichten ist grau, und unter ihren Augen liegen dunkle Schatten, als käme sie nicht einmal zur Ruhe, wenn sie schläft. »Ernsthaft, vielleicht solltest du dir professionelle Hilfe suchen, Jo. Glaubst du nicht, dass dir das helfen würde?«

Einen Moment lang scheint sie darüber nachzudenken, aber dann stößt sie ein bitteres Lachen aus. »Andere sind viel schlechter dran als ich. Ehrlich, Kate, mir geht's gut.«

Aber ich weiß, dass es nicht so ist. Eine klassische Stressreaktion baut sich über einen längeren Zeitraum hinweg innerlich auf und kann dann zutage treten, wenn man am wenigsten damit rechnet. Vermutlich geschieht genau das mit Jo. Deshalb braucht sie dringend Hilfe. Ich beschließe, sie später noch einmal anzurufen und mit ihr zu reden, aber als ich heimkomme, liegt ein weiterer Umschlag in meiner Diele.

In einer Welt voller Menschen bin ich ganz allein.

Rosie

Das nächste Foto ist schwarzweiß und ziemlich dunkel, als wäre es durch eine gefärbte Linse aufgenommen worden. Ich sehe ein Mädchen, das ich nicht kenne. Sie ist klein, hat dichte helle Locken und trägt ein altmodisches Kleid mit einer großen Schleife auf dem Rücken. Sie ist in einem Garten hinter einem großen Haus. Eine trübe Sonne steht über den Bäumen. Sie geht über den Rasen und bleibt abrupt stehen. Die Sonnenstrahlen fangen sich in ihrem weißblonden Haar. Etwas setzt sich auf ihre Hand. Der Schmetterling schlägt mit seinen hübschen gemusterten Flügeln, während sie ihn mit angehaltenem Atem betrachtet.

Sie sieht ihm hinterher, als er auf Nimmerwiedersehen davonflattert. Dann geht sie weiter. Federleicht, die Arme weit ausgebreitet, scheint sie über den Rasen zu schweben, im hellen Sonnenlicht, erfüllt von einem Glück, das nicht lange andauern wird.

»Joanna? Joanna? Komm rein, Kind.«

Sie hat gar nichts getan, doch ihre Welt verdunkelt sich, als eine unerklärliche Angst sie erfasst. Ihre Füße tragen sie hinein. Wie immer. Denn wenn sie nicht tut, was sie ihr sagen, geschieht etwas Schlimmes.

Die Tür schließt sich hinter ihr. Die Sonne beginnt zu sinken, zuerst langsam, dann immer schneller in dieser Schwarzweißwelt, bis die letzten Strahlen hinter dem Horizont verschwinden und die Dunkelheit sich über alles legt.

23

Ich hinterlasse PC Beauman eine Nachricht. Im Auto drehe ich die Musik auf und mache mich auf den Weg nach Bristol. Mit jedem Kilometer spüre ich, wie sich meine Stimmung hebt und meine Vorfreude auf das bevorstehende Wochenende mit Grace wächst.

Als hätte sie es geahnt, sitzt sie vor dem Haus und wartet auf mich.

»Ich kann dir gar nicht sagen, wie sehr ich mich freue, hier zu sein!«, erkläre ich wahrheitsgetreu – nicht nur, weil ich unsere gemeinsame Zeit genießen will, sondern auch, weil mir die räumliche Entfernung einen neuen Blick auf Jo und ihre Probleme gewährt.

Grace' Augen leuchten. »Ich weiß, Mum. Und ich freue mich auch. Ich habe überlegt, ob wir heute Abend zum Italiener gehen sollen. Er ist gar nicht teuer.«

Mir entgeht die Anspielung auf ihren Status als arme Studentin nicht.

»Keine Sorge, Grace, ich zahle!« Wir betreten ihr Zimmer. »Das Zimmer ist ja schön geworden!«

Nichts erinnert mehr an den leeren Raum, in dem wir sie vor all den Monaten zurückgelassen haben. Stattdessen hat ihre Studentenbude Ähnlichkeit mit ihrem Zimmer zu Hause, nur mit anderen Postern und Fotos von jungen Leuten an den Wänden, die ich noch nie gesehen habe. Und Blumen. Grace wird rot, als sie meinen prüfenden Blick bemerkt.

Fragend hebe ich eine Braue.

»Mu-um. Ja, ja, schon gut.« Sie verdreht die Augen. »Die sind von einem Jungen. Er heißt Ned und ist echt cool. Du würdest ihn mögen.«

Ned. Von einem Ned habe ich nie gehört, und ich frage mich, wie er wohl aussieht und ob er ihr auch guttut.

»Hier.« Sie hält mir ein Foto unter die Nase. »Das ist er.«

Ein freundliches, jungenhaftes Gesicht blickt mir entgegen. Er scheint ein bisschen älter zu sein als sie. Aber wenn er ihr am Herzen liegt, werde ich ihn bestimmt irgendwann kennenlernen.

»Kommt er mit uns essen?«

»Gott, nein. Aber vielleicht treffe ich ihn danach noch. Kommt darauf an.«

Ihr aktives Sozialleben gestattet uns also zumindest ein paar kostbare gemeinsame Stunden.

»Eine Party?«

Sie nickt. »Aber es ist nicht so wichtig, Mum. Ich muss nicht unbedingt hingehen.«

»Doch, geh nur. Ich bin auch froh, wenn ich früh ins Bett komme.«

Grace zeigt mir den Campus und erzählt von den Clubs, in denen sie war, und den Kinofilmen, die sie sich angeschaut hat. Dann fahren wir ins Zentrum, wo ich mich in einer Pension einquartiert habe. Es ist sauber und gemütlich, mit einem herrlich weichen Bett und einer schönen Aussicht über die mit Kaminen gespickten Dächer. Dann spazieren wir zu Fuß zu dem Restaurant. Es ist sehr hübsch, mit freigelegten Balken und Ziegelmauern. Wir essen Pasta und trinken Wein, während ich ihr von Jo und Neal erzähle. Aber ich bin erschöpft und wechsle das Thema, weil ich all das hinter mir lassen will, selbst wenn es nur für ein paar Stunden ist.

Ich habe mein Zimmer fürs ganze Wochenende gebucht. Zwar ist mir klar, dass Grace ihr eigenes Leben hat, trotzdem brauche ich dringend einen Tapetenwechsel. Ich bin heilfroh, hier zu sein, wo mich niemand besucht oder sonst irgendwie stört. Stattdessen kann ich Zeit mit Grace verbringen, durch die Geschäfte bummeln und faulenzen.

Am nächsten Morgen vereinbare ich aus einer Laune heraus einen Termin für eine Maniküre. Molly, ein bildhübsches, wenn auch stark geschminktes Mädchen, schnalzt beim Anblick meiner Hände entsetzt mit der Zunge und meint, so etwas hätte sie in ihrer gesamten Laufbahn noch nicht gesehen.

»Lassen Sie mich raten«, sagt sie. »Pferde.«

Ich nicke ein wenig konsterniert.

»Und Gartenarbeit. Ich weiß schon. Als Erstes trage ich diese wunderbare Creme auf. Wenn wir fertig sind, werden Sie Ihre Hände nicht wiedererkennen. Sie hat herrliche Inhaltsstoffe wie Calendula zum Beruhigen und Mandelöl ...«

Ich beichte ihr, dass dies meine erste Maniküre überhaupt ist. Sie macht sich an die Arbeit, während ich dem Geplapper über Urlaubsreisen und Reality-TV-Sendungen lausche, bis mich eine Bemerkung aus meinen Tagträumen reißt.

»Erinnern Sie sich an diesen Reporter, der seine Tochter ermordet hat?«, höre ich ihre aufgeregte Stimme. »Tja, offenbar hat seine Frau versucht, sich umzubringen.«

»Entschuldigung?« Ich reiße meine Hand weg. »Was haben Sie gerade gesagt?«

»Joanna Irgendwas«, antwortet Molly. »Kam gerade in den Nachrichten.«

»Tut mir leid.« Ich bin wie betäubt. »Aber ich muss sofort telefonieren.« Ich nehme mein Handy heraus und scrolle zu Lauras Nummer. »Sie ist meine Freundin«, sage ich, und Molly schaut mich verwirrt an.

Das Timing ist die blanke Ironie, oder nicht? Schuldbewusst überlege ich, ob all das nicht passiert wäre, wenn ich zu Hause geblieben wäre. Und wer kümmert sich jetzt, wo Neal nicht da ist, um Delphine?

Ich entschuldige mich bei Grace – ebenfalls mit Gewissensbissen, weil ich sie im Stich lasse. Obwohl sie beteuert, dass sie es absolut verstehen könne und es kein Problem sei, schließlich hätten wir immerhin einen schönen Abend gehabt, und sie könne nun zu einer anderen Party gehen, zu der sie eingeladen sei.

»Ich hätte mitkommen können«, ziehe ich sie auf, und kurz blickt Grace mich entsetzt an, ehe sie kichert.

»Du würdest es fürchterlich finden, Mum. Überall verschüttetes Bier und Zigarettenqualm. Du hasst Rauchen. Und betrunkene junge Leute ...«

»Stimmt, aber vielleicht hätte ich ja Ned kennengelernt.«

»Wenn du ihn ernsthaft kennenlernen willst, bringe ich ihn zu Ostern mit nach Hause. Das heißt, wenn wir dann noch zusammen sind.«

Ostern. Frühling. Grace. Und vielleicht Ned ... Wunderbare Aussichten, voller Leben und Hoffnung. Und auf der anderen Seite Jo, labil und im Klammergriff ihrer Probleme, und nicht zu vergessen Delphine. Laut der Krankenschwester, mit der ich gesprochen habe, ist Jo zwar nicht bei Bewusstsein, aber zumindest stabil.

Am späten Nachmittag treffe ich im Krankenhaus ein, wo offenbar die ganze Welt beschlossen hat, sich zu einem Besuch aufzumachen. Auf dem unverschämt teuren Parkplatz gibt es keine einzige Lücke, und nachdem ich durch ein Labyrinth aus nach Desinfektionsmittel riechenden Fluren geschickt wurde, habe ich endlich die richtige Station gefunden. Allerdings fängt mich die Stationsschwester ab, kaum dass ich durch die Schwingtüren getreten bin.

»Tut mir leid, aber Mrs. Anderson darf keinen Besuch empfangen«, erklärt sie in autoritärem Tonfall.

»Ich glaube, Sie verstehen nicht ganz«, sage ich, »ich bin ihre engste Freundin, vor allem, seit sie praktisch allein ist. Ich glaube nicht, dass sie begeistert wäre, wenn sie wüsste, dass Sie mich nicht zu ihr lassen wollen.«

Ich versuche zu ingorieren, dass ich das Wochenende mit meiner Tochter jäh abkürzen musste und dass Jo offenbar niemanden hat, der es für nötig hält, herzukommen.

Aber die Schwester hat mir bereits den Rücken zugekehrt und kritzelt etwas in eine Krankenakte. Ich blicke auf das Brett, das mir ihren Namen und ihre Funktion verrät, und warte, bis sie weggeht, dann schlüpfe ich schnell in Jos Zimmer.

Rosie

Wieder sehe ich das Mädchen mit dem hellblonden Haar und demselben Namen wie meine Mutter, Joanna, die ein Leben führt, das ich nur zu gut kenne. Im Haus herrscht stets Stille. Kerzengerade sitzt sie neben ihren Eltern, die niemals lächeln und unablässig in ihre Bücher vertieft sind.

Der fransenbesetzte Lampenschirm in der Mitte des Zimmers erhellt trübe das dunkle Mobiliar, das ebenso schwer ist wie die Luft im Haus, die ihr im Halse stecken bleibt und sie langsam zu ersticken droht. Von Zeit zu Zeit rutscht sie nach einem vorsichtigen Seitenblick auf ihre Eltern auf ihrem Stuhl herum.

Sie lesen weiter, beachten sie nicht.

Sie schlägt die Beine übereinander. Auf ihrem Gesicht erscheint jener furchtsame, flehende Ausdruck, den ich so gut kenne.

»Sitz still, Kind«, ermahnt die Frau sie.

»Aber, bitte, Mama, ich müsste mal«, sagt sie.

»Du wartest«, fährt die Frau sie an.

Joanna wartet so lange, bis sie es nicht mehr aushält, steht auf und geht auf Zehenspitzen zur Tür, in der Hoffnung, hinauszuschlüpfen zu können, bevor sie jemand aufhält. Gerade als sie die Hand auf den Türknauf legt, knallt ihr Vater sein Buch zu.

»Wohin willst du?« Ein dunkel gekleidetes Ungeheuer, baut er sich vor ihr auf.

»Auf die Toilette«, haucht sie und blickt ihn, starr vor Angst, an.

»Du solltest doch warten.« Seine Stimme ist barsch, voller Hass.

Unwillkürlich zieht sie die Schultern ein. »Geh und setz dich wieder hin.«

Joanna erschaudert, dann weicht sie zurück, ohne den Blick von ihm zu wenden. Blankes Entsetzen tritt in ihre Augen, als ein warmer Urinstrahl an ihren Beinen hinabläuft. Sie hat so lange gewartet, und nun ist es zu spät.

Wie erstarrt steht sie da, während sein Blick an ihr hinabwandert, und wartet auf den unvermeidlichen Schlag ins Gesicht. Er packt sie, viel zu fest, am Handgelenk, zerrt sie zur Tür hinaus und die Treppe hinauf in dieses spezielle Zimmer, in dem es weder Fenster noch Licht gibt.

Ich weiß es, noch bevor sie es betritt. Die Angst, die ihr den Atem raubt, und der Ausdruck in ihren Augen verraten es mir. Er stößt sie hinein und verriegelt die Tür. Es ist stockdunkel. Ich höre sie wimmern, beobachte, wie sie in ihren nassen Sachen zu Boden sinkt, die Arme um den Oberkörper schlingt und sich vor und zurück wiegt. Dann setzen die Schreie ein.

Sie dauern stundenlang an, noch lange nach Einbruch der Dunkelheit, als ich zu ihr hineinschlüpfe. Ich lege die Arme um meine Mutter und tröste sie, beteuere, dass sie nichts dafürkann und die Schuld einzig und allein bei ihrer grausamen Mutter und ihrem bösartigen Vater liegt. Dass sie doch noch ein Kind ist. Sie verdient sanfte, zärtliche Worte, starke Arme und Liebe, so viel Liebe. Die Liebe, die ich in mir trage, hätte sie doch nur einmal richtig hingesehen.

Aber damals war ich noch nicht geboren, deshalb kann sie mich nicht hören.

24

Ich stehe neben Jos Bett.

»Jo? Jo? Hörst du mich?«

Ein zartes, graues Püppchen zwischen den gestärkten Laken, mit Plastikschläuchen in Mund und Nase, die sie mit Monitoren und Infusionen verbinden. Ringsum piepst es laut, aber sie rührt sich nicht.

Vorsichtig werfe ich einen Blick durch das kleine Fenster in der Tür. »Jo?«

Sie dreht den Kopf, und ihre Lider flattern leicht, als träume sie.

»Jo? Es ist alles in Ordnung. Du bist im Krankenhaus.«

Einen Moment lang schlägt sie die Augen auf. Schritte ertönen auf dem Korridor.

Aber dann verlässt mich der Mut, denn es ist die unnachgiebige Krankenschwester von vorhin. »Bitte gehen Sie jetzt. Ich habe doch klipp und klar gesagt, dass Ihnen der Zutritt verboten ist.«

»Und ich habe Ihnen klipp und klar gesagt, dass ich ihre Freundin bin. Und vermutlich der einzige Besuch, den sie bekommt. Sie hatte gerade eben ganz kurz die Augen offen. Während ich mit ihr geredet habe.«

Mit finsterer Miene drückt sie auf den Rufknopf. Augenblicke später erscheinen weitere Schwestern, gefolgt von einer Ärztin, die allesamt versuchen, Jo eine weitere Reaktion zu entlocken. Vergeblich.

Ich trete beiseite und bete, dass sie die Augen noch einmal aufschlägt, während mir die medizinischen Fachbegriffe nur so um die Ohren fliegen. Zumindest gelingt es mir, die Ärztin zu fassen zu bekommen.

»Entschuldigung, aber könnten Sie mir sagen, was passiert ist?«

Die Ärztin zögert. »Sie sind ...?«

»Kate McKay. Ihre engste Freundin. Ich war während der schlimmsten Zeit an ihrer Seite. Gestern schien es ihr noch gut zu gehen. Sonst hätte ich sie natürlich niemals allein gelassen.«

Ich kann kaum glauben, dass ich erst gestern nach Bristol aufgebrochen bin.

»Ihre Freundin hat eine Überdosis genommen. Sie wird wieder gesund, aber wir sind etwas besorgt, weil wir nicht wissen, wie es danach weitergehen soll. Es wäre möglich, dass sie unter einer Art posttraumatischer Belastungsstörung leidet. Wie Sie ja wissen, hat sie ihre Tochter verloren. Aber wir können uns erst ein genaueres Bild machen, wenn wir mit ihr gesprochen haben.«

»In letzter Zeit war es die reinste Achterbahnfahrt mit ihr«, sage ich. »Mal oben, mal unten. Aber irgendwie hat sie sich durchlaviert. Vor kurzem hat sie einen Computerkurs absolviert, sie hat für ihren Mann gearbeitet ... ich meine, bevor ...« Ich halte inne, unsicher, wie viel die Ärztin weiß.

Sie nickt. »Ihre Schwägerin hat uns ein paar Dinge erzählt. Aber wann hatte sie in all der Zeit Gelegenheit zu trauern? Immerhin hat sie einen sehr schweren Verlust erlitten. Und auch der Verlust ihres Ehemanns ist natürlich sehr schwerwiegend, völlig unabhängig von den Umständen.«

Erst jetzt begreife ich, wie sehr ich mich inzwischen an Jos Probleme gewöhnt habe. Und wie dumm ich war, mir einzubilden, dass sie all das überstehen könnte, ohne zusammenzuklappen. Kein Mensch ist in der Lage, einen so großen Verlust innerhalb weniger Monate zu akzeptieren, wegzustecken und zum Alltag zurückkehren, falls überhaupt jemals.

Ich habe es schon wieder getan, war viel zu nahe dran, habe lediglich ihren löwenhaften Mut und ihre tapfere Fassade gesehen, nicht aber, was sich dahinter verbirgt. Jo ist überhaupt nicht mit der Situation zurechtgekommen, sondern hat den Kopf in den trügerischen Treibsand gesteckt. Und allmählich dämmert mir, dass es für jemanden in ihrer Situation so leicht ist, sich langsam darin versinken zu lassen, statt die Dinge in die Hand zu nehmen. Allein.

Zu Hause rufe ich als Erstes Laura an, um sie auf den neuesten Stand zu bringen.

»Ich habe Joanna gestern noch besucht, um mit ihr über diese Nachrichten zu sprechen, wer sie geschrieben haben könnte. Delphine habe ich auch gefragt.«

»Und was haben sie gesagt?«

»Joanna wirkte ziemlich erschüttert. Glaubst du, sie könnten von ihr stammen? Ich meine, sie steht unter enormem Druck – vielleicht sind sie ja ein Hilfeschrei.«

Ich zucke die Achseln. »Keine Ahnung. Möglich wäre es. Sie würde niemals freiwillig zugeben, dass sie Hilfe braucht.«

»Aus Delphine war kein Wort herauszukriegen. Dieses Kind macht mir wirklich Sorgen. Niemand weiß, was in ihr vorgeht.«

»Und was jetzt?«

»Wir warten ab, ob du noch einen bekommst. Es gab einen ähnlichen Fall, über den ich geschrieben habe. Es stellte sich heraus, dass irgendein bekloppter Kerl fand, sein Opfer hätte den Tod verdient. Eine Art posthumer Hassbrief.«

Ich schüttle den Kopf. »Dazu sind Menschen fähig?«

»Kate! Die Menschen sind nicht grundsätzlich nett. Sie

können abgrundtief böse sein, echte Teufel. Sieh dir nur Neal an.«

»Genau das ist ja das Problem«, sage ich. »Hätte man keine Beweise gegen ihn in der Hand, wäre er so ziemlich der Letzte, den ich im Verdacht gehabt hätte.«

Laura lacht. »Willkommen in meiner verrückten Welt.«

Rosie

Die Liebe ist ein trügerisches, hinterhältiges und irreführendes Wesen. In Joannas Schwarzweißwelt zeigt sie sich in Gestalt eines neuen Kleides oder hübscher neuer Schuhe, wenn man die Augen halb schließt und nicht so genau hinsieht. Bei ihr ist die Liebe gleichbedeutend mit Kontrolle.

Die dreizehnjährige Joanna betrachtet ihr Spiegelbild und sieht einen ungelenken Teenager mit pausbäckigem Gesicht. Sie trägt ein Samtkleidchen mit einer aufgenähten Schleife und Kinderschuhe aus schwarzem Wildleder, die sie sich früher als Zehnjährige gewünscht hat.

Hinter ihr steht ihre Mutter und mustert ihre Tochter, allerdings ohne zu erkennen, dass sie aus dem Kleidchen längst herausgewachsen ist und dass die Schuhe nicht länger Gegenstand ihrer Träume sind.

»Du wächst so schnell«, sagt sie. »Bald schon bist du größer als ich.« Sie streicht den Spitzenkragen glatt und rückt das farblich passende Haarband ihrer Tochter zurecht. »Sieh dich nur an, wie hübsch du bist.«

Sie blickt in den Spiegel, in die Gesichter dieser beiden Fremden – das Kind, das so gern das kleine Mädchen wäre, und die Mutter mit den großen runden Augen und den gemeinen, vergifteten Gedanken, die alles kontrolliert und bestimmt. Ihre Leckereien sind voll Blausäure, die Limonade mit Ammoniak verseucht.

Ihre Eltern haben Besuch, es ist eher eine Cocktailparty als eine Teegesellschaft. Freunde und Nachbarn in Twinsets und Freizeit-

anzügen sitzen auf dem Sofa und trinken Sherry – perlendes Lachen, umherschweifende Blicke voller Lüsternheit. Joanna gesellt sich zu ihnen, und es fängt wieder von vorn an.

»Na, sieh mal einer an, wie du gewachsen bist.«

»Was für ein großes Mädchen.«

Groß, groß, groß ... Das Wort schwillt in ihrem Kopf an, bis es in ihren Ohren explodiert und sie taub wird, während sie sich nichts sehnlicher wünscht, als unsichtbar zu sein.

Eigentlich ist es ganz einfach, nachdem sie erst einmal damit angefangen hat. »Ich habe keinen großen Hunger«, »Ich habe in der Schule schon ein großes Mittagessen gehabt« – schon wieder dieses Wort – oder »Ich hab Bauchweh«. Und währenddessen knurrt ihr der Magen, ihre Sandwiches landen im Mülleimer. Aber all das ist völlig egal, wenn sie sieht, wie flach ihr Bauch ist, wie ihre Sachen an ihr schlottern und ihr ausgemergeltes Gesicht ohne den Babyspeck eine ganz eigene Schönheit entwickelt.

Als man sie zwingt, aufzuessen, obwohl sie nicht will, weil die Portion viel zu üppig ist und ihr wie ein Stein im Magen liegt, lernt sie schnell, Abhilfe zu schaffen. Es gelingt ihr, ihren Würgereflex innerhalb kurzer Zeit zu stimulieren. Nur sie kann das kontrollieren und sonst niemand. Und die hervorstehenden Knochen und der kindliche Körperbau, auf den sie so stolz ist, sind nicht das einzig Positive daran.

»Sie ist ja so schön schlank!«

»Du siehst wunderschön aus, Liebes.«

»Sie hat eine sehr hübsche Figur ...«

»Dieses Kleid steht dir fantastisch.«

Bewundert zu werden, Lob zu ernten, hübsch auszusehen, bewundernswerte Selbstkontrolle an den Tag zu legen, das Beste aus sich selbst herauszuholen, auch wenn sie dafür hungern muss, wärmt ihr Inneres – ein Gefühl, das Liebe am nächsten kommt.

25

Da ich für Jo im Moment nur wenig tun kann und Delphine bei einer Freundin untergebracht ist, besuche ich wie geplant Angus. Die ganze lange Fahrt über bin ich voller Erwartung und habe das Gefühl, als würden tausende Schmetterlinge in meinem Bauch flattern. Doch statt mich in das Apartment zu bitten, das er sich mit Nick und Ally teilt, fängt er mich an der Tür ab und fährt mit mir in ein Luxushotel.

»Das wäre doch nicht nötig gewesen.« Ich nehme das feudal eingerichtete Wohnzimmer, das überbreite Bett und das Ensuite-Badezimmer in Augenschein. Mein Blick schweift über die Orchideen und die Champagnerflasche im Eiskübel. Ich trete ans Fenster, von dem aus sich ein spektakulärer Ausblick auf die Stadt bietet. Angus muss ziemlich tief in die Tasche gegriffen haben. »Das Apartment hätte doch völlig ausgereicht.«

Als er hinter mich tritt, drehe ich mich zu ihm um. Er nimmt mich in die Arme und sieht mir in die Augen.

»Du bist mir jeden Penny wert«, sagt er sanft. »Außerdem wollte ich dich für mich allein haben. Es gefällt mir gar nicht, von dir getrennt zu sein.«

Ein ernster Ausdruck liegt in seinen braunen Augen, und plötzlich haben seine Worte eine ganz neue Bedeutung für mich. Angus und ich sind seit über zwanzig Jahren verheiratet und so vertraut miteinander, dass wir die Gegenwart des anderen mittlerweile als selbstverständlich hinnehmen. Allem Anschein nach haben wir irgendwo unterwegs vergessen, wie viel wir einander bedeuten, wie viel unsere Ehe bedeutet. Und ich musste erst von ihm getrennt sein, um mir darüber klar zu werden. Als ich ihn ansehe, in dieses Gesicht blicke, das ich so gut kenne, die Tränen in seinen Augen bemerke, frage ich mich, ob auch er womöglich … *kurz davor* war, so wie ich mit Neal.

»Ich muss dir etwas sagen«, beginnt er und sieht mich an – besorgt, liebevoll und reumütig zugleich.

»Psst.« Ich lege meinen Finger auf seine Lippen. »Genug geredet. Ich habe eine bessere Idee.«

Ich nehme meinen Ehemann bei der Hand und führe ihn ins Schlafzimmer.

Diese Episode stellt eine Bedrohung für alles dar, was wir uns gemeinsam aufgebaut haben, aber es gelingt uns, sie für diese kurze Zeit zu verdrängen und müßig durch die Stadt zu schlendern und unsere Zweisamkeit zu genießen. Ein paar Tage vergessen wir, dass wir Eltern und ein Ehepaar mit Verpflichtungen und Jobs sind und drehen einfach die Zeit zurück und werden wieder zu Liebenden.

Ich bin seit jeher der Ansicht, dass man immer die Wahrheit sagen muss, auch wenn sie schmerzt. Aber in diesen Tagen wird mir bewusst, dass auch das Schweigen seine Berechtigung hat und manchmal sogar die klügere Wahl sein kann. Wir reden miteinander, trotzdem bleibt das Unausgesprochene bestehen. Ich behalte meinen Verdacht für mich, immer noch unsicher, ob und, falls ja, was er mir verschweigt.

Zum ersten Mal in unserer Ehe haben Angus und ich Geheimnisse voreinander. Ist es tatsächlich klüger, manches ungesagt zu lassen, oder haben wir gerade eine dieser unsichtbaren Grenzen übertreten, die das Leben einem in den Weg stellt und über die man unweigerlich stolpert?

Und können wir jemals an den Punkt zurückkehren, an dem wir einst waren?

Als ich nach Hause komme, erfahre ich, dass Jo in eine kleine exklusive Privatklinik in Surrey verlegt wurde, mitten im Grünen und umgeben von Buchenhecken und alten Zedern. Beim Anblick der gekiesten Auffahrt frage ich mich, wie sie sich all das leisten kann.

Der großzügige Eingangsbereich erinnert eher an ein feudales Countryhotel – bis man die ausdruckslosen Gesichter, den kaum verhohlenen Schmerz in den Augen der Patienten sieht.

Ich warte, bis die Schwester mich in die Lounge führt, wo Jo mit dem Rücken zu uns in einem Sessel sitzt und in den Garten hinausblickt. Als sie uns kommen hört, dreht sie sich um.

Im ersten Moment erkenne ich sie kaum wieder. »Jo?«

Ich schließe sie in die Arme. Es ist das erste Mal, dass ich sie ungeschminkt sehe, und erst hier, in dieser Abgeschiedenheit, zeigt sich das wahre Ausmaß ihres Kummers.

»Danke, dass du mich besuchen kommst, Kate.« Ich merke ihr an, wie dankbar sie mir ist.

Ich ziehe einen Stuhl heran. »Wie geht es dir?«

Sie seufzt. »Ich habe ziemlich Mist gebaut, was?«

»Ach, so würde ich es nicht ausdrücken. Es war eben alles ein bisschen viel.«

»Ja, das kann sein.« Sie klingt verblüfft, als verstehe sie selbst nicht recht, wie es so weit kommen konnte. »Trotzdem ziemlich blöd von mir, dass ich nicht früher reagiert habe.«

Es ist ein halbherziger Versuch, witzig zu sein. Ihre Lippen verziehen sich zu einem Lächeln, das jedoch sofort wieder erstirbt.

Selbst jetzt leugnet sie ihren Zustand noch. Oder spielt sie ihn nur vor mir herunter, so wie sie es schon die ganze Zeit getan hat? Ich weiß es nicht.

»Wie lange musst du hierbleiben, Jo?«

»Ein paar Tage oder so. Sie wollen es mir nicht sagen.« Eine einzelne Träne läuft ihr über die Wange.

»Oh, Jo ...« Ich krame ein Taschentuch heraus und tupfe sie behutsam ab.

»Ich muss ständig weinen«, sagt sie mit zittriger Stimme. »Ich kann einfach nicht aufhören ...«

Da ich nicht weiß, was ich darauf erwidern soll, beuge ich mich vor und nehme ihre Hand.

»Ist schon okay«, sagt sie langsam, während ihr Blick wieder zum Fenster schweift. »Hier verstehen sie das. Sie sagen, sie können mir helfen. Ich hab mich die ganze Zeit versteckt, stimmt's, Kate? Aber das geht nicht ... mich verstecken. Nicht mehr.«

Ihre schleppende Sprechweise verrät mir, dass sie unter Medikamenten steht, und ich verstehe, dass sie sie braucht, weil der Schmerz sie sonst umbringen würde, so wie ein Herzinfarkt oder ein Aneurysma.

»Wo ist Delphine?«

»Carole hat sie abgeholt. Sie ist Neals Schwester.« Das letzte Wort kommt nur undeutlich über ihre Lippen. »Sie wohnen in Devon. Carol ist wie du, Kate. Sie schafft das.«

»Kann ich sie anrufen? Nur um ihr zu sagen, dass ich ihr gern helfe, wenn sie etwas braucht?«

Jo nickt schwach.

»Hast du ihre Nummer?«

Plötzlich wird ihr Gesicht ausdruckslos, und sie murmelt: »Ich bin so müde.« Dann werden ihre Lider schwer, und ihr Kopf fällt nach vorn.

Rosie

Alles ist weiß in diesem Krankenhaus, die Uniformen, die Betten, die Wände, alles. Joanna sitzt in einem weißen Nachthemd vor dem Schreibtisch eines Arztes.

Schweigend liest er die Notizen durch, misst ihren Blutdruck, dann bittet er sie, sich auszuziehen und auf die Waage zu stellen.

Sich auf die Waage zu stellen ist am schlimmsten. Ihr graut davor, weil sie mit ansehen muss, wie sie von Tag zu Tag dicker wird. Die Zahl steigt unaufhörlich an. Der sichtbare Beweis für jedes ekelhafte Kilo Speck setzt sich überall fest, wo eigentlich nur glatte Haut und hervortretende Knochen sein sollten. Mit jedem Tag entfernt sie sich weiter von ihrem Ziel, so winzig zu sein, dass sie unbemerkt an allen vorbeischlüpfen kann. Sie kann es nicht ausstehen, dass sie so stämmig, so dick ist, dass sie plötzlich so etwas wie eine erkennbare Gestalt, einen Körper aus Knochen und Muskeln besitzt. Wenn sie in den Spiegel blickt, sieht sie nur eins: Fett.

Aber sie hat keine andere Wahl, als dieses dämliche Spiel mitzuspielen, die Tortur über sich ergehen zu lassen. Sie muss ein paar verhasste Kilo zulegen, damit sie sie entlassen, mit der Ermahnung, in einem Monat zur Kontrolle wiederzukommen.

Obwohl alle Beteiligten wissen, dass sie es nicht tun, sondern sich das zugelegte Gewicht im Handumdrehen herunterhungern, herauskotzen und abtrainieren wird, so lange, bis sie ihren alten Körper zurückhat.

Joanna hat eine winzige Wohnung, die tadellos sauber, aufgeräumt und spartanisch eingerichtet ist, eine Übergangslösung mit einem nahezu leeren Kühlschrank, einem halben Dutzend Bücher im Regal, einem Fernseher und ein paar Videos. Das Bad hingegen ist der reinste Wellnesstempel, ihr privates Paradies voller Verheißungen.

Jeder Tag beginnt hier. Jeden Tag gibt es zahllose Möglichkeiten, ihr Leben von Grund auf zu verändern. Also stellt sie den Wecker besonders früh, um Zeit zu haben, falls etwas schiefläuft; um noch einmal von vorn anzufangen und es so lange zu versuchen, bis es perfekt ist.

Es gibt ein festgelegtes Ritual. Duschen, wobei sie ihre Haut schrubbt, bis sie wund ist, dann noch zwei Mal Haare waschen, Beine rasieren, Nägel gründlich säubern.

Nach dem Abtrocknen bindet sie sich das Haar hoch und macht sich an die Arbeit. Hier zeigen sich ihre Fähigkeiten besonders gut, denn Joanna kann jedes Gesicht erschaffen: bildhübsch, kess, mutig, lasterhaft. Meistens entscheidet sie sich für den Typ »dezente Schönheit«. Sie hat ihre Hausaufgaben gemacht und weiß genau, wie sich die Frauen präsentieren, die alles haben – den entsprechenden Lebensstil, das Aussehen und den passenden Ehemann. Sie trägt eine dünne Schicht Primer auf, darüber kommt die Grundierung und der selbst zusammengestellte Puder in der perfekten Schattierung. Stets hat sie die neuesten Lidschattenfarben, die neueste wasserfeste Wimperntusche. Lebensfest, denkt sie.

Nach ihrem morgendlichen Ritual schlüpft sie voller Erwartung in ihren Mantel und nimmt ihre Handtasche. Oder ist sie nervös? Sie geht die Treppe hinunter. Die Frage lautet stets, was der Tag bringen wird, niemals, was sie daraus machen, wie sie ihn genießen und jede kostbare Minute davon zelebrieren will. Das kann sie nicht. Sie glaubt, dass etwas mit ihr passieren wird, wenn sie nur lange genug wartet.

Sie macht den ersten Schritt vor die Tür, atmet die kühle, kla-

re Morgenluft ein und tritt in die Welt hinaus. So müssen sich Babys fühlen, denkt sie oft. Nur dass Babys die Arme ihrer Mutter haben, die sie umfangen, ihre Wärme, ihre Brüste, ihre Liebe. Sie fühlen sich sicher.

Joanna hingegen ist allein.

26

Am Empfang frage ich nach Carols Nummer, aber verständlicherweise sind Jos Kontaktdaten vertraulich, und ich werde mich wohl oder übel bis zu meinem nächsten Besuch gedulden müssen.

Ich fahre nach Hause und gehe quer über das Feld. Die kalte Luft, die über meine Haut streicht und in meine Lunge dringt, tut gut, klärt meine Gedanken. Die Pferde freuen sich, mich wiederzusehen. Oz und Reba rangeln und schnuppern in der Hoffnung auf eine Leckerei an meiner Jackentasche, während Zappa ein Stück entfernt steht, scheinbar ohne Notiz von uns zu nehmen.

Das sieht ihm gar nicht ähnlich. Normalerweise muss er ständig im Mittelpunkt stehen, und bei genauerem Hinsehen fällt mir auf, dass seine Augen trübe und teilnahmslos wirken. Plötzlich stampft er mit dem Hinterhuf auf. Schlagartig bin ich alarmiert. Ich kenne dieses Pferd, seine Körpersprache. Hier stimmt etwas nicht.

Nachdem ich ihn endlich in den Stall gelockt habe – jeder Meter erfordert Überredungskunst –, steht er mit gesenktem Kopf da. Immer wieder schweift sein Blick zu seiner Flanke. Oz und Reba scharren ungeduldig mit den Hufen, weil es ihnen nicht passt, dass er mehr Aufmerksamkeit bekommt als sie, doch er ignoriert sie, was ebenfalls ungewöhnlich ist.

Als er den Kopf hebt und mich anschaut, kann ich förmlich sehen, wie jegliche Lebensenergie aus ihm herausströmt, und ein schrecklicher Verdacht steigt in mir auf. *Wurde Zappa vergiftet? Ist womöglich jemand auch hinter mir her?*

Der Verfasser dieser Nachrichten?

Während ich den Hof kehre, glaube ich, Schritte zu hören, und schaue ständig zu ihm hinüber. Eine Stunde später geht es ihm immer noch nicht besser, und ich rufe Helen an, meine Tierärztin.

Als sie kommt, ist es bereits dunkel. Zappa ist völlig verschwitzt, und sein Zustand verschlechtert sich von Minute zu Minute. Ich wünschte, ich hätte sie schon früher angerufen.

Ich kenne Helen seit vielen Jahren und vertraue ihr blind.

»Ihm geht's richtig schlecht«, sagt sie und tätschelt ihn. »Armer alter Junge. Ich bin ziemlich sicher, dass es eine Kolik ist.«

»Könnte er vergiftet worden sein?«

Helen mustert mich scharf. »Ohne eine Blutuntersuchung kann man das nicht sagen, aber wenn du willst, kann ich einen Test machen. Doch jetzt sorgen wir erst mal dafür, dass er sich ein bisschen besser fühlt. Ich gebe ihm eine Spritze gegen die Schmerzen und eine zum Entkrampfen. Hoffen wir, dass es wirkt. Kannst du ihn den restlichen Abend im Auge behalten? Ich habe Bereitschaft, also ruf an, wenn es schlimmer wird.«

Ich nicke. Beim Anblick dieses sonst so lebhaften, bildschönen Pferdes, das nur noch ein Bild des Jammers ist, packt mich die kalte Angst. »Ich sollte seine Besitzerin anrufen.«

»Ist er eines deiner Pensionspferde?«

Wieder nicke ich.

»Dann solltest du es lieber tun.«

Nachdem Helen weg ist, rufe ich bei Zappas Besitzerin an, erreiche sie aber nicht. Ich hinterlasse eine Nachricht und gehe wieder zu Zappa. Ich setze mich in seine Box, streichle sein weiches Fell am Kopf und hinter den Ohren.

»Ist schon gut, Junge. Bald geht's dir besser.«

Ich lasse ihn kurz allein. Als ich zurückkomme, liegt er auf dem Stroh und tritt wild um sich, obwohl ich nach Kräften versuche, ihn zu beruhigen.

Noch einmal rufe ich Helen an, die sofort kommt und ihm eine weitere Beruhigungsspritze gibt. Als er sich ein wenig entspannt hat, untersucht sie ihn ein weiteres Mal.

»Das sieht nicht gut aus, Kate. Ich kann keine Darmgeräusche hören. Da er solche Schmerzen hat, muss sich irgendetwas verdreht haben. Eine OP ist seine einzige Chance, und zwar noch heute Abend. Kannst du ihn rüber in die Praxis bringen?«

»Ich habe zwar einen Anhänger, aber noch nie versucht, ihn reinzubugsieren.«

»Los, ich helfe dir.«

Gott sei Dank ist Helen hier und übernimmt das Kommando, denn ich habe nicht nur gewaltige Zweifel, sondern mein Instinkt sagt mir, dass er es nicht schaffen wird. Obwohl er erst seit ein paar Monaten bei mir ist, habe ich eine sehr enge Bindung zu ihm aufgebaut, und weiß, dass er sehr schwer krank ist.

Ich fahre den Anhänger so nahe wie möglich an den Stall heran, während Helen versucht, Zappa zum Aufstehen zu bewegen. Als ich seinen Führstrick nehme, macht er ein paar zögernde Schritte, ehe er komplett die Kontrolle verliert, einen Satz nach vorn macht und gegen die Wand knallt.

»Das sind die Schmerzen«, stößt Helen mit zusammengebissenen Zähnen hervor. »Ich muss ihm noch eine Ladung verpassen.«

Sie geht zu ihrem Wagen. Zappa zittert am ganzen Leib und ist schweißnass. Obwohl ich alles versuche, ihn oben zu halten, lässt er sich auf den Boden sinken.

»Helen ... beeil dich ...«

Kurz darauf steht sie mit einer Spritze in der Hand neben mir. »Als Erstes gebe ich ihm die, dann versuchen wir, ihn wieder auf die Beine zu kriegen.«

Armer, armer Zappa. Er ist so tapfer, gibt sich alle Mühe. Einmal schafft er es beinahe, aber seine Beine geben unter ihm nach, und er bricht erneut auf dem Stroh zusammen.

»O Gott ... ich hoffe nur, es ist nicht zu spät. Wir müssen ihn in diesen Anhänger schaffen, Kate. Das ist seine einzige Chance.«

Aber wie wir auch ziehen, schieben und drücken, er steht nicht auf. Mein Herz blutet, als mir aufgeht, was das bedeutet.

Ich gehe neben ihm in die Hocke und flüstere ihm leise ins Ohr: »Zappa ... mein wunderschöner Zappa ...«

Er rührt sich nicht. Helen betritt hinter mir die Box. »Kate? Es tut mir wahnsinnig leid, aber du weißt, dass wir ihn nicht in diesem Zustand liegen lassen können.«

Ich nicke, und mir rollt eine Träne über die Wange.

Als sie wieder zu ihrem Wagen geht, drücke ich Zappa einen Kuss auf die Nüstern. Er liegt immer noch reglos da, lediglich sein Brustkasten hebt und senkt sich.

»Ist gut«, sagt Helen und tritt neben mich. »Gleich hat er es überstanden. Er wird nichts davon mitbekommen.«

Der Verlust ist eine Sache, zwischen Leben und Tod zu stehen und die richtige Entscheidung zu treffen ist jedoch genauso qualvoll. Als der Abdecker kommt, um Zappa abzuholen, kann ich nicht zusehen. Ich will ihn in all seiner Schönheit in Erinnerung behalten, nicht in diesem würdelosen Zustand. Er war so ein intelligentes, talentiertes Pferd.

Zuerst bin ich am Boden zerstört, dann überkommt mich Wut. Ich wünschte, jemand wäre hier, den ich quälen kann, damit er so leidet wie ich. Ich schenke mir einen großzügigen

Whiskey ein, obwohl ich den Geschmack wie die Pest hasse, spüre, wie er in der Kehle brennt und meinen Schmerz betäubt. Danach rufe ich Angus an.

»O Gott, Kate. Wie grauenhaft. Wie geht es dir?«

»Ich fühle mich furchtbar, Angus. Das arme Pferd ...«

»Du hast getan, was du konntest«, sagt er leise. »Könnte ich jetzt nur bei dir sein, Kate.«

Plötzlich vermisse ich ihn schrecklich. Warum ist er nicht hier, wenn ich ihn am meisten brauche? Ich möchte mich an ihn lehnen, seinen Herzschlag, seine Energie spüren, um mich daran zu erinnern, dass das Leben trotzdem weitergeht.

Der Whiskey nimmt mir meine Hemmungen, lässt mich Dinge sagen, die ich schon viel zu lange mit mir herumgetragen habe. »Es ist scheiße ... Es ist total scheiße, dass du nicht hier bist. Alles ist so anders, Angus. Du bist anders. Ich bin anders ...«

»Kate, wir sind immer noch dieselben. In ein paar Monaten, wenn ich wieder zu Hause bin, liegt all das hinter uns.«

Aber ich verdiene es, jemandem wehzutun ... zu leiden. Und er auch. Er tut so, als wäre alles in bester Ordnung, und macht es sich viel zu leicht.

»Neal hat versucht, mich anzumachen«, platze ich heraus und bereue die Worte sofort.

Er schweigt. Wird er mir jetzt auch die Wahrheit sagen?

»Und?« Seine Stimme ist kalt wie Stahl.

»Und gar nichts. Er hat mich geküsst. Und ich habe ihn weggeschoben.«

Lasse ich es dabei bewenden? Oder gestehe ich ihm, welche Gefühle diese kurze Begegnung in mir ausgelöst hat? Wie sehr ich mich vor mir selbst geekelt habe, weil ich einen Mann angefasst habe, der womöglich sein eigenes Kind getötet hat?

»Halt dich von diesen verdammten Leuten fern, Kate. Sie

tun dir nicht gut. Du hast dich verändert. Die alte Kate hätte so was nicht mal im Traum zugelassen.«

»Wie kannst du es wagen?«, schreie ich gekränkt. »Du bist praktisch nie hier, Angus. Und ich habe gar nichts getan. Du bist derjenige, der weggegangen ist.«

»Wir sind verheiratet, Kate, das hast du offenbar vergessen.«

»Ja, aber das hat dich nicht davon abgehalten, mich zu verlassen, oder etwa nicht? Was weiß ich, was du dort oben treibst.«

Eine unheilvolle Stille hallt in meinen Ohren wider.

»Lass … lass es einfach gut sein, okay? Ich will nicht mit dir reden, solange du in dieser Verfassung bist. Ich rufe dich im Lauf der Woche an.«

Er legt auf.

Ich lasse mich auf den Boden sinken. Tränen laufen mir übers Gesicht. Ist es das? Das Ende? Erst später erkenne ich, dass er rein gar nichts preisgegeben hat. Er hat nichts geleugnet. Vielleicht hat er sich ja gar nichts zuschulden kommen lassen.

Habe ich sein Verhalten das erste Mal, seit wir uns kennen, falsch interpretiert?

Rosie

Es gibt noch einen anderen Grund, weshalb Joanna nie auf Partys geht oder sich mit Freunden trifft, um sich irgendeine Show anzusehen und danach einen Happen essen zu gehen. Es gibt etwas in ihrem Leben, das so bedeutsam ist, dass es sie Tag und Nacht beschäftigt und all ihre Gedanken absorbiert; etwas, das selbst das sorgfältigste Make-up nicht kaschieren kann.

Ich folge ihr, ein Schatten in ihrem Schatten, selbst an diesem trüben Tag, als sie die U-Bahn zum Regent's Park nimmt und das kurze Stück in die Haley Street zu Fuß geht. Sie erklimmt die Treppe, zögert kurz.

Drinnen ist alles strahlend weiß. Die Farbe lässt sie an Sonne, Wärme, eine perfekte, wohlgeordnete Welt denken, in der alles genauso ist, wie es sein sollte. Vor allem als sie Jean Pinard kennenlernt. Es ist ihre erste Begegnung. Die erste von vielen.

Sind Sie sicher? Mit dem Finger fährt er die Konturen ihrer Nase nach. Er drückt sie vorsichtig hin und her und fragt sich, weshalb sich ein so hübsches Mädchen den Torturen einer Schönheitsoperation aussetzen will, bei der die Haut aufgeschnitten und die Knorpelmasse abgetragen wird und die Schmerzen verursacht – all das nur für eine Verkleinerung von ein paar Millimetern.

Etwas zierlicher können wir sie machen. Zierlicher – das Wort gefällt ihr, die Art, wie er es sagt, mit diesem charmanten Akzent. Vielleicht kann er im Zuge dessen auch ein paar Zentimeter von ihrer Größe wegnehmen, von der Länge ihrer Arme, und ein paar Pfund Fett.

Sie besteht darauf, und er erklärt sich bereit. Und er hat recht. Der Unterschied ist so minimal, dass ihren Kollegen bei der Arbeit der Unterschied noch nicht einmal auffällt. Sie fragen sie lediglich, wieso sie so blass ist. Wie kann jemand in die Türkei fliegen und nicht sonnengebräunt zurückkommen?

Aber Joanna weiß, dass dies der erste Schritt ist – ihre neue Nase für das neue Leben, das sie eines Tages führen wird. Zwar weiß sie noch nicht, wie es aussehen soll, aber sie wird es erkennen, wenn es so weit ist. Und wenn sie sich selbst Stück für Stück perfektioniert, ergibt sich auch alles andere. Wie sollte es anders ein.

27

Was geschieht gerade in meinem kleinen Universum? Versucht das Schicksal, die natürliche Balance wiederherzustellen? Bekomme ich die Rechnung für einen schlimmen Fehler oder eine Ermessensentscheidung präsentiert? Zahle ich einen Preis dafür, dass ich Angus um ein Haar betrogen hätte? Zappas Leben für meine Ehe?

Schwachsinn, sage ich mir. So funktioniert das Leben nicht. Außerdem habe ich Angus nicht betrogen, sondern bloß ein schlechtes Gewissen, weil ich einen Moment lang darüber nachgedacht habe.

Während ich über die Zukunft meiner Ehe nachgrüble, stelle ich fest, dass Zappas Tod eine größere Lücke hinterlassen hat, als ich je vermutet hätte. Natürlich ist seine Besitzerin traurig, aber in Wahrheit hatte sie ihn ohnehin abgeschrieben. Außerdem zahlt ihre Versicherung für den Verlust, weshalb das Problem für sie längst vom Tisch ist.

Und obwohl Rachael Tiere hat, ist sie letzten Endes die Frau eines Bauern.

»Gott sei Dank, dass es keines von deinen eigenen war«, bemerkt sie nüchtern, unfähig, nachzuvollziehen, dass das absolut nichts mit Besitzverhältnissen zu tun hat, Zappa ist mir schlicht und ergreifend ans Herz gewachsen.

Ich bin immer noch ruhelos. Etwas fehlt. Mein Ehemann, meine Tochter. Und jetzt auch noch dieses bildschöne Pferd. Wo sind die Energie, die Lebensfreude geblieben? Haben sie sich in nichts aufgelöst, als Helen das tödliche Betäubungsmittel gespritzt hat, oder sich an einen für mich unerreichbaren Ort zurückgezogen? Einen Moment lang erscheint Zappa vor meinem geistigen Auge – ein silberfarbener Streifen, der durch die Dunkelheit galoppiert. Ein Geisterpferd, mit dem hellblonden Geistermädchen im Sattel.

Jo macht nur sehr langsame Fortschritte, als hätte sie das Trauma der vergangenen Monate immer noch im Würgegriff.

»Ihre Besuche tun ihr gut«, erklärt Carla, eine der Schwestern. Sie behält Jo sehr aufmerksam im Auge und teilt meine Sorgen um sie, und das nicht nur aus beruflichem Interesse. »Sie muss sich daran erinnern, dass es da draußen immer noch eine Welt gibt. Ich habe das Gefühl, als hätte sie sich vollständig von Delphine gelöst, aber das liegt daran, dass es im Moment zu schmerzhaft ist, Jo zu sein.«

»Das habe ich auch schon früher an ihr beobachtet«, sage ich. »Dass sie sich einfach ausklinkt.«

»Es ist ein Schutzmechanismus«, erwidert Carla bekümmert. »Sie errichtet eine Mauer zwischen sich und ihrem Schmerz, und wir kommen nicht an sie heran.«

»Hat sie über ihre Ehe gesprochen? Ich weiß, dass es mich eigentlich nichts angeht, aber es gibt so viele Dinge …« Eigentlich sollten die Leute hier darüber Bescheid wissen, andererseits bin ich kein Familienmitglied und nicht sicher, ob es mir zusteht, mich dazu zu äußern.

»Wir müssen alles wissen, was ihr helfen könnte, Kate. Ich habe davon gehört, dass ihr Mann des Mordes an ihrer Tochter verdächtigt wird.«

Ich hole tief Luft. »Wissen Sie auch, dass er sie misshandelt hat? Körperlich?«

Carlas Blick macht deutlich, dass sie keine Ahnung hat. Wir

setzen uns in ein ruhiges Nebenzimmer, wo ich ihr während der nächsten Stunde alles erzähle.

Wie geradlinig und unkompliziert mein eigenes Leben doch bisher war.

Als Laura herüberkommt, um sich nach Jo zu erkundigen, versuche ich ihr zu erklären, was mir durch den Kopf geht.

»Eigentlich hat es angefangen, nachdem Angus weggegangen ist. Wir waren so lange zusammen, dass ich vergessen hatte, wie es sich anfühlt, von ihm getrennt zu sein.«

»Aber er kommt doch bald zurück, oder?«

»In zwei Monaten.« Ich reiche ihr eine Tasse Tee. »An den meisten Wochenenden kommt er nach Hause, aber es ist nicht mehr so wie früher. Außerdem haben wir uns gestritten.«

Ich bereue die Worte, kaum dass ich sie ausgesprochen habe, und wünschte, ich könnte sie ungeschehen machen, genauso wie Angus gegenüber.

»So lange voneinander getrennt zu sein ist nicht leicht. Das macht alles irgendwie schwieriger.«

»Meinst du? Wären die meisten Frauen nicht froh, weniger waschen und kochen zu müssen und dafür mehr Zeit für sich zu haben …«

»Anfangs vielleicht schon, trotzdem ist es eine lange Zeit. Aber es ist doch keine ernste Krise, oder?«

»Ich bin mir nicht sicher.« Ich stelle meinen Becher ab. »Eigentlich wollte ich es niemandem sagen. Ich bin auch alles andere als stolz darauf. Absolut nicht. Aber Neal Anderson hat mich angemacht.«

Laura stößt einen Pfiff aus. »Das hast du allerdings nicht erwähnt. Was ist passiert?«

»Ehrlich gesagt wollte ich das Ganze am liebsten schnell vergessen. Ich habe ihn zum Abendessen eingeladen, als Jo bei ihrem Kurs war. Das sollte eine reine Nachbarschaftsgeste sein. Ich habe ihn und Delphine eingeladen, aber er kam allein, weil Delphine bei einer Freundin sei, meinte er. Das hätte er völlig vergessen.«

»Sagt er.«

Ich starre sie an. Auf die Idee, dass er das nur erfunden haben könnte, war ich noch gar nicht gekommen. »Das Essen war schon fertig, deshalb ist er geblieben. Und beim Abschied hat er versucht, mich zu küssen.«

Sie sieht mich scharf an. »Was ... hat er Gewalt angewendet?«

»Nein, absolut nicht. Er war unglaublich charmant. Und so verdammt verführerisch, Laura.« Das ist das einzige wirklich passende Adjektiv, um ihn zu beschreiben.

»Jedenfalls habe ich ihn weggeschoben. Danach ist er gegangen. Aber am nächsten Tag stand er wieder da, und ich habe gesagt, er soll gehen.« Ich zucke die Achseln. »Das war's.«

»O Gott, was für ein Dreckskerl.« Sie sieht mich nachdenklich an. »Weiß Jo davon?«

»Ich habe es ihr nicht erzählt. Wie auch? Ich bin doch ihre Freundin ... und ich habe keine Ahnung, ob er es ihr gesagt hat. So wie ich ihn kenne, könnte es durchaus sein.«

»Und was ist mit Angus?«

»Ich habe es ihm gesagt. Neulich, nach der Sache mit Zappa. Plötzlich wurde mir alles zu viel. Ich war am Boden zerstört. Vermutlich hätte ich es nicht tun sollen. Aber jetzt ist es zu spät.«

»Oh, Kate.« Stirnrunzelnd blickt sie in ihre Teetasse. »Eigentlich hast du dir nichts zuschulden kommen lassen, oder? Es ist alles Neals Schuld.«

»Oh ...« Ich schüttle den Kopf und denke daran, wie mein Körper auf ihn reagiert hat, an die unklaren Signale, die ich ausgesandt haben muss. »Ich schätze, etwas an meiner Körpersprache muss ihn dazu gebracht haben, sonst hätte er wohl kaum einen Vorstoß gewagt, oder?« Ein schrecklicher Gedanke kommt mir. »O Gott ... glaubst du, ich sollte das der Polizei erzählen?«

»Also, ich kann mir nicht vorstellen, dass das für die Tat relevant ist«, antwortet Laura.

»Nein? Zeigt das nicht, wie unehrenhaft er ist? Wie hinterhältig? Dass dumme Frauen wie ich auf ihn hereinfallen?« Zu meiner Beschämung spüre ich, wie mir die Tränen kommen.

»Kate. Das reicht. Du hast ihm Einhalt geboten«, sagt Laura.

Ich sehe ihr in die Augen. »Soll ich dir die Wahrheit sagen? Die reine Wahrheit? Ich habe ihm Einhalt geboten, ja, aber eigentlich wollte ich es nicht.«

Laura schüttelt ungläubig den Kopf. »Kate! Du bist viel zu lange verheiratet! Ich meine das nicht negativ. Alle Frauen haben ihre Fantasien, oder etwa nicht? Na ja, zumindest diejenigen, in deren Adern noch ein bisschen Blut fließt. Du hast den hochverehrten Neal Anderson zurückgewiesen, was Millionen anderer Frauen nicht getan hätten. Das macht dich praktisch zur Heiligen!«

»Meinst du?«

Stimmt das? Hat Neal all das bewusst eingefädelt?

»Aber hallo!«

Es scheint, als wäre mir eine große Last von den Schultern genommen worden.

Doch als ich wieder an Angus' kalte, verächtliche Stimme denke, knallt augenblicklich das Gewicht wieder auf mich herab, mit einer solchen Wucht, dass mir die Luft wegbleibt.

Rosie

Hinter jedem Menschen stehen dreißig Geister, heißt es so schön. Manche sind sogar Teil ihres Lebens, auch wenn diejenigen es nicht merken. Leute wie Kate, Grace, Tante Carol.

Joanna hingegen nicht. Sie hat ihre Geister längst verloren, hat keine Liebe, die sie begleitet, niemanden an ihrer Seite. Ihr Leben ist leer und einsam – bis zu jenem sonnigen Tag, als sie auf der Hochzeit einer gemeinsamen Freundin Neal begegnet. Es ist ein Tag unzähliger Versprechungen, wie das Konfetti vor der Kirche. Als er sie sieht – zart, bildschön, anpassungsfähig, und beobachtet, wie sie ihr Seidenjäckchen abstreift, das sie eigens für diesen Moment im Kleiderschrank verwahrt hat, sich die Sonne in ihrem hellen Haar fängt, sie sich umschaut auf der Suche nach einem bekannten Gesicht und dabei an seinem hängen bleibt, entspinnt sich eine schicksalhafte Anziehung zwischen ihnen. Es scheint ein kollektives Seufzen durchs Universum zu gehen, ein hoffnungsvolles Flüstern, in dem ein Hauch von Erleichterung mitschwingt. Und von Gefahr.

In diesem Moment geschieht etwas Seltsames mit Joanna. Es liegt nicht am Wodka, den sie getrunken hat, um ein wenig Mut zu fassen – seine Wirkung kennt sie bereits. Nein, es ist wie ein Déjà-vu. Zwar hat sie keine Ahnung, wieso, aber in dem Augenblick, als sie ihn erblickt, weiß sie es, spürt es mit jeder Faser ihres einsamen, verdorrten Herzens. Das ist er. Von diesem ersten Moment an sind sie wie Pulver und Flamme, eine brandgefährliche Mischung, die unweigerlich explodieren muss.

Ein Feuerball, der alles auf seinem Weg verschlingt, im Inferno unter sich begräbt, nur dass es dabei weder um Liebe noch Leidenschaft geht, sondern um die Frage, wer die Oberhand hat und wer sich unterordnet. Mit seiner Autorität, seiner Attraktivität, seinem Selbstbewusstsein gelingt es ihm wie keinem anderen zuvor, ihr das Gefühl zu geben, klein und unbedeutend zu sein. Er besitzt Macht, auf die sie instinktiv reagiert, die sie dazu bringt, seine Launen hinzunehmen, sich ihnen zu unterwerfen. Sie kann nicht anders.

Sie hat ihn gefunden, den Beginn vom Rest ihres Lebens. Sie kann nicht von ihm ablassen, denn sie hat die Lücke in seinem Innern erkannt – jene Lücke, die genau so groß ist, dass sie sie mit ihrem Körper ausfüllen kann.

28

Es braucht seine Zeit, aber während Jo sich allmählich aus den Tiefen der Finsternis hochkämpft, rückt Neals Prozess immer näher. Laura sagt, die Polizei hätte ausreichend Beweise, um den Vorwurf der Körperverletzung aufrechtzuerhalten, wohingegen eine Anklage wegen Mordes immer noch fraglich sei. Es lägen mehrere Aussagen vor, was an jenem Abend vorgefallen sei, außerdem seien die Dateien auf dem Laptop mittlerweile ausgewertet, allerdings fehle die Mordwaffe nach wie vor.

»Wie es aussieht, ist er der Hauptverdächtige«, sagt sie. »Und du ahnst ja nicht, wie viele Leute es gibt, die ein Hühnchen mit ihm zu rupfen haben, von Arbeitskollegen bis hin zu ehemaligen Geliebten. Aber die Polizei braucht handfestere Beweise.«

Sie mustert mich. »Es sind so viele, Kate. Offenbar hat Neal jede Menge Leute vor den Kopf gestoßen. So was kommt vor, insbesondere bei diesen einflussreichen Machttypen. Sie halten sich für unbesiegbar, bis sie eines Tages einen Schritt zu weit gehen. Und dann holt sie die Vergangenheit gnadenlos ein.«

Ihre Argumentation ist nachvollziehbar, trotzdem bin ich irritiert. »Ich habe Mühe, diesen skrupellosen Machtmenschen mit dem Mann unter einen Hut zu bringen, der Waisenhäuser aufbaut.«

»Na ja, auch dort hatte man die Nase voll von ihm. Er hat

hingeschmissen, schon vor ein paar Monaten, klammheimlich. Irgendetwas muss vorgefallen sein, aber bisher lässt niemand etwas heraus.«

»Aber die Auszeichnung«, sage ich verwirrt. »Er wurde doch erst kürzlich für einen Preis nominiert. Er und Jo wollten eigentlich gemeinsam zur Verleihung fahren, übers Wochenende. Aber am Ende ist er ohne sie hingegangen. Sie hatte sich volllaufen lassen.«

»Was? Das wusste ich ja gar nicht.«

»Offenbar hat sie den ganzen Nachmittag schon getrunken, allerdings weiß ich nicht genau, weshalb. Als ich sie aufgegabelt habe, war Neal schon weg.«

Laura schüttelt den Kopf. »Aber wenn er das Waisenhausprojekt offiziell hingeschmissen hat, wäre er doch nicht nominiert worden, oder? Vielleicht war es ein Preis für sein Lebenswerk. Hat er ihn denn bekommen?«

Ich rufe mir jenen Sonntagmorgen ins Gedächtnis, als er früher als erwartet nach Hause kam. »Er hat nichts erwähnt.«

Meine Gedanken überschlagen sich. »Was«, fahre ich langsam fort, »wenn all das bloß Fassade wäre? Wenn er sie abgefüllt hätte, um ihr die Wahrheit nicht sagen zu müssen – dass sie ihn gefeuert haben. Dann konnte er so tun, als würde er allein hingehen, während er in Wirklichkeit das Wochenende mit einer anderen Frau verbracht hat.«

Laura runzelt die Stirn. »Herauszufinden, ob er dort war oder nicht, wäre ein Kinderspiel. Aber für den Mord an Rosie spielt es keine Rolle.«

»Aber für Jo spielt es durchaus eine Rolle. Er hat sie fertiggemacht. Sie hatte schreckliche Gewissensbisse, weil sie ihm den Abend versaut hat. Es würde ihr vielleicht helfen, wenn sie wüsste, dass er all das inszeniert hat.«

»Wer hätte das gedacht?« Wieder schüttelt Laura den Kopf.

»Da glaubt man immer, man könnte in die Leute hineinsehen, herausfinden, wie sie ticken. Aber manchmal hat man nicht die leiseste Ahnung, was in ihnen vorgeht.«

Nun, unmittelbar vor dem Prozess, werden wieder allerlei Spekulationen laut, und die Presse gräbt jedes Körnchen Schmutz aus, das sie nur finden kann – eine hässliche Spur aus Affären und systematischen Übergriffen auf Frauen, die erst jetzt beschlossen haben, mit ihren Vorwürfen an die Öffentlichkeit zu gehen. Selbst Jos Krankheitsgeschichte wird hervorgekramt. All das lässt seinen sorgsam aufgebauten Ruf wie ein Kartenhaus einstürzen.

»Gott, was für ein mieser Dreckskerl.« Rachael ist zutiefst erschüttert. »Und Joanna muss völlig den Verstand verloren haben, bei so einem Mann zu bleiben. Dazu hat sie doch keiner gezwungen, oder?«

»Sie hat ihn geliebt«, sage ich leise.

Die haltlosen Gerüchte, Rosie sei schwanger gewesen, geben mir den Rest. Auf einen Schlag habe ich genug von all dem Klatsch, den Spekulationen, den Lügen.

Jo ist zwar immer noch labil, hält sich aber tapfer. »Es sind alles nur Lügen. Glaubst du nicht auch, ich hätte es gewusst? Jeder kennt doch die Presse. Aber ich lasse all das nicht an mich herankommen.«

Wie immer macht sie alles mit sich allein aus.

Vielleicht hat das Universum entschieden, dass ich eine kleine Verschnaufpause gebrauchen kann. Denn auf einmal erwachen meine Lebensgeister, als ich gefragt werde, ob ich ein neues Pferd in Pflege nehmen kann, ein ehemaliges Rennpferd, das ohne eigenes Zutun plötzlich heimatlos geworden ist. Und so tritt Shilo in mein Leben, zaghaft und argwöhnisch, da er sich vermutlich fragt, wie lange er wohl bleiben darf, bis er ein weiteres Mal aus seiner gewohnten Umgebung gerissen und in einen anderen Stall gebracht wird. Mit seinem ehrlichen Blick und seiner ruhigen Art mag ich ihn auf Anhieb.

Überraschung Nummer zwei ist Grace' unerwarteter Besuch.

»Ich dachte, du kommst erst nächste Woche«, rufe ich und bemerke den fremden Wagen im Hof, als ich sie in die Arme schließe. »Wer hat dich hergefahren?«

Sie löst sich von mir und wird rot. Ihre Augen funkeln.

»Du hast doch gesagt, du würdest Ned gern kennenlernen, Mum, erinnerst du dich? Tja, bitte schön.«

Er kommt herein – ein großer, schlaksiger Kerl mit zerwuscheltem Haar, tief auf den Hüften sitzenden Jeans und einem zeltartigen Kapuzenshirt – und streckt mir die Hand entgegen.

»Hi, Mrs. McKay. Ich hoffe, es ist okay ... ich hab zu Grace gesagt, sie soll vorher anrufen, aber Sie wissen ja selbst, wie sie ist ...«

Er wirkt ein bisschen tollpatschig, scheint aber sehr nett zu sein und grinst, als Grace so tut, als würde sie ihm einen Klaps verpassen. Ich schüttle ihm die Hand. Ebenso wie Shilo mag ich ihn auf Anhieb.

»Allerdings. Hi, Ned. Sag doch Kate zu mir. Ich freue mich sehr, dich kennenzulernen. Was für eine tolle Überraschung!« Ich wende mich Grace zu. »Wie lange bleibst du?«

»Übers Wochenende? Wenn das in Ordnung für dich ist? Danach wollten wir für ein paar Tage zu Neds Eltern. Aber zu Ostern bin ich definitiv hier, Mum.«

Einen Augenblick fühle ich mich beklommen, als mir dämmert, dass sie beide hier übernachten werden. Aber wo? In getrennten Zimmern? In Grace' Mädchenzimmer? Ich bin zum ersten Mal mit dieser Frage konfrontiert und weiß spontan nicht, was ich sagen soll. Aber eigentlich können die beiden das unter sich ausmachen.

Der Besuch von Grace und Ned und Shilo, der draußen mit meinen Pferden auf der Koppel grast, helfen mir, mein lang ersehntes inneres Gleichgewicht wiederzufinden. Ich tauche wieder in meine gewohnte Welt mit ihren vertrauten Abläufen ein – bereite Mahlzeiten zu, räume auf und mache sauber. Endlich bin ich wieder von Menschen umgeben.

Nach einem improvisierten Mittagessen aus selbst gemachter Suppe mit aufgetautem Brot gehen Grace und ich zu den Pferden. Ned bleibt im Haus, um sich ein Footballspiel anzusehen. Ich unternehme einen halbherzigen Versuch, ihn zum Mitkommen zu überreden, und danke ihm im Stillen, als er ablehnt und uns damit ein wenig Zeit zu zweit verschafft.

Als wir näherkommen, heben die Pferde die Köpfe und mustern uns. Grace bleibt stehen.

»Es ist so seltsam, dass er nicht mehr da ist«, sagt sie leise.

Nachdenklich betrachten wir die Pferde. Zappa hatte eine einzigartige majestätische Ausstrahlung, und ich weiß, dass auch Grace es gespürt hat. Es kommt nicht oft vor, dass man einem Pferd begegnet, das einen so sehr berührt.

»Komm«, sage ich zu Grace. »Ich will dir Shilo vorstellen.«

Sie wischt sich eine Träne ab und lächelt tapfer. Oz wiehert und trabt auf uns zu.

»Sie haben mir wirklich gefehlt.« Grace ist spürbar emotionaler als sonst, und ich frage mich, ob hier noch eine Premiere am Start ist – ist meine Tochter zum ersten Mal verliebt?

»Seine Besitzerin ist krank, und keiner wollte ihn.« Shilo kommt herüber. Ich streiche seine Nüstern. »Sie hat Krebs. Keine Ahnung, wie schlimm es ist, aber er bleibt erst mal hier, bis wir Genaueres wissen.«

»Er ist süß.« Sie zögert. »Kann ich dich was fragen, Mum? Ist mit Dad alles in Ordnung? Ich dachte, er sei am Wochenende hier, aber als ich mit ihm telefoniert habe, hat er gemeint, er würde in York bleiben. Er klang irgendwie komisch.« Sie hält inne, und als sie, wie um sich rückzuversichern, nach meiner Hand greift, kommt sie mir wieder wie das zehnjährige Mädchen von damals vor, mit den wirren Locken und den roten Wangen.

Einen flüchtigen Moment lang überlege ich, wie es wäre, meiner Tochter sagen zu müssen, dass alles, was sie seit ihrer Kindheit kennt und immer für selbstverständlich gehalten hat, von den beiden Menschen zerstört wurde, von denen sie geglaubt hat, sie könne sich in jeder Lebenslage auf sie verlassen. Noch dazu nach der Sache mit Rosie.

»Das liegt nur an seiner Arbeit. Sie nimmt mehr Zeit in Anspruch, als er dachte.« Ich weiß nicht, ob sie die übertriebene Unbeschwertheit in meinem Tonfall registriert. »Wieso? Was hat er denn gesagt?«

»Nicht viel.« Grace schneidet eine Grimasse. »Genau das ist es ja. Sonst reißt er ständig seine miesen Witze und will tausend Dinge von mir wissen – du weißt ja, wie er ist –, aber diesmal hat er kaum ein Wort gesagt.«

Plötzlich ist es, als wäre die Sonne verschwunden, und ein Schauder überläuft mich. »Vermutlich war er nur müde. Er arbeitet sehr viel.«

Sie zuckt die Achseln. »Kann sein.«

»Mach dir keine Sorgen um uns Erwachsene, Grace. Wir kriegen das schon hin. Erzähl mir lieber von Ned!« Ich hake mich bei ihr unter, und das typische strahlende, warme Grace-Lächeln breitet sich auf ihrem Gesicht aus.

»Was willst du denn wissen?«, fragt sie mit einem unvermittelten Anflug von Argwohn.

»Na ja, zum Beispiel, ob er nett zu dir ist. Bist du glücklich?«

Sie nickt. »Ich mag ihn wirklich gern. Und ich glaube, du

wirst ihn auch mögen, wenn du ihn etwas besser kennst. Es macht dir doch nichts aus, oder, Mum? Dass er hier ist, meine ich.«

»Natürlich nicht. Ich finde es schön.«

Sie schweigt einen Moment, während sie im Geiste die Frage formuliert, die ich bereits erwartet habe. »Ist es okay für dich ... wenn er in meinem Zimmer schläft?«

»Natürlich, Grace. Ich habe es mir ohnehin schon gedacht.«

»Was ist mit Dad?«

»Dad ist nicht hier, oder? Und selbst wenn ... keine Angst, ich regle das schon.«

Obwohl ich genau weiß, wie Angus sich verhalten würde. Er würde diesen anderen Mann im Leben seiner Tochter genau unter die Lupe nehmen und unweigerlich zu dem Schluss gelangen, dass er nicht gut genug für sie ist, weil kein Mann jemals gut genug für sein kleines Mädchen sein wird. *Ein netter Junge, aber denkst du nicht auch ...?*

»Cool.« Ihre Wangen röten sich, als sie sich umwendet. »Ich sollte wohl lieber wieder reingehen und sehen, ob alles in Ordnung ist.« Abermals wird sie zu dem kleinen Mädchen von früher, als sie Oz einen herzhaften Kuss gibt, auf dem Absatz herumwirbelt und davonstürmt.

Rosie

Joanna schaut sich im Spiegel an, betrachtet ihr viel zu perfektes Gesicht, an dem die besten Schönheitschirurgen herumgeschnippelt, jede Falte, jede Linie glattgezurrt und ihr die Haut einer Zwanzigjährigen verschafft haben. Sie hat schlimme Schmerzen erduldet, aber all das war es wert.

Ihr Gesicht ist eingerahmt von langem blondem Haar. Es ist nicht ihre eigenes, da Neal kurzes Haar bei Frauen nicht ausstehen kann, hat sie sich Extensions machen lassen. Aber allein um Neals Reaktion willen hat sich der Aufwand, einen ganzen Tag auf einem Friseurstuhl auszuharren, definitiv gelohnt. Sie hat es in seinen Augen gesehen – das Verlangen. Er will sie. Immer noch.

Es ist das Gesicht eines Mädchens, das alles hat, was man sich nur wünschen kann. Die ganze Welt liegt ihr zu Füßen, vor allem, wenn man liest, wie sie lebt. Nur kurz schießt ihr der Gedanke durch den Kopf, dass es ein Fake und im Grunde genommen völlig unwichtig ist. Doch ganz schnell verdrängt sie ihn und erfreut sich wieder an ihrem Aussehen.

Um ihren Hals hängt eine schwere Goldkette, ein Geschenk von Neal kurz nach der Hochzeit, als sie vor einem anderen Spiegel in einem anderen Haus gestanden hat. Damals konnte sie seinen Atem an ihrer Wange spüren, als er hinter sie trat und sie ihr umlegte.

»Du gehörst mir, Joanna«, flüsterte er. Auf diese Worte hatte sie so lange gewartet. Sie pumpten pures Adrenalin durch ihre Venen, zeigten ihr, dass sie begehrt wurde und vermochte, die vielen Tage

der Selbstverleugnung, des Hungerns und der immer anstrengender werdenden Trainingseinheiten durchzustehen. Alles nur für ihn.

»Wann immer du sie ansiehst, sollst du an mich denken«, sagte er leise.

Sie betrachtete sie, freute sich, dass das Schmuckstück ihren Hals so schlank machte, es passte perfekt zu jedem Kleidungsstück.

Sie hörte das metallische Klicken, als er den Verschluss zumachte.

Erst später sah sie genau hin und erkannte das Schloss, das daran hing.

29

Im Verlauf dieses Wochenendes lerne ich den Freund meiner Tochter etwas besser kennen. Es gefällt mir, wie er sie anlächelt, wie seine Augen ihr folgen, wenn sie das Zimmer durchquert, wie schnell er sich in meiner Küche zurechtfindet und Tee für uns alle zubereitet. Am Samstag reserviere ich den Tisch am Kamin im Pub, und beim Abendessen verfliegt der letzte Rest von Verlegenheit.

Als ich die beiden beobachte, ertappe ich mich dabei – auch wenn ich es noch so vehement leugne –, dass ich mir sehnlichst wünsche, Angus könnte hier sein und mit eigenen Augen sehen, wie gut sie sich verstehen.

Zu Hause gehe ich auf direktem Weg in mein Arbeitszimmer, schließe die Tür hinter mir und rufe ihn an. Ich hoffe inständig, dass er abhebt, sich alles anhört, was ich ihm unbedingt sagen möchte – dass es mir leidtut, dass ich ihn liebe und nie wieder ohne ihn sein will.

Aber er geht nicht ran.

Grace mustert mich besorgt, als ich ins Wohnzimmer zurückkehre. »Alles in Ordnung, Mom?«

»Ja, ja, mir ist nur gerade etwas eingefallen, was ich noch erledigen wollte, das ist alles. Möchte jemand Tee?«

»Ich übernehme das.« Ned löst sich aus Grace' Umarmung.

»Lasst nur, ich gehe schon. Ihr könnt solange den Kamin anzünden.« Ich haste in die Küche, bevor Grace Gelegenheit bekommt, mit ihrem Röntgenblick in mein Innerstes zu blicken.

Ihre Abreise löst ein Gefühl großer Leere in mir aus, was idiotisch ist, da Grace in wenigen Tagen wieder hier sein wird. Aber ich bin melancholisch, außerdem könnte dies ein Vorgeschmack darauf sein, was mir bald bevorsteht.

Ich verbringe eine Stunde bei den Pferden, die meine Stimmung spüren und mich aufmerksam beäugen. Schließlich kommt Oz angetrottet und stupst mich an, als wolle er herausfinden, was mich belastet. Blind vor selbstmitleidigen Tränen schlendere ich über das Feld zum Haus.

Gerade als ich an der Hintertür die Gummistiefel ausziehen will, höre ich einen Wagen vorfahren. Schnell gehe ich hinein, um mir die Tränen abzuwischen. Ich will nicht, dass mich jemand so sieht. Wer mag das sein? Mein Herzschlag beschleunigt sich, als ich Schritte höre und eine Männerstimme, die ich unter Tausenden wiedererkennen würde.

»Kate?«

»Angus?«

Er betritt die Küche, und ich eile zu ihm. Meine Arme umfangen ihn, mein Gesicht liegt an seinem Hals, und als er mich langsam umarmt, lasse ich all meinen angestauten Tränen freien Lauf.

Er merkt es nicht, aber dann löst er sich von mir und sieht mich an.

»Du weinst ja. Bitte nicht. Du hast mir so gefehlt.«

»Du mir auch«, schluchze ich. Plötzlich ist mir alles zu viel. »Es tut mir so leid, Angus ... ich habe nichts Schlimmes getan, aber es tut mir so leid, dass ich dir wehgetan habe.«

»Shh.« Er zieht mich wieder an sich. »Ich bin derjenige, der sich entschuldigen muss, weil ich dich im Stich gelassen habe und du mit allem ganz allein fertigwerden musstest.«

»Aber eigentlich gab es doch nichts, womit ich fertigwerden musste. Nur eine Freundin, aus deren chaotischem Leben ich mich nicht heraushalten kann, und Zappa ...«

Der Gedanke an Zappa zieht mir endgültig den Boden unter den Füßen weg. Ich bringe kaum seinen Namen heraus, bevor mich meine Gefühle übermannen.

Wieder wird mir bewusst, was für ein großes Herz mein Ehemann hat. Und wie froh wir uns schätzen können, dass wir zusammen glücklicher sind als jeder für sich allein.

»Wie lange bleibst du?«, frage ich später, weil ich die Stimmung nicht verderben will, als wir nebeneinander im Bett liegen, wo wir noch nie viele Worte gebraucht haben.

»So lange, wie du mich hierhaben willst«, antwortet er sanft und streicht mir das Haar aus dem Gesicht.

»Was meinst du damit?« Ich stütze mich auf die Ellbogen und sehe ihn an. »Natürlich will ich dich hier haben.«

Seine Miene ist ernst. »Einen Moment lang war ich mir nicht ganz sicher.«

Ich lehne mich vor und küsse ihn. »Ich fand es schrecklich, dass du weg warst.«

»Das ist gut«, erwidert er mit einer Mischung aus Besorgnis und Erleichterung. »Weil ich dort oben nämlich so weit fertig bin. Ich muss vielleicht noch mal hin, aber das nächste Mal müssen sie jemand anderen schicken.«

Bei diesen Worten senkt sich ein Gefühl des Friedens über mich und meine Welt.

Rosie

Ein weiterer Schnappschuss meiner Eltern blitzt vor meinem geistigen Auge auf. Sie sind das perfekte Paar, ergänzen sich in vielerlei Hinsicht ganz hervorragend. Im selben Maß, wie Neal stärker und erfolgreicher wird, scheint Joanna zu schrumpfen und zu verblassen – stets die exakte Gegenreaktion auf alles, was er tut.

Aber nach einer Weile genügt das nicht mehr. Nicht für Neal. Er braucht mehr. Mehr Macht, über ihre Gefühle, ihr Leben, ihr Glück. Er muss die Grenzen ausreizen, muss die Kontrolle über ihre Empfindungen haben. Er muss in ihren Augen erkennen, wie sehr sie ihn braucht, die Kränkung sehen, wenn er sie zurückweist. Oder sie nach allen Regeln der Kunst verführen, sie anmachen, sie an den Punkt bringen, an dem ihr Körper nach ihm lechzt. Dann legt er ihr die Hände um den Hals und drückt so lange zu, bis sich ihre Augen schließen und ihr Kampfgeist erlahmt. Sie vergeht vor Verlangen, aber die ersehnte Erlösung erfolgt nicht. Die ultimative Kontrolle darüber, ob sie atmet oder nicht, erfüllt ihn mit einer nie gekannten Erregung.

Joanna hat sein mieses kleines Geheimnis bisher sorgsam gewahrt, nur diesmal werde ich Zeuge. Er schließt die Schlafzimmertür hinter ihnen, schleift sie quer durch das Zimmer, drückt sie gegen die Wand und schnürt ihr mit der einen Hand die Luft ab, während er ihr mit der anderen die Kleider vom Leib reißt.

Sie bettelt ihn an, es nicht zu tun. »Bitte, Neal.«

Sie hat Angst und weiß, was gleich passieren wird. Sie weiß, dass es ihr letzter Atemzug sein könnte.

Aber es gelingt ihr nicht, ihm Einhalt zu gebieten.
»Bitte, Neal, nicht so.«
Er hört nicht auf sie. Er kann sie nicht hören, weil er sich längst in ihrem Schmerz, ihrer Angst verloren hat. Seine Hände liegen um ihren Hals, während er in sie stößt.

Am liebsten will ich die Augen schließen und wünschte, das Bild würde in der Mitte zerreißen, so dass mein Vater sich nicht weiter an ihr vergehen kann. Ich wünschte, jemand würde ihm die Hände abhacken und die Zunge herausschneiden. Ich will ihn von ihr fortreißen, schreie ihn an, dass er sie in Ruhe lassen soll, dass er ein Monster ist, das alle hassen. Warum können sie ihre eigene Tochter nicht hören?

Doch ich bin gezwungen, weiter zuzusehen, eine halbe Ewigkeit, in abscheulicher Zeitlupe. Seine Hände schließen sich immer noch um ihre Kehle, während er immer heftiger zustößt, bis ihre Augen aus dem Höhlen treten, ihr Kopf zur Seite kippt und die Geräusche verstummen.

Einen Moment lang herrscht Totenstille, bis ein leises Wimmern aus der Kehle der zarten Gestalt auf dem Boden dringt. Ein Laut, der in ein heiseres Weinen übergeht. Ihr Hals ist rau, ihre Haut rot und pocht vor Schmerz. Sie ist allein. Er ist nach unten gegangen und trinkt seinen Whiskey, während ich mich neben sie setze, ihr übers Haar streiche und sie beschwöre, dass sie ihn verlassen muss. Dass das keine Liebe ist und es keinen Namen für das gibt, was er mit ihr tut.

Aber sie kann mich nicht hören, sondern hält sich ein weiteres Mal vor Augen, was für ein Glückspilz sie ist, obwohl sie Angst vor ihm hat, Angst vor den Schmerzen, die er ihr zufügt, den Wunden, sowohl auf ihrer Haut als auch viel tiefer, in ihrem Inneren.

Außerdem liebt er sie doch, oder nicht? Wie lange hat sie darauf gewartet? Darauf, sich so begehrt, so perfekt zu fühlen, so zierlich und klein zu sein. Sie schlingt sich einen Schal um den Hals und denkt, wie viel sie zu verlieren hat. Wie viele Schals in ihrem Klei-

derschrank liegen. Und dass sie doch einen bemerkenswerten Mann geheiratet hat.

Das Baby ist nicht geplant. Zumindest das erste nicht. Eines Tages werden sie eine Familie haben, aber noch nicht jetzt. Sie ist nicht bereit dafür, beobachtet voller Angst, wie sich ihr Bauch bereits wölbt und sie ihre Figur einzubüßen droht, wie sich ihr Körper komplett ihrer Kontrolle entzieht. Der winzige Fuß, der sich unter ihrer Bauchdecke abzeichnet, verformt nicht nur ihre Haut, sondern stellt auch ihr Herz auf eine harte Probe.

Sie ist hin und her gerissen zwischen dem Baby und ihrem Aussehen. Für sie zählt nicht, dass ihre Augen strahlen, ihre Haut diesen ganz besonderen Schimmer besitzt und sie neues Leben unter ihrem Herzen trägt, sondern einzig und allein, dass ihr Körper an Umfang zunimmt.

Und sie hat Angst, weil sie nicht weiß, ob sie dem gewachsen ist.

Mit jedem Tag wird ihre Angst größer, aber am Ende erweist sie sich als unbegründet. Denn die Wehen setzen viel zu früh ein, das Baby ist noch zu klein und nicht fähig, allein zu atmen. Und das Leuchten in ihren Augen erlischt zeitgleich mit dem ersterbenden Herzschlag des Babys. Ich nehme wahr, wie sie innerlich zerbricht, als sie ihn berührt, in den Armen hält und schließlich verliert. Ich sehe ihn zum ersten Mal, er ist so schön. So rein.

Das Baby, das sie erst wollte, als sie es verloren hatte.

Aber er ist mehr als das.

Er ist der Bruder, von dem ich nicht wusste, dass ich ihn je hatte.

30

Angus hat zwei Wochen frei, ehe er wieder ins Büro muss – diesmal in London. Grace kommt mit Ned über Ostern. Ich reite das erste Mal Shilo. Und als mein Glück mit den ersten Glockenblumen wieder aufzublühen beginnt, begreife ich, wie zerbrechlich es in Wahrheit ist.

Kurz vor Prozessbeginn erscheint in einer Tageszeitung ein ganzseitiger Artikel über Neal. Danach hat keiner mehr Zweifel an seiner Schuld. Der Quelle zufolge hatte Rosie tatsächlich unmittelbar vor ihrem Tod Streit mit Neal; so wie Alex gesagt hat. Neal sei betrunken und wutschnaubend aus dem Haus gestürmt und erst, immer noch sturzbetrunken, im Morgengrauen zurückgekehrt. Dann habe er seine Tochter in den Wald gelockt, wo er sie brutal erstochen habe.

Eine abscheuliche Vorstellung, die Jo anscheinend dazu bringt, sich den Dämonen ihres Lebens endgültig zu stellen. Eine Woche später wird sie aus der Klinik entlassen und kehrt nach Hause zurück.

»Ich bringe ihr etwas zu essen rüber«, sage ich zu Angus. »Sonst rührt sie ja nichts an. Ich bleibe aber nicht lange, versprochen.«

»Ich habe nichts dagegen, dass du zu ihr gehst, Kate. Solange du dich nicht beeinflussen lässt. Sie braucht dich im Moment, das verstehe ich.«

Ich trete zu ihm und streiche mit den Lippen zärtlich über

seinen Mund. »Und du genauso. Immerhin haben wir ein paar Monate nachzuholen.«

Er nimmt meinen Arm und zieht mich auf seinen Schoß. Seine Augen funkeln. »Wenn wir jetzt gleich damit anfangen, könntest du später ...«

»Tut mir leid.« Ich küsse ihn und entwinde mich seiner Umarmung. »Ich fürchte, sie wartet schon auf mich. Aber später vielleicht ...« Ich werfe ihm einen Luftkuss zu.

Jos Haustür ist offen, was ungewöhnlich ist, aber sie hätte ja nichts zu verbergen, meint sie. Sie wünsche sich einen völligen Neubeginn.

»Ich habe lange darüber nachgedacht«, erklärt sie, »und halte es für das Beste, wenn ich das Haus verkaufe, Kate. Ich habe auch mit Delphine schon darüber geredet. Wir sind uns einig. Es ist zu viel geschehen.«

»Aber kannst du das überhaupt? Bevor der Prozess vorüber ist?«

»Ich werde das mit einem Anwalt besprechen. Falls ich nicht verkaufen kann, vermiete ich das Haus in der Zwischenzeit. Außerdem muss ich mir Gedanken übers Geld machen.« Panik flackert in ihren Augen auf, als sie tief Luft holt.

»Aber wohin willst du ziehen?« Obwohl mir das Argument einleuchtet und mir klar ist, dass sie sich das Haus auf Dauer nicht leisten kann, sind meine Gefühle gemischt.

Sie sieht traurig aus. »Das weiß ich noch nicht. Eigentlich will ich nicht von hier weggehen, hauptsächlich wegen dir. So seltsam es klingen mag, aber du bist meine einzige echte Freundin. Devon wäre eine Möglichkeit. Dort wären wir näher bei Carol, die Delphine sehr gern mag. Oder in eine ganz neue Stadt. Ich habe mich noch nicht entschieden.«

»Bist du dir ganz sicher, Jo? Möchtest du nicht lieber ein

Weilchen warten und wieder zu Kräften kommen, bevor du eine so weitreichende Entscheidung triffst?«

»Genau da liegt ja das Problem«, sagt sie sanft. »Ich glaube, solange ich hierbleibe, wird mir das, was vorgefallen ist, immer im Weg stehen.« Sie lächelt tapfer. »Komm, wir trinken Tee.«

Sie erzählt mir von ihrer neuen Therapie.

»In der Klinik habe ich angefangen, mich mit vielen Dingen auseinanderzusetzen, Kate. Mit meiner Kindheit und der Frage, inwiefern sie sich auf meine Ehe ausgewirkt hat. Mit meiner Gesundheit. Sieh mich bloß mal an!« Angewidert zupft sie an ihren Kleidern, unter denen sich nichts als Haut und Knochen verbergen. »Neal und ich haben gegenseitig die schlechten Seiten in uns hervorgebracht. Ich verstehe, wie das auf Außenstehende gewirkt haben muss, und wenn ich ehrlich bin, haben wir uns in gewisser Weise auch ergänzt. Ich wollte haben, was er geben konnte. Ich wollte ihn, aber dafür musste ich einen Preis bezahlen. Aber im Grunde muss man das doch immer, oder?«

Ist das tatsächlich so? Kann man niemals alles haben? Hat Jo sich so nach Neals Liebe gesehnt, dass sie sich mit allem arrangiert hat, auch mit seinen Misshandlungen?

Ich muss wieder daran denken, wie ich mich nach Zappas Tod gefühlt habe. *Zappas Leben für meine Ehe* – das war der Gedanke, der mir damals durch den Kopf ging. Jo tut genau das, was ich getan habe – sie gleicht emotionale Konten aus, die sich eigentlich nicht ausgleichen lassen.

»Sie hat vor, das Haus zu verkaufen«, erzähle ich Angus.

»Ehrlich?« Er klingt überrascht. »Nach allem, was du erzählt hast, hat es sich angehört, als wäre Neal derjenige, der immer auf dem Sprung ist, nicht Jo.«

»Das dachte ich auch. Andererseits ist es auch verständlich, oder? Dieses Haus ist mit so vielen schlimmen Erinnerungen verknüpft. Und hier ...« Ich zögere. »Ich ...« Behutsam berühre ich seinen Arm. »Wir haben immer noch nicht in Ruhe geredet. Über die Zeit, während du weg warst. Sollten wir das nicht, was meinst du?«

Da ist es wieder. Plötzlich bin ich nervös.

Er seufzt. »Ich war schrecklich eifersüchtig, Kate. Aber als ich mich halbwegs wieder im Griff hatte, konnte ich dir auch wieder vertrauen. Ich hatte nie ernsthaft Anlass, es nicht zu tun, aber vermutlich ist mein Glaube daran irgendwo unterwegs verloren gegangen.«

Soll ich ihn fragen? Wenn ich es nicht tue, wird es immer zwischen uns stehen und bei jedem Streit aufs Tapet kommen. »Angus? Lief da etwas zwischen dir und Ally?«

Wieder seufzt er. Zögert kurz. Das sagt mir alles, was ich wissen muss.

Mir wird übel. Ich stehe auf und wende mich zum Gehen, aber er packt meinen Arm. »Da war nichts. Aber sie wollte etwas mit mir anfangen. Eines Abends hatten wir ein bisschen zu viel getrunken, und sie hat mich geküsst, aber sehr schnell gemerkt, dass es ein Fehler war. Das ist alles. Deshalb habe ich das Hotel für uns gebucht. Ich hatte gehofft, dass du es nie erfährst.«

Ich erwidere nichts darauf, weiß jedoch, dass ich all das niemals nachvollziehen könnte, hätte Neal mich nicht geküsst. Ich fasse mir ein Herz und erzähle ihm alles, bis ins Detail.

»Das rechtfertigt zwar nichts, aber es war einfach eine seltsame Zeit. Du warst nicht hier. Grace auch nicht. Und dann ist Jo zu ihrem Computerkurs gefahren. Ich dachte, es sei eine nette, nachbarschaftliche Geste, ihn und Delphine zum Essen einzuladen.«

Angus beißt die Zähne zusammen. »Das war es wohl auch,

allerdings hat Neal eben seine eigene Vorstellung von Nachbarschaftlichkeit.«

»Ehrlich gesagt bin ich nicht sicher, ob er das Ganze nicht sogar bewusst eingefädelt hat«, fahre ich langsam fort. »Ich habe es Laura erzählt, die nicht fassen konnte, dass ich es nicht kommen gesehen habe.«

Er hebt die Brauen. »Du hast es ihr erzählt?«

Ich nicke. »Ich musste mit jemandem darüber reden. Ich hatte so ein schlechtes Gewissen, Angus.«

Er schweigt einen Moment. »Du hast nichts falsch gemacht, Kate«, sagt er dann. »Es war tatsächlich eine merkwürdige Zeit, aber jetzt liegt sie ja hinter uns. Wir sind zusammen. Wir haben es überstanden, und alles andere spielt keine Rolle. Und jetzt komm her.«

Ich frage mich, welchen Preis seine Worte haben mögen. Ich kuschle mich an ihn, als ich knirschende Schritte auf dem Kies in der Einfahrt höre.

»Jemand ist an der Tür.«

Plötzlich klappert der Briefschlitz.

»Moment ...« Ich schäle mich aus seinen Armen. Beklommen gehe ich in die Küche, reiße die Hintertür auf und blicke in die Finsternis. Aber wie die Male zuvor herrscht auch jetzt Stille. Ich mache die Tür wieder zu.

Dann entdecke ich den Umschlag.

Ich hebe ihn auf und kehre zu Angus zurück.

»Das wäre dann schon der dritte«, sage ich.

Er nimmt ihn mir aus der Hand, reißt ihn auf und runzelt die Stirn.

Nicht alles ist so, wie es scheint.

»Was soll das denn bedeuten?«

»Ich habe schon zwei andere bekommen, die ich der Polizei übergeben habe«, antworte ich. »*Wenn du nur die Wahrheit kennen würdest*, lautete der erste. Ein paar Tage danach kam der zweite. *In einer Welt voller Menschen bin ich ganz allein.*« Die Worte haben sich tief in mein Bewusstsein eingegraben. »Das muss etwas mit Rosie zu tun haben, denkst du nicht auch?«

»Etwas anderes kann ich mir kaum vorstellen.«

»Laura meint, es könnte auch bloß irgendjemand aus dem Dorf sein, der Ärger machen will, weil ich mit Jo befreundet bin.«

»Kann sein«, erwidert Angus nachdenklich. »Vielleicht hat sie ja recht … aber was, wenn der Verfasser dieser Nachrichten tatsächlich etwas weiß?«

Mir läuft ein kalter Schauder über den Rücken.

Ich nehme ihm den Zettel aus der Hand. »Ich rufe gleich morgen PC Beauman an.«

Angus nickt wortlos, ergreift meine Hand und zieht mich wieder an sich. »Also, Mrs. McKay, noch mal zu dem, was Sie vorhin gesagt haben … über die verlorene Zeit, die wir dringend nachholen müssen. Wollen wir gleich mal damit anfangen?«

Rosie

Anfangs unternehmen Joanna und Neal noch häufiger etwas. Sie gehen zu Partys, flirten, tanzen, lachen. Neal wirbelt sie über die Tanzfläche, während alle anderen zusehen und sich gern ein Scheibchen von ihrem Glück abschneiden würden; sie würden sie gern kennenlernen, in der Hoffnung, dass sich etwas von ihrem Strahlen auf ihr eigenes trübes Leben überträgt.

Ich beobachte, wie meine Familie allmählich Gestalt annimmt, Stück für Stück, allesamt sorgsam ausgewählt: der handgefertigte Stuhl, die topmoderne Nobel-Küche, ein Traum aus Granit und poliertem Stahl, die Designerlampe, die zeitgenössischen Kunstwerke. Zuerst eine perfekte Tochter, dann eine zweite. Die besten Schulen. Die perfekten Freunde.

Außenstehende sehen ein großes Haus in einer ruhigen Nebenstraße, frisch gestrichene Fenster, einen gemähten Rasen, üppige Blumenbeete, eine gekieste Einfahrt, so dass jeder mitbekommt, wenn schicke Autos vor- und wieder wegfahren. Manchmal erhascht man auch einen Blick auf die Gesichter der Mädchen, eingerahmt von hellem Haar. Und wenn man genau hinsieht, fällt einem der unergründliche Ausdruck in ihren Augen auf, der ahnen lässt, dass nichts von dem, was sich hinter verschlossenen Türen abspielt, je nach außen dringen wird.

Neal und Joanna sind nicht wie alle anderen. Sie führen ein wunderbares Leben. Sie sind attraktiv, charmant, verströmen eine ganz eigene Energie. Er fährt Autos, um die ihn sämtliche Männer beneiden, ihr Haus ist ein Vorzeigeobjekt, wie es im Buche steht. Den-

noch braucht man all die kleinen, unsichtbaren Teilchen, die eine Familie erst zusammenschweißen – das Gelächter, das wie Musik in den Ohren klingt, oder die gemeinsamen Geheimnisse und Träume, die viel wichtiger sind als Ruhm und Schmuck.

Denn wenn einer Familie all das fehlt, die Liebe, zerfällt das wunderschöne Haus mit all den schönen Sachen zu Staub. Das farbenfrohe Gemälde an der Wand verblasst immer mehr, das schicke Sofa geht in Flammen auf, die Blumen, die in den Beeten anfangs noch blühen, welken und verdorren schließlich. Die Reisen zu all den exotischen Zielen zerplatzen wie Seifenblasen, so dass nichts als flüchtige Erinnerungen bleiben und die Familie, die keine Schwerkraft besitzt, einfach fortgetragen wird.

Delphine

Ich weiß nicht, wann er kommt, ob eine Brise ihn heranträgt oder er mir im Traum erscheint. Plötzlich ist ihr Name da, in meinem Bewusstsein, und all die Schreie, die mich mein ganzes Leben begleiten, ohne dass es jemand mitbekommt. All der Hass, die Lügen und die Wahrheit.

Sie muss mir helfen.

Kate.

Rosie

Joannas Universum verändert sich kaum merklich, wird zu einer Welt voll unerträglicher Hitze und eisiger Kälte. Eine Welt mit gleißend hellen Tagen und Nächten so finster, dass sie sie zu ersticken drohen. Voller Grausamkeit, die sie erst bemerkt, als die Situation vollends eskaliert. Er schockiert sie, verletzt sie, schlimmer als beim letzten Mal. Für Joanna und Neal gibt es nur Extreme.

Trotzdem bleibt sie. Es ist ihr persönlicher Triumph, dass die Hoffnung über die Realität siegt. Das redet sie sich zumindest voller Stolz ein, ohne zu erkennen, dass letztendlich die Leugnung triumphiert. Armer Neal, er meint es doch nicht so. Er hatte so eine schwierige Kindheit und kann nicht anders. Er hat so viel durchgemacht. Ja, manchmal trinkt er zu viel, aber das tun wir doch alle, oder? Und es ist auch meine Schuld. Hätte ich ihn nicht verärgert, wäre er nicht so wütend geworden.

Andere Männer sind auch nicht besser.
Ich weiß, dass er mich liebt, auf seine Art.

Von der schweren Goldkette, die er ihr geschenkt hat und die sie so gern mag, weil sie ihren Hals so schön schlank wirken lässt, die mit dem Vorhängeschloss, haben sie den Schlüssel verloren. Daher trägt sie ihre dunkle Sonnenbrille und schließt die Welt einfach aus. Sie kann nichts tun, selbst wenn sie wollte. Sie kann ihn nicht verlassen.

Weshalb sollte sie auch? Wohin sollte sie gehen, zu wem? Seit Amy gibt es niemanden mehr. Und Amy hat sie nicht wirklich ver-

standen. Sie war nicht wie Joanna – sie war klug und stark, hatte einen Job und ein Haus, während Joanna noch nicht mal ein Bankkonto hat. Aber sie braucht ja auch keins.

Außerdem muss sie an die Mädchen denken. Sie brauchen doch ihren Vater, oder nicht? Vor allem, wenn die Mutter so labil ist. Joanna weiß, dass sie ein schwacher Mensch ist und sich zu sehr darauf verlässt, dass Neal sich um sie, das Haus, ihr ganzes Leben kümmert, sie vor der Außenwelt schützt. Stets erinnert er sie daran, dass sie ohne ihn aufgeschmissen wäre und sich zusammenreißen muss. Sie darf nicht ihrer aller Leben zerstören und kann froh sein, dass sie ihn hat, oder? Nicht viele Männer würden es mit ihr aushalten.

Sie muss einfach weniger an sich und dafür mehr an ihn denken. Es ist ja nicht seine Schuld, dass sie nicht glücklich ist. Manche Menschen sind einfach nie glücklich – aber abgesehen davon geht es im realen Leben ohnehin nicht um Glück; man muss sich arrangieren und das Gute und das Böse hinnehmen. Ihre Ehe muss um jeden Preis aufrechterhalten werden.

Immerhin ist er ein bemerkenswerter Mann, wie sie schon unzählige Male gesagt hat. Er braucht sie. Und sie braucht das Gefühl, gebraucht zu werden. Im Gegensatz zu anderen kann sie den komplizierten, mitfühlenden Menschen hinter der brutalen Fassade sehen, der die selbstlose, hingebungsvolle Liebe verdient, die nur ganz wenige Menschen geben können. Sie ist einer von ihnen. Genau dieselbe Liebe lässt sie ihren Kindern zuteil werden, wenn sie krank sind. Sie gibt ihnen Tabletten, tupft ihnen die Stirn ab, kümmert sich um sie. Sie bleiben so lange wie nur möglich zu Hause, weil dann ihr Leben herrlich einfach ist, ihre Absichten ihre Berechtigung haben – schließlich sind sie so klein und hilflos und brauchen sie.

Aber wir sind nicht mehr klein, wir sind erwachsen!, will ich ihr am liebsten entgegenschreien. Ich gehe, Joanna. Du kannst uns nicht zwingen zu bleiben.

Aber an so etwas verschwendet sie keinen Gedanken. Gar nichts soll sich ändern. Denn wenn sie niemand mehr braucht, was bleibt ihr dann noch?

31

Jo gelingt es tatsächlich, mithilfe ihres Anwalts Neals Zustimmung zum Verkauf des Hauses einzuholen. Da es so schnell geht, stellt sich die Frage, wie es finanziell um sie bestellt sein mag. Wie erwartet melden sich sofort die ersten Interessenten, um einen Besichtigungstermin zu vereinbaren, und sie gerät in Panik.

»Aber ich bin noch nicht so weit!«, ruft sie und stößt ihre Sonnenbrille vom Tisch, als sie sich hektisch mit der Hand durchs Haar fährt. Sie trägt ihre Brille sehr häufig, selbst wenn die Sonne nicht scheint. »Eigentlich will ich gar nicht, dass sie herkommen und ihre Nase in unsere Angelegenheiten stecken. Jeder kennt uns. Sie nehmen doch all die Gerüchte für bare Münze, oder? Ich habe den Makler gebeten, er soll mir noch ein paar Tage Zeit geben.«

Genau das hat sie letzte Woche auch schon gesagt, und allmählich beschleicht mich der Verdacht, dass sie womöglich kalte Füße bekommt.

»Du brauchst dir das nicht anzutun, Jo. Blas das Ganze ab und gönn dir eine Pause.«

»Aber ich *muss* das Haus verkaufen, Kate.« Voller Verzweiflung blickt sie mich an. »Verstehst du nicht? Ich brauche das Geld. Außerdem ist es, als würde ich mit einem Gespenst unter einem Dach leben.«

Sie sagt nicht, wen sie mit dem Gespenst meint. Aber je eindringlicher ich versuche, mit ihr vernünftig zu reden, umso mehr regt sie sich auf, und irgendwann lasse ich es gut sein.

»Du könntest mir zumindest erlauben, dass ich deinen Garten in Schuss bringe«, sage ich. »Nur Kleinigkeiten wie Rasenmähen und ein paar Sträucher stutzen. Es ist unglaublich, was ein paar winzige Veränderungen ausmachen können.«

Nachdenklich sieht sie aus dem Fenster. »Bist du sicher? Du hast so viel um die Ohren.«

»Ich biete es dir doch an. Das ist im Handumdrehen erledigt. Morgen Nachmittag habe ich ein bisschen Luft und könnte vorbeikommen, wenn es dir recht ist.«

»Vermutlich bin ich zu Hause«, sagt sie zögernd. »Aber falls nicht, komm einfach rein. Das ist wirklich nett von dir, Kate. Danke.«

»Ich kann ihr helfen, Mummy.« Delphine steht plötzlich in der Tür. Keiner von uns hat sie kommen gehört.

»Oh!« Wieder wirkt Joanna fahrig und nervös. »Das brauchst du nicht ... ich denke, wir sind fast fertig.«

»Aber die Garage. Ich könnte sie aufräumen.«

Ein eigentümlicher Ausdruck erscheint auf Jos Gesicht. »Ach, die Garage. Ich kann mir nicht vorstellen, dass es die Leute interessiert, was in unserer Garage herumsteht, oder? Ich lasse vor dem Umzug jemanden kommen, der sich darum kümmert.«

»Nein, Mummy, das geht nicht. Meine alten Bücher sind noch dort.«

»Aber die sind doch oben, oder nicht? Ganz bestimmt sogar ... wieso siehst du nicht mal nach?«

»Soll ich dir helfen, Delphine?«, frage ich. Das arme Kind. Seit ich sie kenne, habe ich kein einziges Mal erlebt, dass Jo sie in den Arm nimmt. Keinerlei Zuneigungsbekundungen.

Delphine zögert. Ich spüre, wie etwas zwischen ihr und

Jo geschieht, als würden sie eine stumme Botschaft austauschen. »Nein, danke, ich schaffe das schon«, sagt Delphine und wendet sich zum Gehen.

Als ich am nächsten Tag vorbeikomme, ist die Haustür verschlossen, und Jos Wagen steht nicht in der Einfahrt. Ich betrete den Garten durch die Seitentür und mache mich an die Arbeit.

Zwei Stunden später dämmert mir, dass es wesentlich mehr zu tun gibt als gedacht. Der frisch gemähte Rasen lässt den Garten zwar kurzfristig einladender wirken, trotzdem sehe ich an jeder Ecke Handlungsbedarf. Ich suche nach einer Schubkarre und fange bei den Blumenbeeten direkt neben dem Haus an, da potenzielle Hauskäufer vermutlich ohnehin nicht viel weiter vordringen werden. Das Problem ist nur, dass der Rest des Gartens im Vergleich noch schlimmer aussieht, als ich fertig bin.

Da ich nirgendwo einen Komposthaufen entdecke, gehe ich zum Wagen, um ein paar Müllsäcke für das herausgerissene Unkraut zu holen. Als ich an der Garage vorbeikomme, fällt mein Blick auf einen Stapel Säcke neben dem Fenster auf dem Boden.

Ich drücke die Türklinke herunter. Es ist offen, und ich gehe hinein. Trotz Jos Behauptung ist dies wohl die sauberste und ordentlichste Garage, die ich je gesehen habe. In einem Regal an der Wand stehen ein, zwei Blumentöpfe und ein paar Bücher, bei denen es sich vermutlich um die von Delphine handelt. Abgesehen von den Koffern mit Neals Sachen, ein paar Schachteln, Gartenutensilien und einem alten Schrank ist die Garage praktisch leer.

Als ich mich nach den Müllsäcken bücke, spüre ich, dass jemand hinter mir steht. Ich wirble herum und sehe Jo vor mir stehen.

»Gott, hast du mich erschreckt! Ich habe die hier geholt!« Ich schwenke die Säcke.

»Wie bist du hier reingekommen?« Würde ich sie nicht besser kennen, hätte ich ihre Miene als feindselig bezeichnet. Delphine erscheint hinter ihr.

»Hi! Die Tür war offen. Ich dachte, es macht dir nichts aus. Es ist doch mehr zu tun, als ich ursprünglich dachte. Ich habe mir überlegt, den Abfall gleich mitzunehmen, damit du dir die Arbeit sparen kannst.«

»Ich verstehe das nicht«, sagt sie und wendet sich Delphine zu. »Du hast doch abgeschlossen, bevor wir los sind, oder nicht?«

Delphine nickt.

Ich zucke die Achseln. »Vielleicht ist das Schloss nicht richtig eingerastet oder so. Wie auch immer, ich sollte weitermachen. Es wartet noch viel Arbeit auf mich.«

Jo scheint sich wieder zu beruhigen. »Ja, natürlich. Entschuldige bitte. Ich hatte einfach nur nicht mit dir gerechnet, das ist alles. Ich setze Teewasser auf.«

»Das wäre prima.«

Schon komisch, denke ich, als ich zu den Beeten zurückkehre, Neal mag ein Kontrollfreak allererster Güte sein, aber Jo scheint ihm in nichts nachzustehen. Ich konzentriere mich wieder auf meine Arbeit. Nach der Hälfte des vordersten Beets beschließe ich, den Rest ein andermal zu erledigen.

Als ich mich aufrichte und meinen schmerzenden Rücken strecke, bleibt mein Blick an dem Apfelbäumchen hängen. Bislang macht es keine Anstalten zu blühen, und die Blätter sind gelb und sehen alles andere als gesund aus. *Würde sie es überhaupt merken, wenn ich ihn ersetzen würde?*

Laura kommt spontan vorbei und erzählt mir, dass der Prozessbeginn für den nächsten Monat anberaumt wurde.

»Weißt du, ob Jo auch im Gerichtssaal sein muss?« Diese Frage wage ich Jo gar nicht erst zu stellen.

»Davon ist auszugehen. Schließlich ist sie eine wichtige Zeugin.«

»Ich mache mir Sorgen, wie sie das verkraftet.« Es ist zu früh, sie ist viel zu labil.

»Ich weiß. Geht mir genauso.«

»Glaubst du …« Ich zögere. »Es hat sich nichts geändert, oder? Neals Schuld liegt immer noch auf der Hand … oder?«

Laura zieht die Brauen hoch. »Spielst du auf Alex an?«

Plötzlich bin ich mir nicht mehr so sicher. »Vielleicht … keine Ahnung. Aber man liest doch immer wieder von zu Unrecht verurteilten Beschuldigten … Was, wenn Neal gar nicht der Mörder ist?«

»Neal Anderson ist weit davon entfernt, unschuldig zu sein. Außerdem wird der Fall vollständig aufgerollt.« Sie zögert, und auf einmal tritt ein verblüffter Ausdruck auf ihr Gesicht. »O Gott, du meinst diese Nachrichten.«

Rosie

Joanna starrt ihr Spiegelbild an. Alles, was er gesagt hat, ist wahr. Die Falten, die Ringe unter ihren Augen, die Haut, die sich zu sehr über ihre hervortretenden Wangenknochen spannt. Sie ist hässlich – ihr Gesicht, ihr Haar, alles ist hässlich. Sie ist zur reinsten Karikatur geworden und das genaue Gegenteil von all den Frauen mit ihrer natürlichen, mühelosen Schönheit.

Außerdem ist sie fett. Man muss sich bloß mal diese schlabbrige Haut unterm Kinn anschauen. Sie kneift sich in die nicht vorhandene Speckschwarte am Bauch und spürt den vertrauten Selbsthass in sich aufkeimen. Sie ist abstoßend. Kein Wunder, dass er sie nicht mehr will.

Sie reibt sich die Wangen, damit sie sich ein wenig röten, und zieht die Haut Richtung Haaransatz, um die imaginären Falten zu glätten, während sie sich ausmalt, wie ein Skalpell sie durchdringt, der Chirurg sie anhebt und strafft. Perfektion erschaffen. Dafür nimmt sie jeden Aufwand und die Schmerzen in Kauf, wenn sie nur bei ihm bleiben darf.

Aber jetzt ist es zu spät. Er will sie nicht mehr. Andererseits hat sie ihn schon vor langer Zeit verloren – an jüngere, langbeinigere Mädchen, wie man sie von den Vogue-Covern kennt.

Sie hat die Augen davor verschlossen, weil sie weiß, dass sie dadurch wieder verschwinden – irgendwann. Aber die eine ist anders. Mit ihr könnte es etwas Ernstes sein. Sie hat Fotos von ihr gesehen, im Internet, in den Zeitungen. Die Frau steht beinahe immer neben oder hinter ihm. Sie hat ihn ertappt, als er ins Telefon flüsterte, hat SMS gelesen, in denen nichts der Fantasie überlassen blieb. Höchst intime, explizite Nachrichten, die er eigens auf seinem Handy lässt, damit sie sie findet, wohl wissend, dass sie sich wie Dolche in ihr Herz bohren. Dann lacht er, dieses grausame Lachen, macht sich über sie lustig.

All die Jahre hat sie sich vor diesem Tag gefürchtet.

Ja, sie kennt diesen Typ Frau. Schließlich war sie vor nicht allzu langer Zeit eine von ihnen. Jung, groß, schlank, bildschön, perfekt geeignet, um ihn gut dastehen zu lassen, so als wolle er anderen Männern ins Gesicht schreien, dass er besser und attraktiver ist als sie.

Was ja auch stimmt. Das weiß sie schon lange. Neal ist etwas ganz Besonderes, ob man ihn nun mag oder nicht. Kein anderer Mann besitzt diese Souveränität, dieses Selbstbewusstsein. Unzählige Male hat sie beobachtet, wie locker er auf andere zugehen kann, wie er ein Gespräch beginnt, vielleicht leise lacht, den Arm seiner Gesprächspartner berührt, sie ganz genau beobachtet und zusieht, wie sie seinem Charme erliegen.

Wieder blickt sie in den Spiegel. Genau dasselbe hat er auch mit ihr gemacht. Vom ersten Moment an hat er ihr das Gefühl gegeben, die einzige Frau auf der Welt für ihn zu sein. Er war der erste Mann, den sie aufrichtig geliebt hat, mit jeder Faser ihres Herzens, so sehr, dass sie ihre Identität geopfert und all die OP-Schmerzen über sich hat ergehen lassen. Das ist doch wahre Liebe, oder nicht? Doch leider genügt es manchmal nicht, jemanden zu lieben, auch wenn man es noch so hingebungsvoll tut. Wenn er sie jetzt verlässt, ist sie ein Nichts. Das hat er ihr unzählige Male an den Kopf geworfen.

Ihr Blick fällt auf die Tabletten, die der Arzt ihr gegen ihre Schlafstörungen verschrieben hat. Das ist alles, was noch von ihr übrig ist – ein hässliches Gesicht und ein Fläschchen Tabletten. Bislang hat sie keine einzige genommen.

Aber im Grunde bleibt ihr kaum eine andere Wahl. Was soll sie denn sonst tun?

Langsam greift sie nach dem Fläschchen und schraubt den Deckel ab.

32

»Heiliges Kanonenrohr!« Angus liest die Sonntagszeitung. Seit Beginn unserer Ehe haben wir ein Ritual: Frühstück im Garten oder vor dem Kamin, mit frischem Kaffee, Rühreiern und zwei oder drei Sonntagszeitungen.

Heute wäre es zwar warm genug, um draußen zu frühstücken, aber es regnet, deshalb haben wir es uns vor dem leeren Kamin gemütlich gemacht.

»Was denn?« Angus hat die nervtötende Angewohnheit seiner Mutter übernommen, mir ständig aus der Zeitung vorzulesen.

»Ich weiß ja, dass man nicht alles glauben soll, was in der Zeitung steht, aber die schreiben hier, Jo hätte etwa zwei Monate vor Rosies Tod einen Selbstmordversuch unternommen. Hat sie nicht erst neulich versucht, sich mit einer Überdosis Tabletten das Leben zu nehmen? An dem Wochenende, als du Grace besucht hast?«

»Ja ... darf ich mal sehen?«

Er reicht mir den zusammengefalteten Wochenend-Teil herüber. »Der Familienmensch« lautet die Überschrift des Artikels, der sich bereits nach wenigen Zeilen als völliger Blödsinn entpuppt.

»Hier steht, man hätte Neal aus dem Waisenhausprojekt rausgeschmissen, weil er eine der Bewohnerinnen, ein minderjähriges Mädchen, verführt hätte.« Ich blicke Angus an. »So etwas würde er doch nie tun, oder?«

»Wahrscheinlich ist das frei erfunden«, sagt er.

»Sollte Jo tatsächlich eine Überdosis geschluckt haben, dann bestimmt nur, weil sie herausgefunden hatte, was er treibt. Damals kannte ich sie ja noch nicht so gut«, erkläre ich mit unerschütterlicher Loyalität.

»Kann sein«, sagt Angus und vertieft sich wieder in die Zeitung. »Du liebe Güte, Kate, wusstest du, dass ...«

»Angus! Shh, Liebling, ich versuche gerade, den Artikel zu Ende zu lesen.«

»Ich dachte nur, es würde dich vielleicht interessieren«, grummelt er.

»Ich weiß, Schatz, und das ist auch sehr nett von dir, aber ...«

»Nervtötend«, ergänzt er.

In diesem Moment stutze ich. »O mein Gott.«

Angus hebt vielsagend eine Braue, aber ich kann mich nicht bremsen. »Hier steht, Jo sei die Tochter von Edward Pablo, dem berühmten Wissenschaftler. Nicht zu fassen. Jeder kennt ihn, aber sie hat es nie erwähnt. Überhaupt ... sie redet nie über ihre Eltern ...«

»Vielleicht haben sie sich verkracht«, meint Angus. »Jetzt wo du es sagst, fällt mir auf, dass ich seit Jahren nichts mehr von ihm gehört habe.«

Ich habe keine Ahnung, da ich die Zeitungen nicht mit derselben Akribie durchackere wie Angus. Es ist schon merkwürdig, dass Jo ihre Familie nie mit einer Silbe erwähnt hat, und in ihrem Haus habe ich kein einziges Familienfoto gesehen.

Natürlich frage ich sie bei nächster Gelegenheit danach. »Hast du eigentlich überhaupt keine Fotos?«

»Was für Fotos?«

»Von deiner Familie. Von den Mädchen ...«

»Früher hatten wir welche, aber ich habe sie abgenommen, nachdem Rosanna … es war zu schrecklich für mich.«

»Und was ist mit deinen Eltern?«

Sie starrt mich an. »Was soll mit ihnen sein?«

Ich komme mir blöd vor, weil ich überhaupt damit angefangen habe. »Entschuldige. Ich habe nur am Wochenende diesen Artikel in der Zeitung gelesen, in dem stand, dass du die Tochter von Edward Pablo bist. Ich hatte ja keine Ahnung. Er war ein großartiger Mann, nicht?«

Halb erwarte ich, dass sie es abstreitet und erklärt, das sei nur ein weiteres Lügengespinst der Presse, doch zu meiner Verblüffung antwortet sie: »Ja, das ist wahr. Er war tatsächlich mein Vater. Er und meine Mutter sind vor fünf Jahren gestorben, und ich rede nicht gern darüber.«

»O Gott«, stoße ich hervor. »Es tut mir wahnsinnig leid, Jo. Wie schrecklich.«

»Damals hat es mich sehr schwer getroffen, aber es gibt keinen Grund, sich zu entschuldigen, Kate. Er war ein bösartiger, grausamer Mann.«

Am liebsten würde ich nachhaken, aber sie wechselt das Thema, wie immer, wenn ich von dem bevorstehenden Prozess anfange.

»Zumindest ist das Haus jetzt so weit in Schuss.«

»Wann kommen die ersten Interessenten zur Besichtigung?«

»Nächste Woche. Der Makler übernimmt das. Ich will nicht dabei sein, wenn die Leute hier überall herumlaufen.«

Ich male mir aus, wie wildfremde Leute Schlange stehen, tuscheln, hinter ihrem Rücken mit Fingern auf sie zeigen. Es reicht schon, wenn Jo ins Dorf geht, aber in ihren eigenen vier Wänden …

»Hast du schon etwas gefunden, was für dich und Delphine infrage käme?«

»Nein, aber ich habe mit Carol gesprochen. Vielleicht ziehen wir für eine Weile zu ihr, wenn das Haus erst verkauft ist.«

Auch jetzt spüre ich Rosies Gegenwart noch ab und zu; vor allem, wenn ich bei den Pferden bin. Es erschreckt mich nicht länger. Ich bin schon immer der Überzeugung, dass die unterschiedlichen Dimensionen sich jederzeit überlappen können, wenn die Verbindung zwischen zwei Menschen stark genug ist. Trotzdem bleibt mir beinahe das Herz stehen, als ich sie eines Nachmittags mit dem Rücken zu mir auf dem Feld stehen sehe.

Ich reibe mir die Augen. Die Sonne fängt sich in ihrem hellen Haar, und ich merke, dass es sich nicht um einen Geist handelt. Ist das Rosie? Liegt hier ein riesiges Missverständnis vor? Könnte sie vielleicht doch noch am Leben sein?

Gerade als ich mich frage, ob ich halluziniere, erkenne ich Delphine und gehe auf sie zu. Oz wirft den Kopf hoch und folgt mir. Und auch die anderen setzen sich in Bewegung und preschen an mir vorbei auf die Gestalt zu.

Ich rufe ihren Namen, weil ich Angst habe, dass die drei sie gleich über den Haufen rennen. Delphine hält abrupt inne und wirbelt herum. Gerade noch rechtzeitig bleiben auch die Pferde stehen und umkreisen sie schnaubend, ohne sich ihr jedoch weiter zu nähern. Schließlich habe ich sie eingeholt und packe sie am Arm.

»Was tust du denn hier? Sie hätten dich treten können.«

»Ich weiß nicht, ich kenne mich mit Pferden nicht aus«, antwortet sie trotzig. Sie wirkt beherrscht und geradezu beängstigend ruhig.

»Den Eindruck habe ich aber nicht«, sage ich streng, wenn auch mit dem Anflug eines schlechten Gewissens, als mir einfällt, wie herzlich ich Rosie immer empfangen habe. Andererseits hätte Rosie so etwas nie getan.

»Ich wollte ihnen keine Angst machen.« Sie betrachtet das Trio, das nun, da die Aufregung abgeflaut ist, seelenruhig davonwandert und sich dem Gras zuwendet.

»Ich glaube gar nicht, dass sie Angst hatten, sondern sie wollten eher ein bisschen Spaß haben. Sie spielen häufiger miteinander, allerdings vergessen sie sich ab und zu. Shilo, der Größte von ihnen, hat zum Beispiel keine Ahnung, wie lang seine Beine sind. Wenn er ausschlägt, zeigt das nur, dass er bester Laune ist. Er will niemandem wehtun, aber wenn man zufällig im Weg steht, ist es nicht seine Schuld.«

Sie nickt. »Man muss genauso denken wie sie, nicht wahr? Das hat Rosie auch immer gesagt.«

»Ehrlich? Das stimmt. Sie konnte sehr gut mit ihnen umgehen. Sie mochten sie.«

»Das hat sie mir auch erzählt.« Wieder nickt Delphine. »Ich wünschte, ich könnte es auch lernen. Aber ich glaube nicht, dass Mummy es erlaubt.«

Schlagartig ist mein Ärger verraucht. Sie ist doch nur ein Mädchen, das niemanden mehr hat außer seiner Mutter, die ihre eigenen Probleme kaum in den Griff bekommt.

»Wieso nicht? Ich könnte sie ja mal fragen. Ich weiß, dass ihr irgendwann wegzieht, aber bis dahin dauert es ja vielleicht noch eine Weile.«

Ich sehe etwas in Delphines Augen aufflackern – etwas Klares, Unverhohlenes, das mir heute zum ersten Mal auffällt. So etwas wie Hoffnung.

»Würden Sie das tun? Bestimmt sagt sie sowieso Nein ...«

»Überlass das mir. Ich habe da eine Idee.«

Ich weiß genau, wie ich es angehen muss.

»Jo?«, sage ich zu ihr, als wir uns das nächste Mal begegnen. »Könnte ich dich um einen Gefallen bitten? Jetzt, wo Grace weg ist und ich so viel Zeit bei dir im Garten verbringe, bin ich mit meinen eigenen Sachen ein wenig in Verzug geraten. Könnte ich mir vielleicht Delphine als Hilfe ausborgen? Um diese Jahreszeit habe ich viel Arbeit, und wenn ich sie schleifen lasse, verliere ich vollends den Überblick. Außerdem müssen die Pferde bewegt werden.«

Jo runzelt die Stirn. »Das hättest du mir doch sagen können. Es tut mir leid, das war mir nicht bewusst. Aber ich kann mir nicht vorstellen, dass Delphine eine große Hilfe wäre. Sie hat doch keine Ahnung von Pferden.«

»Ach, hauptsächlich brauche ich jemanden, der den Heuschober ausfegt und die Sattelkammer aufräumt. Vermutlich gehen wir nicht mal reiten, aber wenn doch, kann sie Grace' Sachen benutzen.«

Wieder zögert Jo. Ich weiß nicht, was dagegensprechen könnte, aber ich sehe ihr deutlich an, dass sie nach einem Vorwand sucht.

»Bestimmt würde es ihr guttun. Ein kleiner Tapetenwechsel, meine ich. Immerhin war es auch für sie eine sehr schwere Zeit, oder nicht?«

»Okay. Danke, Kate. Du hast völlig recht.«

»Prima. Dann am Samstag, wenn es ginge. Da ist sie ja! Soll ich es ihr sagen, oder willst du es lieber tun?«

Delphine mimt die Unschuldige und sieht fragend zuerst Jo, dann mich an.

»Kate hat gefragt, ob du ihr am Samstag vielleicht helfen könntest.«

Delphines Miene verrät nichts.

»Natürlich nur, wenn du Lust hast«, füge ich hinzu. »Sonst schaffe ich es auch allein, keine Sorge.«

»Warum nicht«, antwortet sie ausdruckslos.

Es bleibt mir ein Rätsel, weshalb Delphine vor Jo keinerlei Gefühlsregung zeigt und Jo selbst so widerstrebend ist. Am

Freitagabend ruft sie an und behauptet, die Wettervorhersage sei nicht allzu vielversprechend, außerdem hätte Delphine sich eine leichte Erkältung eingefangen, ob es daher nicht besser sei, das Ganze zu verschieben. Am Ende gelingt es mir wenigstens, sie zu überreden, bis zum nächsten Morgen zu warten.

Als ich aufwache, herrscht herrliches Wetter. Ich rufe Jo an und sage ihr, dass wir loslegen können.

Sie bringt Delphine mit dem Wagen vorbei. Es ist ihr deutlich anzumerken, dass ihr das Ganze keineswegs behagt. Delphine ist ihrer großen Schwester keineswegs so unähnlich, wie ich immer dachte. Für ihr Alter ist sie zurückhaltender, was jedoch angesichts der Familientragödie nicht verwunderlich ist.

»Und was machen wir jetzt?«

»Oh, ich denke, wir gehen eine Runde Reiten, oder was meinst du? Ich habe Grace' alte Reitsachen herausgesucht, und bestimmt finden wir auch einen passenden Helm für dich.«

Sie nickt sichtlich erfreut. »Ja. Danke.«

Ich zeige ihr, wo sie sich umziehen kann, dann schlüpfen wir in die Stiefel und gehen in den Stall, wo ich Reba für sie sattle. Sie ist die Ruhigste von allen.

»Hat Rosie sie auch geritten?«, fragt Delphine.

»Ja, aber nur einmal. Ich habe ihr auch angeboten, sie zu unterrichten, aber sie wollte nicht, keine Ahnung, warum.«

Womöglich genau aus demselben Grund, weshalb Delphine dachte, Jo würde ihr nicht erlauben, herzukommen? Ich betrachte sie forschend, aber ihr Gesicht ist wie so oft ausdruckslos.

Die ganze Zeit bleibt sie auf Distanz und lässt mich nicht hinter ihre Fassade blicken, bis auf einen kurzen Moment, als sie am Ende unseres Ausflugs von Rebas Rücken gleitet.

»Wenn du willst, kannst du ihre Nüstern streicheln, das mag sie sehr gern«, sage ich zu ihr.

Delphine stellt sich vor sie. Als Reba ihren Kopf behutsam gegen Delphines Oberkörper drückt, legt Delphine die Arme um ihren Hals, und Reba schließt genüsslich die Augen. Minutenlang stehen sie da, beide vollkommen reglos, ehe Delphine aufsieht. Eine Träne läuft ihr über die Wange.

Und genauso wie Rosie frage ich sie nicht, und sie macht keine Anstalten, es zu erklären.

Rosie

Selbst wenn Alex nicht aufgetaucht wäre, wäre es passiert. Alex. Dass er hier ist, in ihrem Garten arbeitet, Neals Geld verdient, während sein wissender, gieriger Blick über den Körper ihrer Tochter wandert, ist die reinste Tortur für sie.

Unaufhörlich kreisen ihre Gedanken um ihn. Wann kommt er? Manchmal gibt sie vor, das Haus zu verlassen, nur um heimlich zurückzukehren, durchs Wohnzimmer zu schleichen und durch die vorgezogene Gardine zu beobachten, wie er gräbt, jätet und all die Pflanzen setzt, die er ausgesucht hat. Pflanzen, die ihren Ansprüchen bei weitem nicht genügen. Schließlich sind sie die Andersons.

Aber sie muss sich auf den jungen Mann konzentrieren, nicht auf die Pflanzen. Er wendet den Kopf, und sein Blick verweilt auf mir, als ich ihm einen Becher Tee reiche. Nichts entgeht ihr: seine lässige Art, wenn er mit mir redet – ich muss jedes Mal grinsen –, seine aufmerksamen, aber dennoch vorsichtigen Fragen, um mich besser kennenzulernen, mich zu verstehen. Sie beobachtet jede Bewegung, als ich von meiner Vergangenheit geradewegs in meine Zukunft hineingleite.

Er ist so unverfroren, denkt Joanna. Er macht keine Anstalten, sein Interesse zu verhehlen, nicht mal hier, auf meinem eigenen Grund und Boden. Aber weshalb sollte er auch, schließlich weiß er ja nicht, dass da jemand ist, vor dem er sich tunlichst verstecken sollte. Nicht wie sie, die hinter dem Vorhang steht und spürt, wie all die Wut, die sich ihr ganzes Leben angestaut hat, beim Anblick seiner Vertraulichkeiten in ihr aufzusteigen droht. Aber irgendwie gelingt es ihr, sich zu beherrschen, weil sie eines weiß: Wenn sie ihn wegschickt, wird es anderswo passieren. An einem anderen Ort, mit einem anderen jungen Mann. Und schlimmstenfalls hinter ihrem Rücken.

Also reißt sie sich zusammen, schafft es, die glühende Lava in ihrem Innern zu unterdrücken, weil von außen alles perfekt wirken muss.

Aber es verlangt ihr all ihre Willenskraft ab. Sie ist nicht wie Neal, besitzt nicht jenen eisernen Willen oder seine Gabe, sein Mienenspiel zu kontrollieren. Sie braucht die Hilfe eines Chirurgen, um sich hinter einer Maske zu verbergen. Andere Menschen sind das A und O. Mit dem richtigen Menschen, der das Richtige tut, sind all ihre Probleme auf einen Schlag gelöst.

War es erst letzte Woche, dass Neal angekündigt hat, die Gala ohne sie zu besuchen? Sie brauche sich nicht die Mühe zu machen, sich wie eine alte abgehalfterte Möchtegernschlampe aufzubrezeln, weil er eine passendere Begleiterin hätte. Jemanden, der wüsste, wie er ihm eine Freude mache, der sich nicht beschwere, keine Forderungen stelle, sondern ihn verstünde und von Herzen liebe.

Genau das hat er ihr vorgeworfen, oder nicht? War es letzte Woche, letzten Monat oder letztes Jahr? Oder hat sie es nur geträumt? Sie weiß es nicht mehr, weil Realität und Fantasie zu einer angenehmen, romantischen Scheinwelt verschmelzen. Und Rosanna und dieser Junge ... war das auch nur ein Traum?

Und jetzt hat er ihr vor den Latz geknallt, dass er sie verlassen wird. Das ist kein Traum. Sie erinnert sich ganz genau, wie ihr bei seinen Worten plötzlich eiskalt wurde. Wie sie ihn angebettelt hat, zu bleiben, immer wieder beteuert hat, dass sie ihn doch liebt.

»Wie solltest du, wo du hier drin doch nicht mal ein Herz hast?«, sagt er. »Da drinnen ...« Er deutet auf ihre Brust, »ist doch bloß eine Kreditkarte, die ihr Limit erreicht hat, Joanna.«

Bei jedem seiner Worte zuckt sie zurück, als würde er sie schlagen.

»Und alles, was ich im Gegenzug von dir bekommen habe, sind Wut, Schmerzen und zwei hässliche, dumme Kinder, die keine Ahnung haben, was für Glückspilze sie sind. Und jetzt ist es so weit, und du bekommst die Rechnung präsentiert.«

Aber noch ist er hier. Vielleicht ist es ja doch noch nicht zu spät. Sie klammert sich an jeden noch so dünnen Strohhalm.

Sie kann dafür sorgen, dass die Mädchen dünner und hübscher sind, dass sie viel lernen. Sie kann ihnen neue Sachen kaufen, das Haus umgestalten, sich eine neue Frisur zulegen, ihm schmeicheln, ihm sagen, dass sie sich nun doch auf den Dreier einlassen würde, den er sich so gewünscht hat. Sie würde alles tun, was er von ihr verlangt, damit alles perfekt ist.

Es ist genau so, wie sie zu Kate gesagt hat:

Alles hat seinen Preis.

33

»Du warst mir heute eine Riesenhilfe«, sage ich zu Delphine, als ich sie zu Hause absetze.

Ihre Augen leuchten. »Es hat Spaß gemacht. Vor allem das Reiten.«

»Das werden wir bald wiederholen, versprochen. Wo wir gerade dabei sind, ich könnte doch mit hineinkommen und es mit deiner Mum besprechen.«

»Ich glaube, sie ist nicht da.« Der gewohnte leere Ausdruck tritt in ihre Augen, als sie zum Haus hinübersieht. »Aber ich würde gern wieder vorbeikommen. Vielen Dank.«

Ich schaue ihr nach, als sie aussteigt und die Einfahrt entlanggeht. Von Jo ist weit und breit nichts zu sehen. Ob sie tatsächlich nicht zu Hause ist, oder warum bittet Delphine mich nicht hinein? Aber wahrscheinlich mache ich mir viel zu viele Gedanken. Ich wende und fahre nach Hause.

Ein paar Tage später flattert eine weitere Nachricht durch meinen Briefschlitz. Der Inhalt jagt mir einen gehörigen Schrecken ein.

Ich zeige ihn Angus, als er von der Arbeit zurückkommt.

»Tut mir leid, aber das hier klingt ernster als das Geschwätz von irgendeinem Schwachkopf«, sage ich.

Er runzelt die Stirn.

»Möglich. Zeig es doch mal Laura. Wenn sich jemand mit Spinnern auskennt, dann wohl sie.«

Als ich das Telefon holen will, meint Angus: »Warte lieber bis morgen, es ist schon spät.«

Aber ich will nicht warten. Dieser Brief macht mir große Angst. Und Laura geht es genauso, nachdem ich ihr den Inhalt vorgelesen habe.

»Du musst ihn der Polizei geben«, sagt sie.

»Ich weiß. Ich rufe gleich morgen früh an.«

In dieser Nacht schlafe ich schlecht, sehe eine grauenerregende Gestalt vor mir, die mir aus eiskalter Berechnung Nachrichten schickt. Aber weshalb mir? Inwiefern sollte ich schon helfen können? Oder weiß ich etwas, was sonst niemand weiß?

Um zwei Uhr früh liege ich hellwach im Bett. Am Ende gebe ich auf, stehe auf und gehe nach unten. Der Wind hat aufgefrischt, und die Äste der Bäume schlagen gegen die Fenster.

Ich lese den Brief ein weiteres Mal.

Drei kleine Babys sitzen auf dem Bett.
Erst stirbt das eine, dann das zweite.
Das dritte will nicht sterben.

Haben diese Zeilen überhaupt etwas mit Rosie zu tun? Welches andere Baby ist gemeint? Wer ist das dritte Baby?

Zitternd lehne ich mich gegen den Herd.

Was um alles in der Welt steckt dahinter?

»Es muss ein Zusammenhang mit dem Mord an Rosie bestehen«, sagt PC Beauman stirnrunzelnd. »Ganz sicher können wir es natürlich nicht sagen, aber wenn man eins und eins zusammenzählt ...«

»Ich weiß.« Sie spricht mir aus der Seele.

Sie nickt. »Er sieht genauso aus wie die anderen. Ich werde ihn mit den anderen vergleichen. Sagen Sie bitte Bescheid, wenn Sie noch weitere bekommen.«

Laura kommt vorbei.

»Du wirst nicht glauben, was ich herausgefunden habe. Aber meine Kontaktperson sagt, es hätte noch ein drittes Kind gegeben. Joanna hat einen kleinen Jungen zur Welt gebracht. Vor Rosie. Drei Monate zu früh. Eine Totgeburt.«

»Wer auch immer das geschrieben hat, weiß offenbar davon. Und die Polizei wird es auch herausfinden. Wenn ein Kind stirbt – in diesem Fall Rosie –, werden sämtliche anderen Todesfälle in der Familie routinemäßig überprüft.«

»Also auch der ihrer Eltern.«

Laura runzelt die Stirn. »Was ist mit ihnen?«

»Na ja, sie sind beide gestorben. Vor fünf Jahren. Das hat sie mir erst kürzlich gesagt.«

»Bist du sicher?«

»Ja, sie wollte nicht über sie sprechen, aber sie bezeichnete ihren Vater als bösartig und grausam.«

»Interessant«, meint Laura. »Aber ihr Vater ist doch Edward Pablo, stimmt's? Und laut den Unterlagen, die ich überprüft habe, sind Mr. und Mrs. Edward Pablo gesund und munter. Sie leben in der Schweiz.«

Unsere Blicke begegnen sich.

»Weshalb dann die Lügen?«

»Vermutlich meinte sie damit, dass sie für sie tot sind. Vielleicht gab es Streit, und sie haben sich nicht wieder versöhnt.«

Ich schüttle den Kopf. »Für mich hörte es sich nicht so an. Ich habe gesagt, dass mir ihr Verlust sehr leidtue, woraufhin sie antwortete, es sei damals hart gewesen.«

»Vielleicht hat sie den Streit gemeint«, sagt Laura.

Könnte es so gewesen sein? Im Geiste lasse ich das Gespräch noch einmal Revue passieren.

»Leider haben wir immer noch keine konkreten Anhaltspunkte, wer die Nachrichten geschickt haben könnte. Gibt es ein Muster, wann und wie du sie bekommst?«

»Nein«, entgegne ich, »nur dass es immer dunkel ist, wenn sie eingeworfen werden.«

»Noch was. Ich will versuchen, mit Neal zu reden. Offenbar wurde dieses Gerücht, er hätte ein minderjähriges Mädchen verführt, von einem eifersüchtigen Kollegen gestreut, dessen Frau eine kleine Schwäche für Neal hatte. Er war wirklich für diese Auszeichnung nominiert. Wusstest du das?«

Ich sehe Jos strahlendes Gesicht vor mir, als sie mir von ihrem neuen Kleid erzählt hat, dann die grünen Fetzen auf dem Boden.

»So viele Leute haben etwas gegen ihn«, fährt Laura fort. »Andererseits muss man wohl damit rechnen, wenn man die Ehefrauen anderer Männer verführt.«

»Und Jo hat von seinen Eskapaden gewusst.«

Laura nickt. »Unglaublich, womit manche Leute sich so arrangieren. Hast du dich noch nie gefragt, wieso?«

Rosie

Es ist der grausame Ausdruck in seinen Augen, als sein Blick über meinen Körper wandert. Den Körper seiner Tochter.

An diesem Tag kommt er spät nach Hause. Er stinkt nach Whiskey. Wieder einmal lässt Joanna es zu, dass er seine Finger in sie hineinbohrt, viel zu brutal, ehe er sich auf sie wirft und sich in sie stößt. Vor Schmerz beißt sie die Zähne zusammen. Er will es nun mal so haben.

Wieso muss es so sein? Wieso kann sie nicht dasselbe Leuchten in ihren eigenen Augen erkennen? Dieses Leuchten wie in meinen Augen, von dem sie den Blick nicht abwenden kann, obwohl es sie fast blendet. Dieses Leuchten, das von all der Liebe herrührt? Es ist die reinste Tortur für sie, dass es meinem Gesicht eine Schönheit verleiht, die sie selbst niemals erlangen wird, weil ihr Schmerz zu groß ist, ihr Inneres längst ausgehöhlt.

Als er fertig ist, verschwindet er. Ein Termin, sagt er. Stundenlang ist sein Handy ausgeschaltet, manchmal sogar mehrere Tage. Dann kommt er nach Hause. Sie findet eine weitere Hotelrechnung, die er absichtlich in seiner Jackentasche gelassen hat, weitere SMS auf seinem Handy. Mittlerweile hat er längst aufgehört, so zu tun, als würde sie ihm etwas bedeuten, als wollte er noch länger mit ihr zusammen sein. Da fasst sie den Entschluss.

Sie muss die Dinge selbst in die Hand nehmen. Tun, was nötig ist, um ihm vor Augen zu führen, wie sehr er sie braucht. Weil sie ihn braucht. Sie kann ohne ihn nicht leben, auch wenn er keinerlei Liebe empfinden kann, sondern lediglich Lust, Ehrgeiz, Stolz.

Sie denkt an die Tabletten. Aber das ist zu einfach. Außerdem ist es zu früh. Auf diese Weise bliebe zu viel Ungelöstes zurück. Noch gibt es Lektionen zu lernen, Schulden zu begleichen. Und schließlich hat sie vom Meister selbst gelernt, dass für Unvollkommenheit kein Platz ist.

34

Juni

Der Juni kommt, und mit ihm die Vorboten eines langen, heißen Sommers. Es fällt weniger Arbeit an. Nach dem nassen Frühjahr, in dem die Pflanzen förmlich explodiert sind, hat sich das Wachstum mittlerweile auf ein überschaubares, erträgliches Maß eingependelt.

Noch drei Wochen, dann fangen die Sommerferien an. Für den Moment genügt mir die Aussicht, dass Grace nach Hause kommt. Noch hat sie sich nicht dazu geäußert, ob sie Ned mitbringen will.

Plötzlich läutet das Telefon.

»Hallo? Ich hoffe, ich habe die richtige Nummer ... könnte ich bitte Kate sprechen?«

»Hier ist Kate McKay. Was kann ich für Sie tun?«

Ich erkenne die Stimme nicht und gehe automatisch davon aus, dass es sich um eine potenzielle Kundin handelt.

»Oh, Gott sei Dank, Kate. Ich bin Carol, Neal Andersons Schwester.«

»Hi! Carol ...« Einen Augenblick lang bin ich verunsichert, aber sie fährt unbeirrt fort.

»Bitte entschuldigen Sie, Kate, dass ich Sie so überfalle. Ich hoffe, Sie nehmen es mir nicht übel. Ich weiß, dass Sie mit Jo befreundet sind, aber ...« Sie zögert. »Ich mache mir schreckliche Sorgen um Delphine.«

Trotz der frühsommerlichen Wärme wird mir auf einmal kalt. »Ja.«

»Sie hat mich letzte Woche angerufen und gesagt, ihrer Mutter gehe es wieder nicht besonders. Sind Sie über Jos ... Probleme informiert?«

»Ich denke schon. Aber seit ihrer Entlassung schien es ihr doch ziemlich gut zu gehen.«

»Isst sie?« Carol klingt aufrichtig besorgt. »Wissen Sie, dass sie nichts isst, nur noch trinkt?«

»Ach, das glaube ich eigentlich nicht. Wir treffen uns ab und zu mal im Pub. Sie isst zwar nicht viel, bestellt aber immer etwas.«

Stille. »Und geht sie danach auf die Toilette?«

Will Carol mir damit sagen, dass Jo magersüchtig ist? Falls ja, würde ich darauf wetten, dass es nicht stimmt. Jo war schon immer sehr dünn, aber ich führe das auf den Stress zurück. Und ich werde auf keinen Fall mit einer Wildfremden darüber debattieren.

»Ich weiß nicht recht, ob ich Ihnen helfen kann, Carol. Sie sagen, Sie machen sich um Delphine Sorgen?«

»Sogar große. Joanna ist sehr labil. Wir waren nie dicke Freundinnen, aber die arme Frau musste eine Menge durchmachen, und mir ist klar, dass mein Bruder schuld daran ist. Delphine ist das Einzige, was ihr noch geblieben ist. Und ich bin nicht sicher, ob das so gut ist.«

»So schlimm ist es bestimmt nicht«, versuche ich sie zu beruhigen. »Außerdem haben Sie ja nach dem Umzug Gelegenheit, die beiden im Auge zu behalten.«

»Umzug?«, wiederholt Carol. »Sie wollen umziehen?«

Mich beschleicht ein mulmiges Gefühl. Eigentlich habe ich mir Carol als liebevolle, mütterliche Frau vorgestellt und so gar nicht wie diese Unruhestifterin, die ich gerade an der Strippe habe.

»Aber Sie müssen doch Bescheid wissen.« Allmählich werde ich ungeduldig. »Jo hat mir erzählt, sie würde wohl eine Weile bei Ihnen unterschlüpfen. Natürlich erst, wenn das Haus verkauft ist.«

»Sind Sie ganz sicher, dass sie das gesagt hat?«

»Absolut. Sie hat das doch bestimmt mit Ihnen besprochen, oder?«

Sie schweigt. Was ist eigentlich los? Wer hat hier wen missverstanden, und, was noch viel wichtiger ist, auf wessen Seite steht Carol?

»Ich habe seit Wochen nichts von Jo gehört, Kate. Wir hatten Streit, als ich Delphine zu Hause abgeliefert habe. Sie wollte gern bei mir bleiben. Genauer gesagt, wollte sie ganz zu uns ziehen. Ich kann mir nicht mal ansatzweise vorstellen, wie es Jo damit geht.«

Es fällt mir schwer, ihr zu glauben. Etwas so Wichtiges hätte Jo mir doch sicherlich erzählt.

»Davon hat sie kein Wort verlauten lassen. Zumindest mir gegenüber nicht.«

»Nein, und so wie ich Joanna kenne, wundert mich das auch nicht. Sie wissen bestimmt, was ich meine. Deshalb mache ich mir Sorgen.«

Am Ende verspreche ich Carol, Delphine und Jo im Auge zu behalten. Inzwischen kenne ich Jo gut genug, um die Anzeichen eines neuerlichen Zusammenbruchs zu erkennen.

Aber als ich das nächste Mal bei ihr vorbeisehe, ist alles wie immer. Das Haus ist blitzblank, Jo ist hübsch angezogen und scheint guter Dinge zu sein. Sie sitzt bei einer Tasse Tee über einem Stapel Immobilienexposés.

»Du warst ja ziemlich fleißig. Darf ich?« Ich setze mich neben sie.

»Bitte. Irgendwie macht es sogar Spaß. Hier, sieh es dir ruhig an. Ich mache dir so lange einen Tee.«

Ich blättere die Unterlagen durch – allesamt Exposés von großen Häusern wie diesem, modern und exklusiv, in erstklassiger, ruhiger Lage. Ich frage mich, wie sie so ein Anwesen selbst nach dem Verkauf dieses Hauses bezahlen will.

»In eines habe ich mich regelrecht verliebt«, ruft sie. »In der Nähe von Tonbridge.«

»Aber was ist mit Devon? Wolltest du nicht zu Carol ziehen?« Ich hasse mich für meine Hinterhältigkeit, aber ich muss es tun, um Delphines willen.

»Ehrlich gesagt …« Sie stellt einen Teebecher vor mir auf den Tisch und setzt sich wieder. »Ich bin nicht sicher, ob das so eine gute Idee ist. Carol hat eine Art an sich … anderen ständig reinzureden. Ich weiß nicht recht, ob es funktionieren würde.«

Ich nippe an meinem Tee und überlege, wie ich meine nächste Karte ausspielen soll. »Aber es wäre vielleicht ganz gut für Delphine, oder nicht? Carol hat doch auch Kinder, richtig? Sind sie im selben Alter?«

Jos Lächeln wird eine Spur angestrengter. »Sie sind etwas älter. Sieh dir das hier mal an. Wie findest du es?«

Sie zieht das Exposé eines Neubaus im New-England-Stil mit auf alt getrimmten Holzschindeln direkt am Strand heraus. »Was sagst du dazu?«

»Sehr nett.« Ich schlage die erste Seite auf. Es ist definitiv Jos Stil. Lichtdurchflutet, großzügig und – offen gestanden – ziemlich protzig. »Wenn du willst, kann ich dich gern zur Besichtigung begleiten. Das würde bestimmt Spaß machen.«

»Wirklich?« Sie zögert. »Ich muss noch auf Rückmeldung des Maklers warten. Kann ich mich bei dir melden?«

»Was sagt Delphine … hierzu, meine ich.« Ich deute auf die Unterlagen.

»Oh, ihr gefällt es. Sie ist an Schulwechsel gewöhnt. Wir sind schon immer oft umgezogen. So lange wie jetzt waren wir noch nie an einem Ort. Es wird bestimmt nett, mal wieder anderswo zu wohnen.«

Sie erwähnt mit keiner Silbe ihre anfängliche Skepsis – und auch nicht unsere Freundschaft. Ich kenne Leute, die sich ebenso mühelos von ihrem Zuhause trennen können wie von ihrer alten Frisur, ganz im Gegensatz zu Angus und mir. Uns gefällt der Gedanke, ein Heim gefunden zu haben, das wir beide lieben und das uns ans Herz gewachsen ist; ein Zuhause, in dem wir gemeinsam alt und grau werden wollen.

»Ich weiß. Bestimmt hältst du uns für völlig verrückt! Und für Langweiler.«

Sie sieht mich an. »Ihr seid einfach nur Glückspilze, Kate. Und du verdienst es.«

»Etwas höchst Seltsames ist geschehen«, sage ich später zu Laura. »Jos Schwägerin Carol hat mich angerufen.«

»Neals Schwester?«

»Genau. Sie meinte, sie mache sich große Sorgen um Delphine. Sehr große Sorgen. Delphine wollte offenbar zu ihr ziehen.«

»Das ist allerdings merkwürdig«, bestätigt Laura. »Hat sie dir gegenüber etwas in diese Richtung erwähnt?«

»Nein, aber so gut kenne ich sie natürlich nicht. Hast du mit Neal gesprochen?«

»Ja. Ich habe ihn in einer Wohnung in London aufgestöbert, wo er bis zum Prozess untergekommen ist. Im Grunde scheint er genauso kaputt zu sein wie Jo. Er meinte, was er über die Auszeichnung gesagt hätte, wäre die Wahrheit, und natürlich hätte er auch seine Tochter nicht ermordet. Für ihn sei Alex, ihr Gärtner, eindeutig der Täter, und was er denn noch tun müsse, dass ihm endlich jemand glauben würde.« Sie runzelt die Stirn. »Und soll ich dir sagen, was ich am seltsamsten fand? Ich habe ihm beinahe geglaubt. Ich weiß, wie gut er andere manipulieren kann, trotzdem bin ich überzeugt, dass er die Wahrheit sagt.«

Einen Moment lang sitzen wir schweigend da, während uns beiden dämmert, was das bedeuten könnte, und unsere felsenfeste Überzeugung immer mehr ins Wanken gerät.

»Hast du ihn nach Jos Eltern gefragt?«, hake ich schließlich nach.

»Ja. Er hatte so gut wie keinen Kontakt zu ihnen. Allem Anschein nach wurde Jo sehr streng erzogen. Ansonsten hatte er nur sehr wenig zu sagen. Hast du Alex in letzter Zeit mal gesehen?«

Ich schüttle den Kopf. »Schon länger nicht mehr. Er arbeitet nicht mehr in der Gärtnerei.«

»Du musst zugeben, dass das ziemlich merkwürdig ist«, meint Laura. »Es könnte ein Zufall sein, aber ausgerechnet jetzt, wo Neal Alex wieder als Schuldigen ins Spiel bringt, ist er spurlos verschwunden.«

»Aber die Polizei konnte ihm nichts nachweisen«, erwidere ich.

»Nein, weil sie selbst ohne sein Alibi – und wer war noch mal Poppy? – nicht genügend Beweise gegen ihn in der Hand hatten. Aber wenn Neal tatsächlich nicht der Mörder ist, würde es mich nicht wundern, wenn sich die Ermittlungen wieder auf Alex konzentrieren würden. Im Moment gibt es sonst niemanden, der infrage käme ...«

Rosie

An einem herrlichen, strahlenden Tag kommt Neal zurück. Jos Würgemale sind mittlerweile verblasst, ihr Haar trägt sie genauso wie damals bei ihrer Hochzeit, und ihre Kinder haben neue Sachen an. Die Welt ist endlich so, wie sie sein sollte, und doch kann noch nicht einmal ihr maskenhaftes Gesicht ihr Entsetzen verbergen.

Der Vorfall lässt das fragile Gleichgewicht, das sie über all die Jahre so sorgsam auszubalancieren sucht, jäh kippen. Es macht alles kaputt. Zieht ihr den Boden unter den Füßen weg. Sie ist im Badezimmer und starrt auf den Schwangerschaftstest. Sie wendet den Blick ab, sieht wieder hin, vielleicht hat sich das Ergebnis verändert.

Wie ist das möglich? Sie hat doch wie ein Schießhund aufgepasst. Es ist so unfair, dass es ausgerechnet jetzt passieren muss, wo alles gut läuft und der Moment, auf den sie ihr ganzes Leben gewartet hat, endlich gekommen ist.

Sie lässt das Teststäbchen ins Waschbecken fallen und sinkt zu Boden, hört einen wimmernden Laut, von dem sie erst nach einer Weile merkt, dass es ihre eigene Qual ist, die sich Bahn bricht. Sie unterdrückt ihn eilig. Niemand darf es hören. Niemand darf davon erfahren.

Dieses Baby kann unmöglich zur Welt kommen. Denn sie ist nicht nur Mutter, sondern auch Ehefrau. Sie hat eine wichtige Aufgabe – ihnen allen zu geben, was das Beste für sie ist, alles in ihrer Macht Stehende zu tun, damit keiner so sehr leiden muss wie sie. Ihr Wohl steht an oberster Stelle, oder nicht? Sein Wohl.

35

Ich fahre immer wieder bei Jo vorbei, jedes Mal in der festen Absicht, sie zu fragen, wieso sie mich belügt. Weshalb sie mir, ihrer einzigen Freundin, wie sie selbst gesagt hat, nicht die Wahrheit anvertraut. Aber nie ist sie zu Hause.

Ein paar Tage später kommt sie bei mir vorbei. Sie wirkt verunsichert und labil.

»Entschuldige, dass ich so hereinplatze. Ich weiß ja, dass du viel zu tun hast.« In ihren weit aufgerissenen Augen liegt wieder dieser verängstigte Ausdruck, den ich so gut kenne.

»Halb so wild«, wiegle ich ab. »Ich wollte sowieso mit dir reden. Komm rein.«

Wortlos folgt sie mir in die Küche und setzt sich.

»Tee?«

Sie nickt.

Ich setze den Kessel auf und nehme die Kanne aus dem Schrank, während ich darüber nachdenke, wie ich diese heikle Angelegenheit am besten angehen soll. Jo sitzt immer noch schweigend da.

Aber bevor ich mir die passende Einleitung überlegen kann, ergreift sie das Wort.

»Heute habe ich keinen guten Tag.« Ihre Stimme zittert. »Ich dachte, ich schaffe es, aber inzwischen glaube ich, dass ich nicht von hier weggehen kann. Immerhin liegt Rosanna hier begraben, Kate. Und es ist auch Neals Haus. Was habe ich mir nur dabei gedacht?«

Sie klingt wie ein verlorenes Kind. Noch erstaunlicher finde ich jedoch, dass sie Neal erwähnt, ganz zu schweigen davon, dass sie sich ihm gegenüber offenbar immer noch verpflichtet fühlt.

»Hey, ist schon in Ordnung. Ein Umzug ist purer Stress und ein Riesenschritt. Und dass Rosies Grab hier ist, macht es noch viel schwieriger. Ich würde das auch nicht wollen. Aber du solltest deine Entscheidung nicht von Neal abhängig machen, Jo. Das verdient er nicht.«

Ich rede nur sehr selten derart Klartext mit ihr, da ihr Gemütszustand so instabil ist. *Wie kann man nur so verdammt labil sein?*, um Neals Worte zu benutzen. Und obwohl sie ernsthaft darüber nachgedacht hat, umzuziehen und das Haus zu verkaufen, bezweifle ich, dass sie innerlich bereit dafür ist.

»Du hast recht, Kate«, entgegnet Jo, »wie immer. Ich wünschte, ich könnte so sein wie du. Manchmal ist alles so durcheinander. Es gibt Momente, in denen ich denke, alles wäre sonnenklar, und im nächsten verschwimmt alles, und ich kann es nicht länger greifen.« Sie wirkt ziemlich konfus. »Ich fasle unsinniges Zeug, stimmt's?«

»Nur mal so ein Gedanke«, sage ich und setze mich zu ihr. Plötzlich sind meine widersprüchlichen Gefühle für sie vergessen. »Wenn du einen Wunsch frei hättest, wenn du irgendwo hingehen und jemand anders sein könntest, was würdest du tun?«

Dieses Spielchen haben Angus und ich früher sehr oft gespielt. Er wollte Tom Hanks sein, ich Rita Wilson. Wir würden in einer Riesenvilla in Hollywood leben, hätten massenhaft Geld, obwohl wir im wahren Leben durchaus zufrieden mit uns selbst sind. Mit einem Mal wird mir klar, wie brutal mein Vorschlag ist. Wäre ich an Jos Stelle, würde ich mir lediglich wünschen, dass Rosie wieder lebendig wäre und ich einen Ehemann hätte, der mich liebt.

Jo hat die Ellbogen auf den Tisch aufgestützt. Ihre Hände zittern, und in ihren Augen steht Panik.

»Ich ... ich weiß es nicht«, stammelt sie.

Rosie

Außer ihr ist niemand im Haus. Joanna murmelt leise vor sich hin. Gerichtet an einen namenlosen Jemand, spuckt sie die Worte aus, die ihr durch den Kopf wirbeln, dass sie Kopfschmerzen bekommt.

Elender Dreckskerl. Sie schleudert ein Glas zu Boden. Spürt, wie ihre Wut unvermittelt der Angst weicht, und wischt hastig die Scherben auf.

Wodka. Sie braucht dringend noch ein Glas. Ihre Hände zittern so sehr, dass sie es um ein Haar fallen lässt. Eis. Sie gibt die Würfel hinein, kippt den Drink in einem Zug hinunter und wartet darauf, dass dieses angenehme Taubheitsgefühl einsetzt. Als es nicht schnell genug geht, schenkt sie sich noch ein Glas ein. Endlich spürt sie, wie der Alkohol durch ihre Adern strömt und langsam ihren Verstand benebelt.

Sie lässt sich auf einen Stuhl fallen. Innerhalb von zwei Sekunden weicht die Panik einer tiefen Erschöpfung. Sie zählt sogar mit, dann hat sie auch schon wieder vergessen, was sie eigentlich tun wollte.

So clever ist sie wohl doch nicht, was? Nicht so eine hinterhältige Geheimniskrämerin, wie sie immer dachte.

Sie weiß nicht, ob sie diese Sache, die sie vergessen hat, tatsächlich durchziehen kann. Auch wenn sie nicht will, sie wird nicht darum herumkommen, denn wie immer hat sie keine andere Wahl. Ständig steht das Wohl anderer im Vordergrund und zwingt sie, irgendetwas zu unternehmen.

So wie jetzt. Der Wodka. Zuerst kommt das Hochgefühl, dann die Niedergeschlagenheit, dann das große Nichts. Nicht ihre Schuld, wie so oft.

Es gibt nur ein Problem: Wenn die anderen wüssten, in welcher Zwickmühle sie steckt, würden sie es sehen, klar und deutlich. Sie ist die Einzige, die sich dem stellt, was unausweichlich ist, auch wenn es ihr widerstrebt.

Sie hat keine andere Wahl.

36

Was als kleine spielerische Ablenkung, als Ausflug in eine Fantasiewelt gedacht war, scheint Jo emotional vollständig auszuhebeln. Schlagartig ist vergessen, dass ich sie nach ihren Eltern und dem Baby fragen wollte. Stattdessen werde ich Zeuge eines regelrechten Zusammenbruchs. Und mir bleibt nichts anderes übrig, als hilflos danebenzustehen.

»Jo?« Ich nehme ihre Hände. Sie sind eiskalt. »Ist schon gut, Liebes. Komm, setz dich aufs Sofa. Da ist es bequemer.«

Ich ziehe sie hoch und bugsiere sie ins Wohnzimmer, wobei sie sich mit nahezu ihrem ganzen, wenngleich beängstigend geringen Körpergewicht auf mich stützt. Ihr Gesicht unter den Make-up-Schichten ist kreidebleich, und sie zittert am ganzen Leib. Einen Moment lang fürchte ich, dass sie gleich ohnmächtig wird.

»Er wollte mich verlassen«, schluchzt sie. »Mein Mann wollte mich verlassen, Kate.« Sie schlägt die Hände vors Gesicht. »Er hat eine junge, hübsche Hure gefunden, die er fickt und die alles tut, was er von ihr verlangt … Mich wollte er nicht mehr … Ich bin ihm völlig gleichgültig … Nach allem, was passiert ist … Hast du eine Ahnung, wie sich das anfühlt?«

Ich hole Luft, will ihr sagen, dass es mir ein paar Wochen lang ganz ähnlich ging, aber sie hat sich abgewandt und starrt dumpf vor sich hin.

»Ich wollte nicht …«, sagt sie ins Leere hinein.

Ich runzle die Stirn. »Was wolltest du nicht, Jo?«

»Ich habe einen Zettel gefunden.« Ein seltsamer Unterton hat sich in ihre Stimme geschlichen. Sie hebt den Kopf und sieht mich blinzelnd an. »*Kate, Abendessen, acht Uhr* stand da. Du hast mit meinem Mann gevögelt, Kate. Wie konntest du nur? Du bist meine Freundin, verdammt noch mal ... Ich habe dir vertraut.«

Da ist er, der ultimative Albtraum, vor dem ich mich die ganze Zeit seit jenem schicksalhaften Abend gefürchtet habe. Ich packe sie bei den Armen, will sie beruhigen, aber sie reißt sich los.

»Jo, das stimmt nicht. Er hat versucht, mich zu küssen, aber ich habe ihn weggestoßen. Das musst du mir glauben.«

Doch sie stiert immer noch ins Leere, scheint mir gar nicht zuzuhören. »Das war Absicht ... Er wollte, dass ich den Zettel finde. Das macht er immer so. Ich soll mitkriegen, wen er vögelt. Damit ich weiß, wer besser ist als ich. Selbst du, Kate ... Was sollte ich denn tun?«

»O Gott, hör mir doch zu, Jo! Es war nichts. Ich habe ihn und Delphine zum Abendessen eingeladen, aber er ...«

»Du hast mir Rosanna weggenommen und jetzt ihn ... Aber sie gehören mir, Kate. Mir ... Siehst du denn nicht, wie er ist?«

Sie kramt ein Tablettenfläschchen aus ihrer Tasche und versucht, den Deckel abzuschrauben, doch ihre Hände zittern zu sehr.

»Tabletten«, murmelt sie. »Ich brauche meine Tabletten ...«

Als ich ihr behutsam die Tabletten aus der Hand nehme, wird das Zittern schlimmer. Wütend steht sie auf, doch ihre Beine geben nach.

»Ich rufe jetzt einen Krankenwagen, Jo«, sage ich leise. »Es tut mir leid, aber das kann so nicht weitergehen.«

Rosie

Joanna hat eine Methode gefunden, wie sie es bewerkstelligen kann. Sie tut einfach, als wäre sie jemand anderes. Welcher Name? Sie nimmt den Erstbesten, der ihr in den Sinn kommt. Die eine Mutter, die sie flüchtig aus der Schule kennt. Die mit den Pferden, mit der sie schon mal Kaffee getrunken hat, die so unbesorgt wirkt, scheinbar alles bestens im Griff hat. Niemand sollte es so leicht im Leben haben.

»Kate …«, ruft sie mit grotesk-fröhlicher Begeisterung und tanzt durch die Küche.

»Kate …« Sie schenkt sich noch einen Wodka ein. »Prost!« Sie hebt das Glas und trinkt auf ihre neue Freundin.

»Kate … Du solltest es auch mal versuchen. Es ist, als würde der Geist fliegen, wenn man nur genug von dem Zeug trinkt.«

Eigentlich kennt sie Kate fast nicht. Sie gehen ab und zu mal Mittagessen, und Kate isst sogar, was sie auf dem Teller hat. Wohingegen Joanna bloß so tut, versteht sich. Aber Kate merkt es gar nicht.

Der Gedanke, dass Kate einspringt, amüsiert sie. Natürlich nicht die echte Kate – die ist viel zu brav und naiv, um auch nur auf so eine Idee zu kommen. Oder? Vielleicht ist sie ja doch kein so guter Mensch, wie sie immer vorgibt. Hat nicht jeder seine kleinen, dunklen Geheimnisse?

Sie lacht. Es ist ein irres, schrilles Lachen. Das Lachen einer Verrückten. Sie kippt ein weiteres Glas in einem Zug hinunter.

Dadurch verwandelt sie sich in Kate. Sie wird mit Kates Stimme sprechen, Kates Hände benutzen, in Kates Körper schlüpfen, und Joanna wird sich nichts zuschulden kommen lassen. Und wenn alles vorbei und wieder Normalität eingekehrt ist, wird Neal nach Hause kommen.

37

»Delphine?« Jos kaum hörbare Stimme dringt aus dem Krankenwagen.

»Wer soll das sein?« Der Sanitäter sieht mich fragend an.

»Delphine ist ihre Tochter. Schon gut. Wir sind befreundet. Ich kann mich um sie kümmern. Könnte ich vielleicht noch kurz mit ihr reden, bevor Sie losfahren?«

Er nickt.

Ich steige ein. Jo liegt auf der Trage. Ihre Lider werden schwer. »Jo? Mach dir keine Sorgen wegen Delphine. Ich fange sie ab, wenn sie aus der Schule kommt. Und sie kann natürlich bei uns bleiben. Es ist alles in Ordnung.«

Jos Lider flattern. »Nein … nicht … nehmen.«

»Tut mir leid, Ma'am«, sagt der Sanitäter, »aber wir müssen jetzt los. Wir sollten schon längst unterwegs sein.«

»Ich rufe im Krankenhaus an, Jo. Hab keine Angst, du kommst schon wieder auf die Beine.«

Das Letzte, was ich sehe, ist ihr verzerrtes Gesicht, als sie sich mir zuwendet und ein einzelnes Wort haucht. Ein Wort, das ich beim besten Willen nicht verstehen kann, auch wenn ich mich noch so sehr darum bemühe, ihr zu helfen.

»*Nein …*«

Delphine

Rosie ist in meinem Kopf und beantwortet so wie früher all meine Fragen. Rumspinnen, so haben wir es immer genannt.

»Was ist das Schlimmste, was passieren könnte?«, fragte sie mich.

Und ich zermarterte mir das Gehirn, versuchte, mir das Schlimmste auszumalen – dass unsere Eltern tot wären oder das Haus niederbrennen würde.

»Nicht übel«, antwortete Rosie und blickte an mir vorbei ins Leere.

Damals verstand ich nicht, was sie meinte.

»Denk noch mal nach. Es gibt noch viel Schlimmeres.«

»Was denn?«, rief ich, plötzlich verängstigt.

Rosie sah mich traurig an. »Niemals lieben zu können oder geliebt zu werden.«

Es gibt tatsächlich Schlimmeres. Zu sterben.

Oder Geister um sich zu haben und sie nicht berühren zu können.

Sie weiß nicht, dass ich sie sehen kann.

Rosie

Joanna geht mit größter Vorsicht vor. Niemand darf es erfahren. Sie nimmt an, dass sie etwa zwei Monate Zeit hat, vielleicht etwas weniger, je nachdem, wie schnell der Bauch zu erkennen sein wird.

Mit großer Sorgfalt macht sie sich an die Arbeit. Sie kennt sich damit nicht aus, hat bislang noch nie auch nur im Traum daran gedacht, allerdings weiß sie, dass andere Menschen solche Dinge ohne jede Skrupel tun. Trotzdem stockt ihr bei der Vorstellung immer wieder der Atem. Gäbe es als Mutter doch nur eine Alternative!

Alle halten sie für verblödet. Aber das stimmt nicht. Sie kann mit dem Computer umgehen, vielleicht nicht so schnell und mühelos wie ihre Töchter, dafür kann sie erstklassig tippen. Während die Mädchen in der Schule sind und Neal wieder irgendeine Schlampe vögelt, nutzt sie die Zeit für sich.

Nun, da sie ein iPhone besitzt, braucht sie noch nicht mal einen Computer. Und im Internet lässt sich absolut alles finden, obwohl sie lieber nichts finden würde. Kliniken. Unerwünschte Schwangerschaften. Fälle, bei denen es keine andere Wahl gibt.

Sie ist regelrecht besessen von ihrem Plan, auch wenn sie am Ende vielleicht doch einen Rückzieher machen wird. Das wünscht sie sich von Herzen. Ihre Gedanken schweifen zu der halb vollen Wodkaflasche, gut versteckt, so wie ihr jüngstes Geheimnis.

Die Planung und das Timing sind das A und O. Inzwischen hat sie alle notwendigen Informationen beisammen, jetzt muss sie nur noch den richtigen Moment abpassen.

38

Ich überlege, ob ich Carol anrufen soll, aber dann wähle ich Angus' Nummer. Ich bin immer noch hin- und hergerissen, was das Beste für Delphine ist.

»Du solltest sie von der Schule abholen und dann überlegen, wie es weitergehen soll«, schlägt er vor. »Womöglich behalten sie Jo nicht allzu lange in der Klinik. Entschuldige, Kate, aber ich habe ein anderes Gespräch in der Leitung. Wir reden am besten heute Abend darüber, wenn ich zu Hause bin, okay? Ich versuche, ein bisschen früher Schluss zu machen.«

Ich habe keine Ahnung, ob Delphine normalerweise mit dem Bus nach Hause fährt oder ob Jo sie abholt. Am Ende fahre ich einfach zur Schule und warte vor dem Gebäude.

Man sieht Kindern nicht auf den ersten Blick an, ob sie eine Scheidung durchmachen mussten oder ob sie zu den Glückspilzen gehören, für die Hausarrest oder eine schlechte Note das Schlimmste ist. In Familien ereignen sich alle möglichen Katastrophen, aber als ich zusehe, wie sich der Parkplatz allmählich mit Schülern füllt, frage ich mich, ob es wohl viele gibt, die so schwere Schicksalsschläge erlitten haben wie Delphine – eine tote Schwester, der Vater ein Mörder, eine psychisch schwerkranke Mutter und ein großes, schickes, aber leeres Haus, in dem nichts als Kummer und Leid zu herrschen. So etwas kann sich wohl keiner vorstellen.

Gerade als ich fürchte, sie verpasst zu haben, entdecke ich sie. Sie ist allein, wirkt gefasst, aber irgendwie teilnahmslos. Als sie mich bemerkt, kommt sie herüber. Noch immer verrät ihre Miene nichts.

»Ich weiß nicht, wie lange sie im Krankenhaus bleiben muss«, erkläre ich ihr auf dem Weg zu den Andersons. Ich habe ihr vorgeschlagen, ein paar Sachen für die nächsten Tage zusammenzupacken. »Ich rufe später an, aber du kannst erst mal zu uns kommen, bis wir Genaueres wissen.«

Sie nickt nur.

»Keine Sorge, Schatz. Bestimmt wird sie wieder gesund. Sie braucht nur ein bisschen Ruhe und Zeit.«

»Ich weiß«, sagt Delphine. »Ich mache mir auch keine Sorgen.«

Das ist eine seltsame Erwiderung, andererseits ist ihr ganzes Verhalten merkwürdig. Ich hatte mich auf Tränen, ja sogar Wut gefasst gemacht – alles, nur nicht diese passive Gleichgültigkeit.

»Hast du einen Hausschlüssel?«

Wieder nickt sie.

Ich parke vor dem Haus.

»Soll ich mit reinkommen? Ich kann dir beim Tragen helfen.«

»Ja, danke.«

Ich folge ihr den Weg entlang. Sie öffnet die Haustür, bleibt kurz stehen, ehe sie auch die Garagentür aufschließt. »Ich muss nachher noch was holen«, sagt sie nur.

Während sie nach oben geht, schaue ich mich im Wohnzimmer um. Überall liegen Unterlagen, Zeitschriften und Kleider herum, was eigentlich untypisch für Jo ist. Ein Küchenschrank steht offen, und in der Spüle stapelt sich schmutziges Geschirr. Mein Blick fällt auf ein Glas und eine leere Wodkaflasche.

»Sie denkt, ich wüsste es nicht.«

Ich drehe mich um und sehe Delphine hinter mir stehen. Sie betrachtet die Flasche.

»Normalerweise fängt sie gleich nach dem Aufwachen an. Dann geht es weiter, wenn ich in der Schule bin oder sie glaubt, ich würde es nicht mitkriegen«, fährt sie mit derselben tonlosen Stimme fort.

Ich bin zutiefst schockiert, dass es mir bislang nie aufgefallen ist. Wie konnte ich übersehen, dass meine Freundin Alkoholikerin ist? »Es tut mir unendlich leid, Delphine. Das wusste ich nicht.«

Delphine zuckt die Achseln. »Niemand weiß es. Ist schon in Ordnung.«

Ich bin sprachlos, es ist überhaupt nicht in Ordnung.

Auf dem Heimweg muss ich ununterbrochen an Jo und ihre Trinkerei denken. Zu Hause mache ich Delphine erst einmal etwas zu essen. Ein Anflug von Nostalgie überkommt mich, als ich mich erinnere, wie Grace nach der Schule immer zuerst drei Stück Kuchen verdrückte, bevor sie in ihre Reitsachen schlüpfte und zu ihrem heiß geliebten Oz hinausrannte – glücklich, unbeschwert, wie es nur Kinder sein können.

Natürlich weiß ich, dass Delphine nicht Grace ist. Das Mädchen ist so still.

»Hast du Lust, mir später beim Füttern zu helfen?«

»Au ja. Kann ich mir wieder Grace' Sachen ausborgen?«

»Selbstverständlich. Sie liegen immer noch in der Kammer. Ich hatte gehofft, dass du noch mal bei Gelegenheit vorbeikommst.«

Sie nickt nur und isst weiter.

Nur nicht unter diesen Umständen.

Die Magie der Pferde verfehlt auch heute nicht ihre Wirkung: Sie bringen ihre Augen zum Leuchten, und sie taut ein wenig auf und wird gesprächiger. Ich drücke ihr ein Seil in die Hand, damit sie Reba einfängt, aber am Ende kommt sie gleich mit allen dreien zurück.

Ein glücklicher Ausdruck huscht über ihr Gesicht, als ich ihr eine Striegelbürste gebe. »Fang ganz oben am Hals an und arbeitete dich nach hinten vor«, sage ich zu ihr. »Wenn du beide Seiten fertig hast, kannst du dir die Mähnen und den Schweif vornehmen.«

Reba ist selig, als Delphine sich an die Arbeit macht. Unterdessen fülle ich die Wassertröge. Als ich das nächste Mal zu ihr hinüberschaue, hat sie den Kopf an Rebas Hals geschmiegt und die Augen geschlossen. Beide stehen reglos da.

Eine Stunde vergeht. Wir reden so gut wie nichts. Später stehen wir in der untergehenden Sonne vor dem Gatter. Ich weiß einfach nicht, wie ich an Delphine herankommen könnte.

Nachdem ich im Krankenhaus angerufen habe, mache ich mich auf die Suche nach ihr.

Sie sitzt vor dem leise gestellten Fernseher. Als ich näher trete, macht sie ihn aus. Ich setze mich zu ihr und nehme ihre Hand.

»Ich habe gerade mit dem Krankenhaus gesprochen. Sie wollen deine Mummy noch eine Weile dort behalten. Sie ist dehydriert und völlig verwirrt. Man gibt ihr eine Infusion, und es werden noch ein paar Untersuchungen mit ihr durchgeführt. Aber ich bin sicher, es geht ihr bald wieder gut.« Ich beobachte sie, aber sie zeigt keine Reaktion. Vielmehr scheint sie mit den Gedanken woanders zu sein.

»Vielleicht kann ich dich schon morgen hinbringen. Nach der Schule.«

Zum ersten Mal reagiert sie und schüttelt entschlossen den Kopf. »Nein. Ist schon okay. Danke.«

Damit habe ich nicht gerechnet. »Aber es würde ihr vielleicht guttun, dich zu sehen.«

Sie sieht mich durchdringend an. »Aber ich will sie nicht sehen. Es ist doch ihre eigene Schuld, dass sie krank ist, oder?«

»Das finde ich ein bisschen unfair, Delphine. Ja, sie muss mit dem Trinken aufhören. Aber Rosie zu verlieren, die Tat deines Vaters ... all das ist nicht so leicht zu verkraften. Verstehst du das denn nicht?«

Sie kreuzt die Arme vor der Brust und starrt an die Wand. »Kommt sie zurück?«

»Was?« Ist es das, was ihr Sorgen macht? Dass sie nun auch noch ihre Mutter verlieren könnte? »Aber natürlich kommt sie zurück. Hab keine Angst, Delphine. Ehrlich ...«

»Das ist es nicht.« Ihr Tonfall ist hart.

»Dann sag mir, was dich bedrückt«, dränge ich sie sanft.

»Ich will nicht, dass sie zurückkommt.«

»Delphine, das kann doch nicht dein ...«

»Wieso nicht?« Wütend blitzt sie mich an. »Sie macht alles kaputt. Wieso merkt das denn keiner? Sie ist keine richtige Mutter ... Sie ist einfach nur erbärmlich!«, stößt sie mit so hasserfüllter, verächtlicher Stimme hervor, dass ich einen Moment lang sprachlos bin. *Wie kann sie ihre Mutter hassen?*

»Ich bin sicher, dass sie es nicht mit Absicht tut, aber sie ist krank, Delphine. Sie braucht Hilfe, genauso wie jemand mit einem gebrochenen Bein.«

»Aber es wird sich nichts ändern. So war sie schon immer.«

»Willst du deshalb lieber zu deiner Tante ziehen?«, frage ich so behutsam, wie ich nur kann, doch sie fährt herum und starrt mich aufgebracht an.

»Sie hat mich angerufen, Liebes. Letzte Woche schon. Sie macht sich Sorgen um dich. Und um deine Mum.«

Allmählich verstehe ich auch, weshalb.

»Mummy hasst sie«, erwidert Delphine tonlos. »Sie sei gewöhnlich, dumm und mache nichts aus sich, sagt sie. Aber das stimmt nicht. Tante Carol ist nett und mag andere Menschen. Sie ist eine richtige Mutter.«

»Soll ich sie für dich anrufen?«

Delophine zögert kurz, dann sagt sie: »Okay.«

»Gut. Dann machen wir das. Sie will bestimmt gern mit dir reden.«

Als ich aufstehe, um das Telefon zu holen, sagt sie auf einmal mit flehentlicher Stimme: »Kann ich hierbleiben, Kate? Bei Ihnen? Bitte!« Sie klingt wie ein Kind, das Höllenqualen leidet, und ihr Tonfall geht mir durch Mark und Bein.

Erst jetzt, da Delphine unter unserem Dach lebt, tritt das volle Ausmaß von Jos Problemen zutage. Sie ist wie ein Spiegel der Obsessionen ihrer Mutter – angefangen vom Essen bis hin zu der Art, wie sie ihr Zimmer aufräumt. Alles ist blitzsauber und ordentlich, aber ohne jede persönliche Note, so dass man den Eindruck gewinnt, es wohne überhaupt niemand darin.

»Ich habe noch nie ein Kind wie sie kennengelernt«, sage ich zu Rachael. »Die meiste Zeit merkt man noch nicht einmal, dass sie da ist.«

»Gott, das arme kleine Ding. Was wohl in ihrem Kopf vorgeht? Hier, nimm ein Stück Kuchen. Ich hab ihn vor den Jungs versteckt.«

»Danke.« Stirnrunzelnd nehme ich den Teller entgegen. »Für ein Mädchen ihres Alters weiß sie viel zu viel. Sie hat mir von Jos Alkoholkonsum erzählt, so ruhig, dass ich eine Gänsehaut bekommen habe. Und dann diese bitteren Vorwürfe, sie sei selbst daran schuld, dass sie Alkoholikerin sei. Sie will sie noch nicht einmal im Krankenhaus besuchen.«

»Wahrscheinlich hasst sie Krankenhäuser. Ich tue es jedenfalls, grauenhaft.« Rachael schneidet noch ein Stück Kuchen ab.

Ich schweige nachdenklich. »Man sollte annehmen, dass sie jetzt, wo sie nur noch zu zweit sind, näher zusammenrücken. Aber so ist es nicht.«

Der Gedanke geht mir immer noch im Kopf herum, als ich mich am nächsten Tag auf den Weg ins Krankenhaus mache. Man hat mir gesagt, Jo sei in die Psychiatrie verlegt worden, und ich bin auf das Schlimmste gefasst. Aber ich betrete ein kleines, sonnendurchflutetes Zimmer mit Blick auf den Garten. Nach meinem Geständnis über das Abendessen mit Neal bin ich nicht sicher, ob sie mich überhaupt sehen will.

Sie sitzt im Bett, die Kissen im Rücken, und sieht erschöpft, hager und krank aus.

»Wie geht es dir?« Es ist grauenvoll, sie so sehen zu müssen – ein Schatten der tapferen Frau, die so viel durchgemacht hat. Sie schüttelt den Kopf, der jedoch zu schwer für ihren Hals zu sein scheint und unkontrolliert hin und her rollt. Erst jetzt dämmert mir, dass sie unter Medikamenteneinfluss steht.

Ich setze mich neben sie und nehme ihre Hand. »Du brauchst nicht zu sprechen, Jo. Ich wollte dir nur sagen, dass es Delphine gut geht. Sie ist bei uns. Mach dir keine Sorgen, ich kümmere mich um sie. Konzentrier du dich drauf, bald wieder gesund zu werden.«

Im ersten Moment bin ich nicht sicher, ob sie es mitbekommt, aber dann bewegen sich ihre Lippen, und ich glaube ein leises *Danke* zu hören.

Ich bleibe bei ihr sitzen, bis sie die Augen schließt und sich ihre Brust in tiefen, regelmäßigen Atemzügen hebt und senkt. Dann gehe ich zum Empfang.

»Entschuldigen Sie bitte, aber könnte ich vielleicht mit jemandem über Joanna Anderson sprechen?«

Die Schwester sieht auf. »Sind Sie eine Angehörige?«

»Gewissermaßen«, antworte ich. »Ich kümmere mich um ihre Tochter. Ich würde nur gern wissen, was weiter mit ihr passiert.«

Erst nach mehrmaligem Nachfragen und einer geschlagenen Stunde kommt ein Arzt und erklärt mir, dass zunächst eine ganze Reihe von Untersuchungen gemacht werden müsse und Jo daher vorerst nicht entlassen werden könne. Wie lange es dauern werde, könne er mir nicht sagen, und er geht auch nicht näher darauf ein, um welche Art von Tests es sich handelt.

»Es ist dermaßen frustrierend«, sage ich am Telefon zu Angus, als ich im Wagen vor der Schule auf Delphine warte. Es ist, als wären wir in den vergangenen vierundzwanzig Stunden in die Vergangenheit katapuliert worden und müssten plötzlich wieder aufpassen, was wir sagen, nur dass es diesmal nicht wegen Grace, sondern wegen Delphine ist.

»Aber sie darf trotzdem bei uns bleiben, oder?«

Ich sehe ihn vor mir, wie er die Achseln zuckt, und kenne seine Antwort bereits. Wieder begreife ich, dass sein großes Herz einer der Gründe ist, weshalb ich ihn so liebe. Und das sage ich ihm auch.

»Jetzt muss ich Schluss machen. Sie kommt gerade heraus.«

Ich schicke einen stummen Kuss durch die Leitung und lege auf, als Delphine einsteigt.

»Hi, wie war dein Tag?«

»Okay.« So wie alles andere in ihrem Leben. Nicht toll, aber auch nicht schlimm. Einfach nur okay.

»Hast du Lust, später Reba zu reiten?«

»Darf ich?«

Die folgenden Tage verlaufen immer nach demselben Muster. Jo bleibt in der Obhut der Spezialisten, während ich qualvoll langsame Fortschritte bei meinem Versuch mache, eine Verbindung zu Delphine aufzubauen. Als ich nicht mehr weiterweiß, rufe ich Laura an.

»Ich komme einfach keinen Schritt weiter«, erkläre ich, als sie vorbeikommt. »Ich habe noch nie erlebt, dass ein Kind so reagiert. Sie ist verschlossen wie eine Auster.«

»Seit wann ist das so?«

»Seit vier, fünf Tagen.« Es fühlt sich viel länger an, wie so oft, wenn das Leben einen vor unerwartete Veränderungen stellt und einem das Gefühl gibt, zwischen vorher und nachher liege eine halbe Ewigkeit.

»Ich finde es wirklich nett von dir, dass du dich um sie kümmerst. Wie geht es ihr?«

»Okay. Zumindest ist das ihre Antwort auf alles, mal abgesehen von ein paar sehr gemeinen Dingen, die sie über ihre Mutter sagt.«

»Wahrscheinlich fühlt sie sich im Stich gelassen«, meint Laura. »Nicht nur von Jo, vom Leben ganz allgemein. Sie ist zwölf, richtig? In ihrem Alter war meine größte Sorge, dass ich meine Hausaufgaben nicht auf die Reihe kriege, aber nicht solche Dinge, wie sie sie gerade erlebt.«

»Mir war nicht bewusst, dass Jo so ein massives Alkoholproblem hat. Wodka-zum-Frühstück und so weiter.«

Laura zögert. »Arme Jo. Andererseits passt es zum Gesamtbild, findest du nicht auch? Rosies Tod ... ihre Unsicherheit ... all diese Probleme, mit denen sie zu kämpfen hat. Wahrscheinlich war das der einzige Weg, ihre Ehe mit Neal zu ertragen, von den vergangenen Monaten mal ganz zu schweigen.«

Sie hält inne. »Leider ist es schwierig, nach so einem Erlebnis wieder auf die Beine zu kommen. Sie hat das Schlimmste erlebt, was einem im Leben passieren kann. Immerhin hat sie praktisch die Hälfte ihrer Familie verloren. Wie soll man da weitermachen?«

Trotzdem gefällt mir der Gedanke nicht, dass Delphine bei all dem vergessen wird, so als wäre sie völlig unwichtig. »Aber sie hat noch eine zweite Tochter, die sie braucht. Sie kann sich nicht einfach ausklinken, oder?«

»Na ja, das kann sie sehr wohl. Außerdem hat man Alex gefunden, und wie es aussieht, entsprach seine Aussage nicht ganz der Wahrheit. Er war an diesem Abend tatsächlich mit Rosie zusammen. Davor – behauptet er zumindest. Bis ihre Mutter anrief und meinte, Neal sei auf dem Weg zu ihnen. Wie gesagt, das behauptet er.«

»Also war sie gar nicht bei Poppy.«

Laura hebt die Brauen. »Ja, sieht ganz so aus, als wäre das eine weitere Lüge von ihr. Poppys Bruder sitzt im Knast, weil er einen Typen verprügelt hat, der sie terrorisieren wollte, deshalb hat sie verständlicherweise mit der Polizei nicht allzu viel am Hut.«

»Also ...«

»Vielleicht war Alex mit Rosie zusammen, vielleicht auch nicht. Er könnte der Mörder sein. Poppy schwört, dass er unschuldig ist. Sie hassen beide Neal, aber das spielt in diesem Zusammenhang keine Rolle. Und es gibt noch etwas, das wir noch nicht in Betracht gezogen haben.«

»Und zwar?« Ich starre sie an.

»Was, wenn es stimmt, was in den Zeitungen stand, Kate? Was immer wieder aufs Tapet kommt? Dass Rosie schwanger war.«

Delphine

Was Wahnsinn bedeutet, begreift man erst, wenn man sieht, wie die Dinge wirklich sind. Es bedeutet, in einer Welt zu leben, die sich jeden Morgen anders zeigt als tags zuvor. Stimmungen, unvorhersehbar und nicht kalkulierbar, wie ein aus dem Takt geratenes Metronom. Worte, die alles oder auch gar nichts bedeuten können. Ein Lächeln, das anfangs freundlich scheint, aber kalt und böse wird, sobald man es erwidert. Ein Zuhause, das zwar in einer hübschen Gegend liegt, aber kalt und leer ist. Lügen und Heuchelei, mehr nicht. Wodkaflaschen, scheinbar versteckt, aber nicht sorgfältig genug. Es bedeutet, am Leben zu sein, aber in Wahrheit nicht leben zu dürfen. Nichts als vergiftete Luft zu atmen. Die Stimme seiner Schwester zu hören, obwohl sie tot ist.

Rosie

Joanna sieht aus dem Fenster. Sie kann Neal nicht sagen, was passiert ist. Niemals. Und auch nicht, dass ich mich in den Gärtner verliebt habe. Du liebe Güte, der Gärtner! Er würde nur behaupten, es sei ihre Schuld. Sie hört es ihn bereits sagen.

Ausgerechnet er, von all den jungen Männern im Dorf, in der Schule. Wieso gerade er?

Aber Neal kennt sie viel zu gut, findet den Test im Müll.

»Wie konntest du das zulassen?«

Joanna weicht zurück, in Erwartung des Schlags.

»Du denkst, ich würde dich schlagen, ja?«

Er sieht sie an.

»Vielleicht ... vielleicht auch nicht. Ich habe mich noch nicht entschieden.« Er hält inne. »Du dämliche, schwachsinnige Schlampe ...«

Der Schlag trifft sie mitten ins Gesicht, presst sämtliche Luft aus ihren Lungen.

»Du kannst wohl gar nichts richtig machen, was?«

Er schlägt erneut zu.

»Tu etwas. Bevor jemand etwas mitbekommt.«

Er hat keine Ahnung, dass es nicht ihr Baby ist.

Ebenso wenig ahnt er, dass sie längst akribisch die ersten Schritte geplant und die Dinge im Griff hat.

»Mir ist völlig egal, was, aber tu etwas. Sieh zu, dass du es los wirst ... sonst tue ich es.«

39

Ich starre Laura an, dann schüttle ich den Kopf. Sie irrt sich. Rosie war definitiv nicht schwanger. Ich erinnere mich ganz genau Joannas Worte.

»Aber Jo hat klipp und klar gesagt, dass sie nicht schwanger war. Was in den Zeitungen stand, sind bloß Gerüchte. Sie war fest entschlossen, sich nicht davon aus dem Konzept bringen zu lassen.«

»Noch eine Lüge«, sagen wir wie aus einem Munde.

Laura blickt mich an. »Wieso?«

»Jo will, dass immer alles perfekt ist.« In dem Moment, als ich es ausspreche, begreife ich, dass es wahr ist. »Ihre Art, sich anzuziehen, das Haus, ihr Mann, den sie immer so in den Himmel lobt. Und ihre halbwüchsige Tochter? Für sie war es die reinste Katastrophe, dass Rosie mit Alex zusammen war, ganz zu schweigen davon, dass sie von ihm schwanger gewesen sein könnte. Dass das bekannt wird, kann sie nicht gewollt haben.«

»Aber es stand trotzdem in der Zeitung, Kate. Nicht in allen, aber ein oder zwei dieser fürchterlichen Klatschblätter haben geschrieben, dass sich die Mehrzahl der Wunden im Bauchbereich befanden. Sie konnte doch nicht ernsthaft glauben, dass das nicht herauskommt. Spätestens wenn der Prozess anfängt, wäre es ans Licht gekommen. Seltsam finde ich, dass sie sich dir nicht anvertraut hat.«

»Das stimmt, andererseits gibt es vieles, worüber wir nie

geredet haben. Und ich wollte nicht ständig mit Dingen ankommen, die schmerzhaft für sie sind. Schließlich muss sie jeden Tag mit der Tragödie leben und braucht nicht noch mich, die pausenlos damit anfängt. Außerdem weiß jedes Kind, dass die Zeitungen auch viel Unsinn verbreiten.«

»Wäre nicht alles so tragisch, müsste man wirklich staunen ...«, sagt Laura nachdenklich. »Hast du dir jemals überlegt ... diese Nachrichten ... Derjenige, der sie geschrieben hat, wusste vielleicht gar nichts von Jos Totgeburt, sondern hat Rosies Baby damit gemeint. Vielleicht ist der Fötus ja das zweite Kind ...«

»Und das dritte?«

Unsere Blicke begegnen sich, und ich verspüre eine Welle der Übelkeit.

Aber doch nicht Delphine ...

Aus heiterem Himmel wird Alex wieder in Untersuchungshaft genommen. Ich höre es in den Radionachrichten.

Nein! Das Wort hallt laut in meinem Kopf. Ich weiß zwar nicht, wieso, aber es ist ein schrecklicher Irrtum.

Die Halskette. Sie ist der entscheidende Faktor in dieser ganzen Geschichte. Hätten er und Rosie sich ernsthaft verkracht, hätte sie sie niemals getragen.

Und Neal. Die Art, wie er mit seinen Töchtern umsprang. Jo ... die Beweise auf dem Laptop. Die Polizei muss ihn doch dafür belangen, oder etwa nicht? Oder haben sie noch etwas anderes gefunden?

Nach einer weiteren Befragung wird diesmal tatsächlich Anklage gegen Alex erhoben, allerdings wird er kurz danach gegen Kaution wieder freigelassen. Für meinen Geschmack gibt es viel zu viele Lügen und offene Fragen. Daher schlage ich sämtliche Warnungen in den Wind und fahre zu ihm, ohne jemandem davon zu erzählen.

»Was wollen Sie hier?« Mit feindseliger Miene steht er im Türrahmen und macht keine Anstalten, mich hereinzubitten.

»Ich muss mit Ihnen reden. Dürfte ich vielleicht reinkommen? Nur für ein paar Minuten?«

»Ist das eine Falle? Wenn dieser Anderson dahintersteckt ...« Die Drohung in seiner barschen Stimme ist unüberhörbar.

Einen Moment lang bin ich versucht, kehrtzumachen, aber dann siegt meine Neugier. Ich hole tief Luft.

»Nein, er steckt nicht dahinter, das verspreche ich Ihnen.«

Ich versuche, nicht daran zu denken, dass er jemanden krankenhausreif geprügelt hat und unter Mordverdacht steht. Stattdessen verlasse ich mich auf meinen Instinkt und nehme all meinen Mut zusammen, als er einen Schritt zur Seite tritt, um mich hereinzulassen.

Ich folge ihm in das kleine Wohnzimmer im vorderen Teil des Hauses, das eigentlich sehr gemütlich und nett wäre, würde nicht ein fürchterliches Chaos herrschen – vermutlich spiegelt es wider, wie es in seinem Innern aussieht.

»Normalerweise sieht es hier nicht so aus, aber die Polizei räumt leider nicht wieder auf, nachdem sie einem die Bude auf den Kopf gestellt hat. Also, was wollen Sie?« Er sieht sich angespannt um.

»Das tut mir leid.« Ich zögere, weil ich einfach so in seine Privatsphäre eingedrungen bin. »Aber Sie wissen ja, dass ich Rosie kannte. Natürlich nicht so gut wie Sie, aber ich kann mir nicht vorstellen, dass Sie sie getötet haben. Mir ist klar, dass das eigentlich die Aufgabe der Polizei ist, aber wir müssen herausfinden, wer das getan hat.«

»Ich habe der Polizei längst gesagt, was an diesem Abend passiert ist. Es war dieser Dreckskerl Neal«, antwortet Alex wütend, und einen Augenblick steigen Zweifel wieder in mir auf. *Wenn er so wütend war, könnte er vielleicht doch ...?*

Ich beschließe, mich nicht aus dem Konzept bringen zu lassen.

»Offenbar hat ihn jemand an diesem Abend gesehen. Sturzbetrunken im Stadtpark. Die Leute haben versucht, ihn aufzuwecken, aber er war komplett weggetreten«, sage ich.

Alex sieht mich ungläubig an. »Aber da muss man doch mal nachfragen, wieso dieser Jemand sich erst jetzt meldet, oder?«

»Es war ein Mann, der seine Frau betrogen hat«, fahre ich fort. »Er war auf dem Heimweg von einem heimlichen Rendezvous und wollte nicht, dass es herauskommt – bis jetzt.« Ich mustere ihn. »Aber inzwischen ist seine Frau dahintergekommen.«

Seufzend lässt er sich auf einen Sessel sinken und bedeutet mir, mich ebenfalls hinzusetzen.

»Ich habe der Polizei die Wahrheit gesagt.« Er schlägt die Hände vors Gesicht. »Es ist alles komplett schiefgelaufen.« Als er aufschaut, liegt ein gequälter Ausdruck auf seinem Gesicht. »Wir haben versucht, es für uns zu behalten, aber nach dem Müll, den die Zeitungen verbreitet haben, weiß es ja sowieso jeder. Rosie war schwanger.«

»Das ist mir erst jetzt klar geworden«, sage ich wahrheitsgetreu. »Aber Jo hatte keine Ahnung. Mir hat sie gesagt, es seien nur Lügen, was die Zeitungen schreiben.«

»Aha.« Er scheint keineswegs überzeugt zu sein.

»Hatten Sie und Jo Streit?«

Erschrocken sieht er mich an. »In der Woche vor Rosies Tod, ja. Sie wollte mir nicht erlauben, dass ich Rosie sehe, und hat alles darangesetzt, uns auseinanderzubringen.«

»Sind Sie deswegen wütend geworden?«

Er nickt langsam. »Ja, ich habe die Beherrschung verloren, aber mir ist klar, dass das nicht hätte geschehen dürfen. Sie war achtzehn, verdammt noch mal! Was für eine Mutter tut so was?«

Eine Mutter, die lügt und Laura erzählt, dass Alex ihnen auf die Pelle gerückt und es zwischen ihm und Rosie längst Schluss gewesen sei. Aber wieso?

»Was ist mit diesem letzten Abend? Rosie war doch bei Poppy, richtig?«

»Rosie und ich haben uns an diesem Abend gegen acht getroffen. Sie war bei Poppy, das stimmt. Poppy hatte angeboten, sie zu decken, falls jemand fragen sollte. Für so was war sie immer zu haben. Ein nettes Mädchen übrigens, aber egal. Jedenfalls kam Rosie her. Ich habe für uns gekocht. Wir waren hier … haben uns wieder gestritten. Sie wollte, dass wir ein Weilchen auf Abstand gehen, bis sich alles etwas beruhigt hat. Nur bis sie auf die Uni geht. Weil Joanna ein Riesentheater gemacht hat. Und auch wegen ihrer Schwester. Ich bin echt sauer geworden. Ich meine, auf kurz oder lang hätte ihre Schwester ohnehin zusehen müssen, wie sie ohne Rosie klarkommt. Ich habe einfach nicht kapiert, was es bringen soll, es hinauszuzögern.«

Er seufzt. »Es war ein schlimmer Abend. Am Ende wollte sie gehen, aber dann konnte ich sie überreden, doch noch hierzubleiben. Wir haben uns versöhnt. Gegen elf rief ihre Mutter an, um sie zu warnen. Sie war komplett von der Rolle. Neal hätte das mit uns herausgefunden und sei schon unterwegs. Er hätte sie geschlagen und sei außer sich vor Wut. Ich erinnere mich noch genau an Rosies Gesicht – sie war auf einmal kreidebleich. Man hat ihr angesehen, welche Angst sie hat.« Seine Züge verdüstern sich. »Ich habe keine Ahnung, woher Rosies Mutter wusste, wo sie steckt.«

Er hält inne und birgt neuerlich das Gesicht in den Händen. »Joanna hat gesagt, Rosie solle, so schnell es geht, verschwinden. Sie könnte nicht herkommen, weil er ihr die Schlüssel weggenommen hätte. Sie solle sich beeilen. Dann hat sie aufgelegt. Ich wollte, dass sie zu Poppy geht, weil sie dort sicher gewesen wäre. Ich wollte hierbleiben und mit Neal reden, die Sache ein für alle Mal klären.«

Schuldbewusst blickt er mich an. »Wäre ich doch nur mitgegangen … Als Neal nicht kam, bin ich zu Poppy gefahren. Wie konnte ich nur meine Freundin allein durch die Gegend laufen lassen, obwohl ich wusste, dass ihr durchgeknallter Vater nach ihr sucht? Aber sie ist nie bei Poppy angekommen. Ihr verdammter Vater war schneller …«

»Aber … sein jüngstes Alibi …« Ich bin völlig durcheinander.

»Kapieren Sie nicht?«, braust Alex auf. »Neal hat geblufft. Nach der Tat hat er den Wagen zu Hause abgestellt, die Flasche aus dem Kofferraum geholt und ist damit in den Stadtpark gegangen, um sich volllaufen zu lassen. Ist doch ein Kinderspiel, oder? Der Typ, der seine Frau betrogen hat, sieht ihn auf dem Heimweg und …« Er zuckt hilflos die Achseln.

Meine Haut beginnt zu prickeln. *Was, wenn er lügt? Wenn Alex gar nicht auf Neal gewartet hat, sondern Rosie gefolgt ist und erneut mit ihr in Streit geraten ist, weil ihm das Ganze zu blöd wurde? Wenn er sich in seiner Wut vergessen hat und auf sie losgegangen ist?*

»Es muss etwas Stichhaltigeres sein. Sonst hätte die Polizei es doch überprüft, oder?«

Was ist, wenn ich mich irre und Alex doch der Mörder ist?

Alex ringt die Hände, und ein eigentümlicher Ausdruck huscht über sein Gesicht. Mir wird mulmig. Ich schaue auf die Uhr und stehe auf.

»Ich muss los. Ich habe Angus versprochen, dass ich nicht lange wegbleibe.«

Meine Kehle ist staubtrocken, und die Worte wollen mir kaum über die Lippen kommen. Trotzdem bemühe ich mich, ruhig zu wirken. Mit klopfendem Herzen gehe ich zur Tür. Gerade als ich sie öffnen will, schließt sich seine Hand um meinen Arm.

Rosie

Joanna passt ganz genau auf, dass niemand sie bemerkt. Nur gut, dass das zu ihren besonderen Fähigkeiten gehört. Sie beobachtet, wie ich Poppys Haus verlasse, ihr zuwinke und dann die Straße entlanggehe – glücklich, eine Freundin wie Poppy zu haben. Glücklich, mit Alex zusammenzusein. Glücklich, all das schon bald hinter mir zu lassen.

Sie weiß, dass ich zu ihm gehe. Es macht sie ganz krank, zerfrisst sie innerlich, wie Maden, die sich in ihren Eingeweiden eingenistet haben, aber sie muss es tun. Für Neal. Außerdem ist sie auch nicht länger Joanna, sagt sie sich. Ein Teil von ihr hat sich abgespalten und ist zu Kate geworden.

Sie folgt mir, bleibt ein Stück vor Alex' Haus stehen, wartet mit angehaltenem Atem, für den Fall, dass ich kehrtmache oder stehen bleibe und über die Schulter sehe.

Aber das tue ich nicht. Alex macht die Tür auf. Sie beobachtet, wie er die Arme um mich schlingt und mich küsst. Minutenlang stehen wir da, vergessen alles rings um uns herum. Dann gehen wir hinein, schließen die Tür hinter uns. Joanna schluckt die Galle hinunter, die in ihrer Kehle aufgestiegen ist. Sie weiß, dass sie warten muss. Weiß, was als Nächstes geschieht.

Zu Hause lockt die Wodkaflasche mit leiser, süßer Stimme. Aber sie widersteht, obwohl sie in Versuchung ist, ja, sich geradezu verzweifelt danach sehnt. Sie muss jetzt stark bleiben. Sie denkt an später, wenn sie trinken darf, nicht nur ein Glas, sondern die ganze Flasche. Das heißt, wenn sie es durchzieht. Ihre Zweifel kehren zu-

rück, schweben umher wie Millionen winziger Feenstaubpartikel. Dann holt sie tief Luft und bläst sie fort.

Die Zeit spielt üble Streiche mit ihr. Es ist, als wolle der Abend nicht vergehen. Schon als Neal nach Hause kommt. Sie hört seine Schritte auf der Treppe, im Schlafzimmer, dann wieder auf der Treppe.

»Wo ist das Abendessen?« Er sieht sich in der Küche um, und sein angewiderter Blick fällt auf das Glas, das sie absichtlich vor sich hingestellt hat.

Sie konzentriert sich und lässt Joanna aus ihrem Innern treten. Ihre Augen füllen sich mit Tränen. Inzwischen gelingt es ihr mühelos, allein indem sie ihn ansieht und an all die Frauen denkt, die an ihrer Stelle neben ihm gestanden haben.

»Ich habe es vergessen«, flüstert sie, legt ein effektvolles Zittern in ihre Stimme. Lässt ihre Unterlippe beben. Zieht die Schultern ein. »Es tut mir leid.«

»Du bist so erbärmlich.« Er schleudert ihr die Worte entgegen.

»Soll ich dir etwas machen?«

»Spar dir die Mühe. Ich finde schon etwas.«

Er öffnet den Kühlschrank, weiß, dass die Rindfleischscheiben im Fach liegen, die sie extra gekauft hat. Er wird sie essen und trotzdem noch Hunger haben und seinen Appetit vollends mit Alkohol stillen, bis er das Bewusstsein verliert. Darauf zählt sie. Er muss es tun. Sonst geht ihr Plan nicht auf.

Aber genau das ist ja das Wunderbare an ihrem Plan. Sie kennt ihren Mann in- und auswendig. Er isst das Rindfleisch auf, schenkt sich einen Whiskey ein, ehe er sich mit der Flasche vor den Fernseher setzt. Sie nippt an ihrem Wasser und atmet leise auf.

Sie sieht auf die Uhr. Es ist erst halb zehn. Weitere Schritte ertönen. Ihr dreht sich der Magen um, als die Tür aufgeht. Ihre Hand wandert zu ihrem Mund. O Gott, sie hat Delphine vergessen. Sie vergisst sie immer.

Fieberhaft überlegt sie. Sie kann unmöglich zulassen, dass das *ihren Plan durchkreuzt. Schnell, schnell. Sie muss etwas tun, um Delphine eine Freude zu machen. Sie nimmt das Erstbeste, was ihr einfällt.*

»Ich mache uns Pizza, Schatz.«

Verblüffung flackert in Dellas Blick auf. Pizza! Dass sie so etwas überhaupt im Haus haben. Und dann »Schatz«. Wir wissen doch alle, dass in Pizza Kalorien für eine ganze Woche stecken – wie könnte man das in diesem Haus auch nur eine Sekunde vergessen?

40

Mit einem Ruck löse ich mich aus Alex' Griff.

»Lassen Sie mich sofort los!«, schreie ich panisch und laufe zur Tür.

Aber er ist direkt hinter mir, und als ich sie aufreiße, knallt er sie mit einer Hand wieder zu.

»Kate ... es tut mir leid. Ich hätte das nicht tun dürfen. Ich habe sie nicht umgebracht, das schwöre ich, bei meinem Leben. Ich neige zu Wutausbrüchen, das ist wahr ...«

In diesem Moment, als er bedrohlich näher rückt und so dicht vor mir steht, dass ich die Wärme seines Körpers spüren kann, bgreife ich zum ersten Mal in meinem Leben, was wahre Angst bedeutet. Er könnte mich töten. Niemand weiß, wo ich bin.

Ich warte. Starr vor Angst.

Ist dies das Ende?

Aber er nimmt die Hand weg und tritt einen Schritt zurück.

»Ich habe sie nicht ermordet«, sagt er leise. Es ist eine flehentliche Bitte, ihm zu glauben. Plötzlich taucht ein Bild von Rosie vor mir auf – ihre klaren Augen, ihre Finger, die sich um die Halskette schließen. Sie war so sanftmütig und sensibel, deshalb mochten die Pferde sie so gern. Als er die Tür öffnet, weiß ich, dass er unschuldig ist.

Ich stelle keine Fragen, maße mir kein Urteil an, sondern warte ab, bis die Zeit und die Magie der Pferde ihre Wirkung bei Delphine entfalten. Wieder kann ich mich nur wundern, wie seltsam sie sich für ein Mädchen dieses Alters verhält.

»Sie sitzt stundenlang nur in ihrem Zimmer«, sage ich leise zu Angus. »Meinst du, es geht ihr gut?«

»Vermutlich. Aber du weißt ja nicht, wie sie sich zu Hause verhält.«

»Das ist wahr. Vielleicht sollte ich mal nach ihr sehen und fragen, ob sie runterkommen und mit uns fernsehen möchte.«

Ich stehe vor der Tür und lausche auf Geräusche, bevor ich anklopfe.

»Delphine? Darf ich reinkommen?«

Stille. Dann geht die Tür plötzlich auf. Sie sieht mich an, tritt nahezu geräuschlos zum Bett und klappt ihr Notizbuch zu.

»Wieso kommst du nicht runter? Angus und ich wollten uns gleich einen Film im Fernsehen anschauen.«

Erwartungsvoll blickt sie mich an.

»Du kannst dich gern dazugesellen. Hast du Lust auf eine heiße Schokolade?«

»Kriege ich eine?«

»Aber natürlich. Grace ernährt sich regelrecht von dem Zeug. Komm, ich zeige dir, wo alles steht, dann kannst du dir jederzeit eine machen, wenn du Lust hast.«

Allem Anschein nach ist Jo seit ihrem Zusammenbruch in einem Zustand, der auch den Ärzten ein Rätsel bleibt. Als ich sie besuche, deutet nichts darauf hin, dass sie mich erkennt. Mit ausdrucksloser Miene liegt sie da und starrt ins Nichts. Auch als ich Delphine erwähne, zeigt sie keinerlei Reaktion.

»Es ist, als würde sie mit offenen Augen schlafen«, erzähle ich später Laura. »Was ist los mit ihr? Wacht sie eines Tages auf, und alles ist wie früher, oder geben die Ärzte ihr Medikamente?«

»Vermutlich«, antwortet sie. »Arme Jo. Das hört sich nach einer sehr langwierigen Geschichte an. Ist es dir immer noch recht, dass Delphine bei euch ist?«

»Von uns aus darf sie gern bleiben. Ich würde es nicht übers Herz bringen, sie wegzuschicken.«

Das könnte ich nicht, niemals. Das arme Kind. Sie scheint sich allmählich etwas einzuleben und braucht dringend Stabilität, nachdem sie so viel durchgemacht hat.

»Natürlich könnte sie zu Carol ziehen. Ich habe sie vorhin angerufen. Sie würde sie jederzeit zu sich nehmen, aber das würde bedeuten, dass sie die Schule wechseln müsste und ihre Freundinnen verlieren würde ... Ich habe keine Ahnung, was das Beste für sie ist.«

Was würde ihr wohl leichterfallen – die vertraute Umgebung zu verlassen oder hierzubleiben, wo sie alles kennt?

»Rede doch einfach mal mit ihr«, schlägt Laura vor.

»Ich war bei Alex.«

Laura sieht mich erschrocken an. »Kate!«

»Ich musste mit ihm reden. Inzwischen glaube ich nicht mehr, dass er es war.«

»Trotzdem sind die Ermittlungen nicht abgeschlossen«, erwidert Laura, »und er steht immer noch unter Mordverdacht.«

»Er ist unschuldig«, beharre ich, wobei mir ihr skeptischer Blick nicht entgeht. Dieser Unterton in seiner Stimme, bevor ich gegangen bin, hat mich überzeugt. Alex sagt die Wahrheit.

Ich habe es nicht getan, Kate. Sie müssen mir glauben. Aber ich weiß nicht, wie ich es beweisen soll.

»Aber wenn er es nicht war, wer war's dann?«, fragt Laura.

»Er ist davon überzeugt, dass Neal der Täter ist. Er hätte

nur so getan, als wäre er betrunken gewesen, und sein Alibi sei bei weitem nicht hieb- und stichfest ...«

Laura verzieht das Gesicht. »Aber das stimmt nicht. Der Typ hat ihn kurz vor elf durch den Stadtpark wanken sehen. Im ersten Moment hat er gedacht, es sei ein Obdachloser, der im Gebüsch umgekippt sei. Er hat nichts unternommen, logischerweise, weil er es ja eilig hatte, zu seiner Geliebten zu kommen. Aber auf dem Heimweg hätte Neal immer noch dort gelegen, genau an derselben Stelle. Deshalb hätte er dann doch versucht, ihn zu wecken, aber Neal sei einfach nicht wach geworden. Da hätte er die Whiskeyflasche bemerkt. Jo sagt selbst, er sei am nächsten Morgen mit einer Riesenfahne angekrochen gekommen. Natürlich besteht eine winzige Chance, dass er das alles nur gespielt hat, aber, ganz ehrlich, ich glaube das nicht.«

»Dann muss es jemand anders gewesen sein«, sage ich und höre Delphine die Treppe herunterkommen. »Alles in Ordnung, Süße?«

»Darf ich mir was zu trinken nehmen?« Mit ihrer gewohnt teilnahmslosen Miene sieht sie zu uns herein.

»Aber klar. Sag Bescheid, wenn du Hilfe brauchst.«

Ich höre, wie sie den Wasserkessel füllt und mit dem Geschirr klappert. Kurz darauf kommt sie mit einem weißen Umschlag ins Wohnzimmer.

»Ich glaube, den hat gerade jemand eingeworfen.«

Ich zögere, blicke kurz zu Laura hinüber. »Danke«, sage ich, um einen normalen Tonfall bemüht.

Als sie in die Küche zurückkehrt, reiße ich ihn auf und lese die Nachricht.

Frag nach der Halskette.

Ich lasse den Brief sinken. In diesem Moment fällt der Groschen

Rosie

Ohne Wodka, der die Zeit so angenehm verschwimmen lässt, werden die Abende unerträglich. Joanna war schon ewig nicht mehr nüchtern, so dass sie völlig vergessen hat, wie schrecklich sie sich in die Länge ziehen.

Sie sieht auf ihre Uhr. Halb elf. Sie hört Della oben in ihrem Zimmer, geht aber nicht hinauf. Sie weiß, dass sie auf ihrem Bett sitzt und schreibt; ihre einsame Tochter, die sich so sehr danach sehnt, dass sie jemand in die Arme nimmt, ihr ein freundliches Lächeln schenkt.

22.32 Uhr. Joanna ist ruhelos. Ist alles so weit vorbereitet?

Natürlich. Immerhin ist sie Kate – stets pragmatisch und so routiniert im Umgang mit ihren Pferden. Joanna weiß, dass sie auch das hinkriegen wird. Sie schließt die Augen, denkt an Kates glattes Haar, an ihre von der Sonne gebräunte Haut, an die potthässlichen Sachen, in denen sie immer herumläuft, an ihre fürchterlichen Hände, ihren gesunden Menschenverstand und ihr Einfühlungsvermögen, das sie heute Abend sehr gut gebrauchen kann. Sie kann nur hoffen, dass es genügt. Dann sieht sie wieder auf die Uhr. 22.41 Uhr. Sie nimmt die Wagenschlüssel, schwingt sie hin und her, als Della hereinkommt, um sich ein Glas Wasser zu holen.

»Mummy? Darf ich morgen zu Harriet?«

Einen Moment lang überlegt Kate, weshalb Joanna keine Antwort gibt. Dann fällt ihr wieder ein, dass sie ja Joanna ist.

Nein. Sie schüttelt wortlos den Kopf.

Sie kann jetzt nicht darüber nachdenken. Die Welt existiert nur bis heute Abend. Erst morgen kann sie sich damit beschäftigen.

22.48 Uhr. Ihr Herz beginnt zu rasen. Sie sieht zum Telefon. Wieso steht Delphine immer noch herum und starrt sie an?

Bettzeit. Mutter-Joanna-Stimme.

Sie muss Kate zurückholen. Schließt die Augen. Denkt an Kates Ruhe, an ihre strammen Schenkel in den Reithosen, an ihr Haar, das nach einem anständigen Friseur schreit. Sie lässt den Atem entweichen. Okay, sie ist bereit.

Sie nimmt das Telefon. Ruft mich unter Alex' Nummer an. Redet sehr nett. Hört, wie schockiert wir sind. Woher weiß sie, dass wir hier sind? Hört, wie der Schreck zuerst in Argwohn, dann in Angst umschlägt, als sie sagt, Neal sei bereits auf dem Weg.

Sie vergisst Delphine, die auf halber Höhe der Treppe steht und zuhört und sich fragt, wieso ihre Mutter lügt. Sie behauptet, ihr Vater hätte ihr die Wagenschlüssel abgenommen, obwohl sie sie doch in der Hand hat, und er tobt auch nicht vor Wut. Den ganzen Abend hat er schweigend in seinem Sessel gesessen und getrunken. Oder hat sie etwas nicht mitbekommen?

Aber als Joanna-Kate eilig das Haus verlässt, weil es höchste Zeit wird, es hinter sich zu bringen, merkt sie gar nicht, dass Neal fort ist. Ohne zu wissen, warum, nimmt sie in letzter Sekunde das Messer aus dem Block.

Der Wagen steht am Straßenrand, damit der Kies beim Wegfahren nicht knirscht. Sie fährt langsam mit ausgeschalteten Scheinwerfern bis zum Ende der Straße. Die Nachbarn sollen nichts mitbekommen. Aber hier in der Gegend merkt sowieso keiner etwas.

Ihre Hände zittern beim Schalten, das Blinken macht sie ganz verrückt. Sie zwingt sich, tief durchzuatmen, jenen Teil von sich heraufzubeschwören, den sie Kate nennt. Wie sie vermutet hat, geht Rosanna die Straße entlang zurück zu Poppy, dieser Schlampe, wie sie vermutet hat. Und mit einem Mal ist alles ganz einfach.

Verblüfft steige ich in den Wagen. Joanna ist hektisch. Einen Moment lang denke ich, sie ist betrunken, aber dann fällt mir wieder ein, welche Angst sie vor meinem Vater hat. Sie fährt, und ich lege ihr meine Hand auf den Arm. »Macht es dir etwas aus, wenn ich kurz anhalte?«, fragt sie. »Ich fühle mich nicht gut und brauche ein bisschen frische Luft.«

Ich bin daran gewöhnt, dass es ihr nicht gut geht. Denke mir nichts dabei. Sie steigt aus und schnappt nach Luft, als hätte sie Angst zu ersticken. Dann nimmt sie ihre Jacke vom Rücksitz und zieht sie an. »Es ist so ein schöner Abend. Lass uns ein Stück spazieren gehen.«

Sie geht ein paar Schritte, bleibt stehen und dreht sich nach mir um. Sie wolle noch nicht nach Hause zurück, sagt sie. »Dein Vater ist da. Er wird außer sich vor Wut sein. Er hat es herausgefunden. Wir warten einfach ein Weilchen, bis er sich beruhigt hat. Aber was machen wir dann?« Sie hält inne. Als sie fortfährt, klingt ihre Stimme anders. »Es ist ein herrlicher Abend für einen Waldspaziergang.«

In diesem Moment weiß ich, dass sie verrückt ist. Aber ich kann sie nicht hier zurücklassen, meine verrückte Mutter, mitten im Wald. Also folge ich ihr, während sie immer wieder auf die Uhr sieht. Sie hat ja einen Plan.

Obwohl ich weiß, dass diese Situation komplett absurd ist und Joannas Getue mich nervt, sind meine Nervenbahnen, meine Synapsen so darauf getrimmt, ihr zu gehorchen, dass ich nicht anders kann. Ich tue, was sie sagt, so wie ich es von Kindesbeinen an getan habe.

Joanna-Kate hat vergessen, wie rutschig der Abhang ist. Sie muss sich an den Zweigen festhalten, um den Halt nicht zu verlieren, als sie mich zu dem Geheimplatz führt, der so wild und wunderschön war, als sie ihn bei Tageslicht in Augenschein genommen hat. Die tiefschwarzen gezackten Umrisse der hohen Bäume heben sich vom dunkelblauen Nachthimmel mit dem silbrigen Mond ab.

»Da«, sagt sie zu mir. »Er sieht uns zu.« Sie klingt panisch.

Ich hebe den Kopf, frage mich, was ihr solche Angst einjagt. Aber da ist nichts, bloß die Bäume, die Wache zu stehen scheinen, angestrahlt von einem wohlwollenden Mond.

Sie tritt zu mir. Eine Katastrophe, sagt sie, aber wir würden alles schon in den Griff bekommen. Das Baby würde alles ruinieren, aber es gäbe eine Alternative, und wenn wir es einfach hinter uns bringen und noch mal ganz von vorn anfangen würden, wäre alles perfekt.

Und dann verstehe ich plötzlich, wieso sie sich so seltsam benimmt.

Sie weiß, dass ich schwanger bin.

Mein Herz beginnt zu hämmern. »Ich werde das Baby behalten.« Schock, Angst und Entschlossenheit schwingen in meiner Stimme mit. »Du kannst es mir nicht verbieten. Es ist mein Körper, mein Baby.«

»Nein«, schreit sie. »So geht das nicht. Er darf es nicht erfahren. Niemals. Er würde mich umbringen.«

Genau das ist es: Meine und Dellas Existenz waren vom ersten Tag an zweitrangig für ihn. Auf einmal will ich von hier weg. Mein Instinkt sagt mir, dass ich hier nicht sicher bin. »Lass uns zu Hause weiterreden«, sage ich mit einer Ruhe, die ich nicht empfinde.

Noch nicht.

Bald.

Sie sieht mich an. Im fahlen Mondschein wirkt ihr Gesicht gespenstisch. Sie runzelt die Stirn. »Wir müssen reden ... Du kannst es loswerden, Rosanna. Niemand wird je davon erfahren. Ich habe jemanden gefunden. Wir sagen deinem Vater einfach, du würdest einen Kurs besuchen. Oder wärst zu Carol gefahren.« Carol – ihre Stimme klingt hasserfüllt, als sie den Namen ausspricht.

»Nein!«, brülle ich sie an, wütend, verängstigt. Ich fühle mich verraten. »Ich werde das Baby behalten. Es ist mein Baby. Dein Enkelkind.«

Aber es ist nicht Joanna, die zurückschreit, sondern eine Fremde, eine Verrückte, die mich packt, so fest, dass es weh tut.

»Du musst. Es ruiniert alles ... Niemand wird es erfahren ... Du wirst es vergessen. Bald. Alles kann wieder so werden wie vorher ... Sei nicht so egoistisch, Rosanna. Immer denkst du nur an dich ... Wie ein Kind. Was ist mit mir?«

Ich versuche, mich loszureißen, aber ihre Wut ist gewaltig, ihre Kräfte geradezu übermenschlich, obwohl ich mich wehre, nach ihr schlage und trete, sie an den Kleidern und den Haaren zerre.

»Du musst es tun«, *faucht sie.* »Kapierst du es nicht? Es ist die einzige Möglichkeit. Du musst.«

Sie schüttelt mich, stößt mich brutal weg. Ihre Hand verkrallt sich in meinem Haar, dann rammt sie meinen Kopf gegen den Baum.

Nein ... Die Welt beginnt sich zu drehen, und plötzlich stehen die Sterne nicht länger über mir, sie sind überall, rings um mich herum. Ich blinzle, schaue ihr in die Augen. Sie funkeln im Mondschein.

»Ich kann nicht.«

Einen Moment lang glaube ich, dass sie von mir ablässt. Ihr Griff erschlafft, ihr Kopf sackt herab, aber nein. Auf diese brutale Kraft, in der die Wut, die Demütigung und die Misshandlungen eines ganzen Lebens stecken, war ich nicht gefasst. Sie schüttelt mich, schlägt wieder und wieder meinen Kopf gegen den Baumstamm, dessen Rinde meine Haut aufreißt. Sie schreit, ein infernalischer Ausbruch aus Wut und Hass auf ihr ganzes Leben, die sich Bahn brechen. Ich sinke zu Boden.

Meine Beine geben nach, mein Körper gleitet wie in Zeitlupe auf den Waldboden. Noch immer sehe ich ihr in die Augen, bis mein Kopf auf den Stein knallt und mit einem lauten Knacken zerbirst.

In diesem Moment spüre ich den heißen, unsäglichen Schmerz, als sich das Messer in mich bohrt.
Dann kommt das Nichts.

Einen Moment lang herrscht eine allumfassende Stille, als hätte jemand die Zeit angehalten. Blicklos starrt sie auf mich herab, als ich meinen Körper verlasse und schwebe. Ich sehe ihr entsetztes Gesicht, höre sie nach Luft schnappen, als der Wahnsinn sie aus seinem Würgegriff entlässt. O Gott ... Was hat sie getan?

Sie weiß nicht, dass ich mitbekomme, wie entsetzt sie ist. Sie wollte mich doch nicht töten, sondern mir nur vor Augen führen, dass wir keine Wahl haben, wie immer. Dass es nur eine Möglichkeit gibt. Hat sie deshalb das Messer bei sich? Sie sinkt auf die Knie und stößt diesen grauenvollen Schrei aus, wie ein verwundetes Tier, als wisse sie nicht, um wessen Kind sie in Wahrheit weint.

Bis ihr Blick an etwas hängen bleibt. Alex' wunderschöne Halskette, die im Mondschein schimmert. Sie ist so schön, dass sie sie unmöglich hier liegen lassen kann. Sie greift um meinen Hals und öffnet den Verschluss.

Dann bekommt sie Panik. Nun gibt es kein Zurück mehr. Sie hätte niemals gedacht, dass es dazu kommen würde, nicht einmal in ihren schlimmsten Fantasien. Aber was ist mit dem Baby? Es ist immer noch da. Das arme Baby, das nicht leben durfte. Das Baby ihres Babys. Sie muss etwas tun, zeigen, wie sehr sie sich wünscht, dass alles anders hätte sein können.

Und allmählich begreift sie, was das ist.

Ehe sie zurückfährt, muss sie sie verstecken. Sie rafft Blätter, Zweige, Erde zusammen, was auch immer ihre zittrigen Hände zu fassen bekommen, bis meine Leiche von dem Waldboden nicht mehr zu unterscheiden ist. Wieder dringt ein Schluchzen aus ihrer Kehle, aus der Tiefe ihres Innern. Was hat sie nur getan? Sie kann mich doch nicht einfach so liegen lassen.

In der Finsternis sucht sie nach hübschem weichem Moos. Es ist so viel passender für die Tochter, die immer perfekt sein wird. Sie holt tief Luft. Auch wenn es so nicht geplant war, wird es funktionieren. Neal wird jetzt nicht mehr imstande sein, sie zu verlassen. Es wird sehr schwer werden, aber am Ende wird alles wieder so sein wie früher.

Beinahe.

41

»Delphine? Hast du den geschrieben?«

Sie sieht mich aus ihren hellen Augen an, die nichts erkennen lassen. Dann nickt sie.

Ich höre einen scharfen Atemzug und merke, dass er aus meinem Mund gekommen ist. »Wieso?«

Statt einer Antwort dreht sie sich um und gießt mit großer Sorgfalt warmen Kakao in ihre Tasse.

»Delphine.«

Sie wendet sich wieder um und sieht mich fragend an.

»Wenn du etwas weißt, musst du es uns sagen.«

Doch ihre Miene bleibt ausdruckslos, als hätte das, was sie getan hat, keinerlei Bedeutung.

Laura kommt herein. »Ist schon in Ordnung, Kate.« Sie tritt zu Delphine.

»Es ist zu schwer für dich, darüber zu sprechen, stimmt's?« Ihre Stimme ist sanft.

Einen Moment lang herrscht Stille, dann nickt Delphine kaum merklich, während sie noch immer ihren Kakao umrührt.

»Haben Mummy oder Daddy etwas getan?«

Diesmal zeigt sie keine Reaktion.

»Ist es leichter, wenn du es mir zeigst?«, hakt Laura nach.

Delphine dreht sich wieder um. Die hellen Augen, die schon viel zu viel gesehen haben, richten sich auf Laura. Dann nickt sie erneut.

Es wird bereits dunkel, als wir mit meinem Wagen durchs Dorf fahren. Wir betreten das Haus der Andersons. Delphine läuft in die Garage und kehrt Minuten später mit einer kleinen Lederbörse zurück. Sie zieht den Reißverschluss auf und lässt den Inhalt in Lauras ausgestreckte Hand fallen.

Laura hält die hauchzarte Kette mit den winzigen bunten Steinen hoch, die ich nur ein einziges Mal gesehen habe – um Rosies Hals. Es ist die Kette, die Alex ihr geschenkt hat.

»Ist es das, was ich glaube?«, fragt Laura.

»Gehört die nicht Rosie?«, sagt sie an Delphine gewandt.

»Ja.«

»Hat deine Mummy sie hier versteckt?«

Wieder antwortet Delphine: »Ja.«

Dann wendet sie sich um und geht hinaus. Wir folgen ihr in die Garage, wo sie aus einem Regal mit alten Büchern ein Kinderbuch herausnimmt und es Laura reicht.

Auf den ersten Blick sieht es wie ein gewöhnliches Märchenbuch aus, mit Prinzessinnen und Drachen – bis Laura es aufschlägt.

Es erzählt eine ganz andere Geschichte. In einem ausgehöhlten Fach liegt ein iPhone. Laura sieht zuerst mich und dann Delphine an.

»Gehört das deiner Mummy?«

Delphine nickt, wirbelt herum und läuft durch das Tor in den Garten.

Wir folgen ihr über den Rasen. Instinktiv weiß ich, wo sie hinwill, allerdings habe ich keine Ahnung, warum. Der Apfelbaum. Sie tritt in das Blumenbeet und tut etwas höchst Seltsames: Sie beugt sich vor und küsst den Stamm.

Einen Moment lang stehen wir da. Es ist, als wäre die Zeit stehen geblieben. Dann wendet sich Laura mir zu.

»Kannst du einen Spaten holen?«, fragt sie eindringlich.

Ich grabe eine halbe Ewigkeit, während das Licht immer schwächer wird und Delphine im Garten herumläuft, schaukelt und leise vor sich hinsingt. Irgendwann stoße ich gegen etwas Hartes.

Ich knie mich hin, starre in die Grube. Ein einzelner Sonnenstrahl dringt durch die Wolken und fällt auf etwas Metallisches.

»Da ist etwas.«

Mit hämmerndem Herzen nehme ich vorsichtig das Messer.

Ich höre Laura neben mir nach Luft schnappen. »Lass es liegen, Kate. Wir müssen die Polizei rufen.«

»Da ist noch etwas.«

Es ist eine gewöhnliche Plastiktüte. Ich ziehe sie aus dem Erdreich hervor und öffne sie. Ein grauenhafter Gestank schlägt mir entgegen. Laura nimmt sie mir ab und sieht hinein.

»Großer Gott.«

Rosie

Sie braucht Kate jetzt nicht mehr, nur noch Joanna.

Sie muss nachdenken. Wischt das Messer ab, ehe sie es behutsam zur Seite legt. Sie darf es nicht hier liegen lassen. Sie zieht sich aus, als streife sie eine Haut ab, schlüpft in ihre Sportsachen, die sie zum Glück immer im Kofferraum hat. Nachdem sie ihre Schuhe und ihre Kleider, durchdrungen von ihren Tränen und meinem Blut, versteckt hat, fährt sie nach Hause. Sie muss etwas trinken.

Eigentlich ist alles ganz einfach. Sie wirft die Tasche mit ihren Sachen in eine Mülltonne. Morgen kommt die Müllabfuhr, und sie sind längst weg und verbrannt, bevor jemand etwas merkt. Sie lässt den Wagen wieder am Straßenrand stehen. Auf Zehenspitzen schleicht sie über die Kieseinfahrt und betritt das Haus. Niemand hat gemerkt, dass sie weg war. Niemand wird je davon erfahren.

Sie vergisst Delphine, wie immer.

Ihre Belohnung wartet im Kühlschrank. Das erste Glas merkt sie praktisch gar nicht. Erst nach dem dritten hört das Zittern allmählich auf. Nach dem fünften beginnt die Erinnerung zu verblassen. Als die Flasche leer ist, findet sie endlich Ruhe und Vergessen.

Bis zum nächsten Morgen. Ihr Schädel dröhnt, ihr Mund ist wie ausgedörrt. Ihr fällt wieder ein, was passiert ist, wie sie mich aufgegabelt, in den Wald geführt hat. Ihr wird übel, als auch alles andere in ihr Bewusstsein zurückkehrt. Dass sie ihr eigenes Baby getötet hat, statt meines. Hätte sie doch nur nie das Messer mitgenommen.

Es war ein Unfall, sagt sie sich. Ein grauenhafter Unfall, sie wollte doch nur helfen. Es sollte doch nicht derart außer Kontrolle geraten. Eins muss sie noch tun: einen Baum pflanzen. Einen Apfelbaum, der für Liebe und Unsterblichkeit steht. Die Liebe einer Mutter. Ihre Liebe.

Und sie muss genau aufpassen, was sie sagt, was sie tut, was die Leute mitbekommen. Jede Sekunde, jeden Tag. Noch mehr als zuvor. Sie muss sich eine Maske zulegen, ausdruckslos und neutral, so dass keiner sagen kann, wer sich dahinter verbirgt, eine Prinzessin oder eine Psychopathin. So lange, bis Neal merkt, wie sehr er sie braucht.
Sonst war alles umsonst.

42

Nachdem das Entsetzen ein wenig nachgelassen hat und der Hochsommer Einzug hält, wage ich es, mir Jos verworrene Welt genauer anzusehen. Eine Welt aus zerbrochenen Träumen und verwischten Grenzen, aus Brutalität und einer verdrehten Logik, die sie zur Annahme bewogen hat, Rosies Geheimnis wahren und damit ihre eigene perfekte Welt für immer konservieren zu können.

Ich versuche, Angus zu erklären, dass man ihr Leben durchaus mit einem Rosenstrauch vergleichen könnte: Wie schön er auch auf den ersten Blick erscheint und wie herrlich seine Blüten auch sein mögen, ohne starke Wurzeln oder den entsprechenden Boden wird er nicht überleben.

Aber er sieht mich nur ungläubig an. »Großer Gott, Kate, sie hat ihre eigene Tochter ermordet.«

Ich weiß nicht, ob Jo ihre Zufluchtsstätte hinter den hohen sicheren Mauern aus benebelnden Medikamenten jemals wieder verlassen wird; ob sie jemals in die reale Welt zurückkehren könnte, die nach Delphines Geständnis nun die Wahrheit kennt. Ob sie es überhaupt will. Vielleicht hat sie sich irgendwo in den dunklen Korridoren ihres verworrenen Geistes nach dem Mord selbst verurteilt, langsam, aber unaufhörlich ins Nichts abzugleiten.

Rosie

Es ist einfacher, als Joanna denkt; ihre Trauer, der Schock, das Entsetzen, alles ist so ekelhaft real. Außerdem hat sie es ja immer gesagt – das, was man unbedingt will, hat eben seinen Preis.

Und nach allem, was sie für ihn getan hat, eröffnet er ihr mit ruhiger Stimme, dass er sie trotzdem verlassen wird und sich nichts geändert hätte. Da weiß sie, dass das Licht in ihr erloschen, die Leidenschaft fort ist. Sie spürt, wie ein Teil von ihr stirbt.

Aber trotz des Schocks, der Angst vor einem Leben ohne ihn weiß sie eins: Sie darf nicht zulassen, dass es eine andere gibt. Alles, nur das nicht.

Öffentliche Demütigung, Verrat, sogar Gefängnis.

Was sie über ihn herausfindet, macht es am Ende ganz einfach.

Auch wenn sie seine Verhaftung fast umbringt, macht sie weiter, lässt nicht locker. In ihrer verzerrten Wahrnehmung ist er immer noch bei ihr.

Eine Weile ist sie überzeugt, dass sie es schaffen wird, aber innerlich leidet sie Höllenqualen. Jede Sekunde, jede Minute, jeden Tag. Irgendwo unter all den Schichten ihres zu Eis erstarrten Herzens existiert ein winziger Rest Anstand und Güte, den sie sich trotz des langen, unausweichlichen Wegs in den Wahnsinn bewahrt hat.

Und nun ist sie endgültig in ihrer eigenen Welt gefangen, in der niemand sie je wieder erreichen wird.

43

Die Ereignisse machen mich nachdenklich. Wir alle bewegen uns tagtäglich zwischen den Extremen, zwischen Gut und Böse, zwischen Liebe und Hass, und erschaffen uns so eine Art moralischen Kompass, an dem wir uns orientieren. Genau diesen Kompass hat Jo für immer verloren, als ihr Verstand nicht länger mitspielte und sie dem Wahnsinn anheimfiel.

Ich frage mich nach wie vor, wieso ich es nicht habe kommen sehen. Aber wir können noch so sehr auf unsere Fähigkeiten und Lebenserfahrung vertrauen, die Körpersprache anderer beobachten, zwischen den Zeilen lesen – am Ende sehen wir doch meist nur, was wir sehen wollen, sagt Laura. Und wenn jemand die Wahrheit verbergen will, gelingt es uns wahrscheinlich auch nicht, sie ans Licht zu holen.

Jo wird wohl nicht so schnell wegen Mordes vor Gericht gestellt, falls überhaupt. Laura meint, das Ironische daran sei, dass die Mörderin zwar gefasst sei, aber lediglich aus einer leeren Hülle bestehe. Und das Gesetz verbietet, jemanden anzuklagen, der nichts begreift, sondern lediglich dasitzt, gefangen in hoffnungsloser Katatonie. Trotzdem ist Jo schuldig: Sie hat gelogen, andere getäuscht, ihre Kinder emotional missbraucht, getötet. Ob das Gesetz sie jemals dafür zur Rechenschaft ziehen wird oder ob sie für den Rest ihres Lebens allein in der Hölle gefangen bleibt – sie hat ihren eigenen Weg gefunden, für ihr Verbrechen zu büßen, und wird niemals wieder frei sein. Andererseits war sie das vermutlich auch nie.

Nichtsdestotrotz habe ich sie als Freundin kennengelernt, die gekämpft hat und mich brauchte, wenn auch nur für kurze Zeit. Eine zutiefst gestörte Frau, deren Verbrechen aus ihrer obsessiven Liebe zu ihrem Ehemann und ihrer Wehrlosigkeit bestanden. Aber sie ist nicht die einzige Schuldige. Lauras Boss schickte sie nach Zürich, um Jos Eltern zu besuchen, die jedoch nichts zur Aufklärung beizutragen hatten. Bis zum heutigen Tag haben sie ihre Tochter nicht besucht, was Bände spricht, und zeigen auch sonst keinerlei Interesse an ihr und ihrem Schicksal. Wir wissen nicht, was sich in Jos Kindheit hinter verschlossenen Türen abgespielt hat. Vielleicht werden wir es ja eines Tages erfahren, wenn sie in der Lage ist, sich damit zu konfrontieren.

Ich dachte eigentlich, dass Delphine zu Carol ziehen würde, aber irgendwann nahm sie meine Hand und fragte, ob sie bei mir und Angus bleiben dürfe. Wir hätten es niemals über uns gebracht, Nein zu sagen, auch wenn sie all das nicht durchgemacht hätte, all diese grauenhaften Erlebnisse, über die sie nach wie vor nicht sprechen kann.

Ich begegne Neal nur noch ein einziges Mal, wenn auch nur ganz kurz. Angus und ich haben im Vorfeld darüber geredet, und er hat versprochen, sich zu beherrschen, obwohl es ihm einiges abverlangt. Am liebsten hätte er Neal eine reingehauen, aber ihm ist klar, dass der passende Moment dafür längst verstrichen ist.

»Danke«, sagt Neal und sieht zuerst Angus in die Augen, dann mir, »dass ihr euch um Delphine kümmert. Ich bin nur hergekommen, um euch das zu sagen.«

Es schmerzt, dass Delphine ins Heim gekommen wäre, hätte Carol nicht ebenfalls angeboten, sie zu sich zu nehmen. Nicht dass Neal all das interessieren würde. Dank seines guten Anwalts hat er einen vergleichsweise geringen Preis für all die Misshandlungen bezahlt. Und nun, mit seiner neu gewonnenen Freiheit, kann er ungeniert an sich selbst denken, zumal ihn das Schicksal seiner Tochter ohnehin offenbar kaltlässt.

Als er vor uns steht, spielt er wieder den Hochanständigen, reicht Angus in einer versöhnlichen Geste die Hand, aber Angus durchschaut ihn auf Anhieb.

»Du hast hier nichts zu suchen«, sagt er feindselig.

»Ich weiß. Aber keine Sorge, ich bin bloß hergekommen, um euch zu sagen, dass ich von hier weggehe.«

»Du bist ein elender Dreckskerl, Anderson«, schleudert Angus ihm entgegen.

Ich berühre seinen Arm. Neal zuckt bloß die Achseln und wendet sich zum Gehen.

»Wohin?«, platze ich heraus.

Er sieht mich mit demselben wissenden Blick wie an jenem Abend an, als er mich geküsst hat.

»Wo ich immer hinwollte«, antwortet er leise.

Ich spüre, wie Angus sich neben mir versteift. »Ich hätte ihm eins auf die Schnauze geben sollen«, murmelt er, als Neal die Einfahrt hinuntergeht.

»Nein.« Ich gebe ihm einen Kuss auf die Wange. »Du warst ganz wunderbar.«

»Was hat er damit gemeint?«

Neal biegt um die Ecke.

»Er geht zurück nach Afghanistan.«

Als ich an diesem Abend auf Shilo durch den Wald reite, muss ich an Rosie, Alex und Delphine denken. Ob sie, vereint durch den gemeinsamen Verlust, einander vielleicht helfen können? Ich lasse Shilo angaloppieren, lausche auf das Geräusch seiner trommelnden Hufe, und meine Gedanken verfliegen.

Ich reite denselben Weg wie immer, den Abhang hinauf zu der Stelle, wo Rosie gestorben ist. Als wir oben stehen bleiben, breitet sich ein seltenes Gefühl tiefen Friedens in mir aus. Die Luft ist still und doch lebendig, und ich kann es spüren, auf meiner Haut, in meinem Herzen. Einen Augenblick lang ist alles eins – ich, Shilo, die Bäume.

Ich schließe die Augen, forme den Gedanken zuerst in meinem Kopf, dann in meinem Herzen, ehe ich ihn hinausschicke.

Mach dir um Delphine keine Sorgen. Ich kümmere mich um sie.

Ich warte. Aber nichts geschieht.

Und da weiß ich, dass Rosie fort ist.

Rosie

Was ihr nicht wisst, ist, dass es selbst in der finstersten, endlosesten Nacht irgendwo ein Licht gibt. Dass der Wind eigentlich aus Myriaden singender Seelen besteht, die von einer Welt in die nächste übergehen, wenn sie ihre Reise zu den Sternen antreten.

Plötzlich sind meine Gedanken nur noch einzelne Fetzen. Nicht die kurzlebige Blume muss gehegt und gepflegt werden, sondern das, was sich darunter befindet, genauso wie die Herzen der Menschen. Das weiß ich inzwischen. Und ich weiß auch, was passiert, wenn ein Herz nicht geliebt, niemals gehegt und gepflegt und gewürdigt wird, niemals sein wahres Potenzial entfalten kann.

Warum? Das Wort hallt in meiner Seele wider. Wieso bekommen Menschen Kinder? Ich verstehe es nicht. Schließlich hätte Joanna doch die Wahl gehabt. Aber auch hierfür gibt es Gründe, so wie für alles, egal ob in dieser Welt oder in der nächsten.

Ich bemerke zwei Lichter in der Ferne, die sich klar und rein gegen die Schwärze abheben, auf Kollisionskurs. Sie kommen näher, bis sich ihre Pfade berühren, und flammen auf wie eine Sternschnuppe, ehe sie sich in entgegengesetzte Richtungen entfernen.

Einst war ich die perfekte Tochter für meine Mutter. Ich konnte nichts verkehrt machen. Bis sie merkte, dass ich gar nicht perfekt war, ebenso wenig wie sie selbst, und diese Erkenntnis hat sie zerbrochen.

Auf einmal stehe ich wieder am Anfang. Ich sehe es vor mir. Allmählich erinnere ich mich, was fehlt, wen ich verloren habe, auf wen ich warte.

Und dann entdecke ich sie, durch die Bäume, nehme sie mit Alex' Augen wahr, ihre helle Haut und das glänzende Haar, das genauso aussieht wie meines – weil es meines ist. Sie läuft durch den Wald auf mich zu, und als sie näherkommt, spüre ich die Liebe in mir aufwallen und uns beide umhüllen. Ich strecke die Arme aus, und als sie mit mir verschmilzt, ist diese gähnende Leere in mir auf einmal verschwunden.

Die Zeit bleibt stehen. Die Bäume, die Erde, der Himmel, alles verblasst, entgleitet mir, als der Wind mit seinem Stimmenchor kommt und ein glockenklarer, unbeschreiblich herrlicher Gesang uns davonträgt, hinauf in den Himmel, zu den Sternen, ins Licht.

Danke ...

An meine Freundinnen, die die ersten Manuskriptversionen gelesen und mich darin bestärkt haben, dass meine Geschichte erzählenswert ist: Ali, Candy, Clare, Giselle, Hazel, Heather, Natasha, Sarah. Ich danke euch – ihr seid einfach die Besten x.

Danke, Lis, für deine Großzügigkeit und Hilfe, die du mir in so vielfältiger Art hast angedeihen lassen.

Ich danke meinen Schwestern Sarah, Anna und Freddie, die all die Hochs und Tiefs mit mir durchgestanden haben – und davon gab es einige!

Danke an Annette Clayton, Steve Page und Terry Skelton für eure Zeit und Bereitschaft, mir Einblick in eine Mordermittlung zu geben. Ich hoffe, ich bin euren fundierten Antworten mit meiner Schilderung gerecht geworden. Sämtliche Ungenauigkeiten gehen einzig und allein auf mein Konto.

Mein großer Dank gilt dem wunderbaren Team bei Pan Macmillan und meiner wunderbaren Lektorin Trisha Jackson für deine Sachkenntnis und deine Vision, die du von Anfang an hattest.

Ich danke auch meiner brillanten und hinreißenden Super-Agentin Juliet Mushens, die meinen Traum in ihre Hände nahm und ihn wahr werden ließ. Dich an meiner Seite zu wissen, ist wunderbar.

Ich danke meinen Eltern dafür, dass sie meine Eltern sind – lieber Dad, du hast mehr an mich geglaubt als ich selbst! Mum, ich wünschte, du könntest hier sein und all das miterleben.

Und ich danke Bob, Georgie und Tom. Mit all meiner Liebe. Das hier ist für euch.

Debbie Howells

war Flugbegleiterin, Fluglehrerin und Floristin, bevor sie sich ganz dem Schreiben widmete. Sie lebt mit ihrer Familie in Sussex, wo sie an einem weiteren Psychothriller arbeitet.

Harlan Coben
Ich finde dich

448 Seiten
Auch als E-Book und Hörbuch-Download erhältlich

Natalie war die Liebe seines Lebens. Doch sie hat ihn verlassen, hat wie aus dem Nichts einen anderen Mann geheiratet, und Jake Fisher war am Boden zerstört. Bei ihrem Abschied musste er Natalie zudem schwören, sie zu vergessen, sie nie mehr zu kontaktieren. Doch als sechs Jahre später etwas Unglaubliches geschieht, bricht Jake sein Versprechen – und macht sich auf die Suche nach Natalie. Eine Suche, die seine eigene gutbürgerliche Existenz für immer zerstört. Und die ihm offenbart, dass die Frau, die er zu lieben glaubte, nie wirklich existiert hat ...

www.goldmann-verlag.de
www.facebook.com/goldmannverlag

Unsere Leseempfehlung

440 Seiten
Auch als E-Book
und Hörbuch
erhältlich

Ein abgelegenes Bauernhaus in Somerset wird zum Schauplatz eines brutalen Mordes: Zwei Frauen, Mutter und Tochter, werden eines Nachts von einem skrupellosen Mörder hingerichtet. Chief Superintendent Ronnie Cray bittet den erfahrenen Psychologen Joe O'Loughlin um Hilfe, der gleich mit mehreren verdächtigen Personen konfrontiert ist, die alle ein Motiv hätten. Spätestens aber, als eine weitere Leiche gefunden wird, auf deren Stirn der Buchstabe „A" eingeritzt ist, weiß O'Loughlin, dass er es mit einem verstörten und gefährlichen Täter zu tun hat. Jemand, der sich rächen will, für etwas, das ihm einst angetan wurde. Jemand, der vor niemandem haltmacht, auch nicht vor O'Loughlins Familie …

www.goldmann-verlag.de
www.facebook.com/goldmannverlag

Unsere Leseempfehlung

448 Seiten
Auch als E-Book
und Hörbuch
erhältlich

Berlin, 2015. Anwalt Vernau erwacht im Krankenhaus und kann sich an nichts mehr erinnern. Nur an eine junge Frau mit Davidstern, die durch seine Erinnerung geistert. Doch was hat sie mit den Morden zu tun, die sich wenig später ereignen? Als Vernau der schönen Unbekannten zu nahe kommt, steht er plötzlich unter Mordverdacht. In letzter Sekunde kann er das Land verlassen. Sein Ziel: Tel Aviv. Dort sucht er nach dem einzigen Menschen, der ihn entlasten kann – und wird hinabgezogen in den Strudel eines vergessenen Verbrechens, das sich vor über dreißig Jahren in einem Kibbuz in Israel ereignet hat ...

www.goldmann-verlag.de
www.facebook.com/goldmannverlag

Lesen erleben

Unsere Leseempfehlung

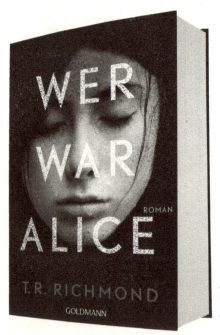

448 Seiten
Auch als E-Book
und Hörbuch
erhältlich

Wer war Alice Salmon?
Studentin. Journalistin. Tochter.
Sie liebte es, lang auszugehen. Sie hasste Deadlines.
Sie war diejenige, die letztes Jahr im Fluss ertrank.
Aber das ist nicht die ganze Geschichte.

www.goldmann-verlag.de
www.facebook.com/goldmannverlag